教育部人文社科规划基金项目"基于一带一路的中国制造业
全球价值网络化系统演进研究"（18XJAGJW001）

基于"一带一路"的中国制造业全球价值网络化系统演进研究

王　珏　等◎著

U0124465

中国经济出版社
CHINA ECONOMIC PUBLISHING HOUSE

北京

图书在版编目（CIP）数据

基于"一带一路"的中国制造业全球价值网络化系统
演进研究 / 王珏等著 . -- 北京：中国经济出版社，
2021.11

ISBN 978 - 7 - 5136 - 6724 - 1

Ⅰ.①基… Ⅱ.①王… Ⅲ.①制造工业 - 产业发展 -
研究 - 中国 Ⅳ.①F426.4

中国版本图书馆 CIP 数据核字（2021）第 225732 号

责任编辑　孙晓霞　张　巍
责任印制　马小宾
封面设计　原创在线

出版发行　中国经济出版社
印 刷 者　北京富泰印刷有限责任公司
经 销 者　各地新华书店
开 本　710mm × 1000mm　1/16
印 张　15.75
字 数　226 千字
版 次　2021 年 11 月第 1 版
印 次　2021 年 11 月第 1 次
定 价　78.00 元

广告经营许可证　京西工商广字第 8179 号

中国经济出版社 网址 www.economyph.com 社址 北京市东城区安定门外大街 58 号 邮编 100011
本版图书如存在印装质量问题，请与本社销售中心联系调换（联系电话：010 - 57512564）

　　中国的第一轮改革开放恰逢以制造业的全球转移为主要特征的全球化1.0时代的到来，中国利用无可替代的人口红利优势承接了制造业的这种全球大挪移成为世界最重要的制造业加工基地，同时利用超大的市场规模吸引了大量国际资本的进入，中国的对外贸易规模因而迅速扩大并发展成今天的世界第一大贸易国和出口国，世界第二大经济体。随着中国经济实力逐渐增强及国际地位逐步提升，同时出现的是中国人口结构质的变化——人口红利正在逐渐消失。这一变化是两方面的：一方面，中国新一轮改革开放和经济发展的核心推动要素将不再是人口优势；另一方面，中国经济已经进入了由高速增长向高质量发展的新时期，以结构调整为主要内容的经济增长目标对中国经济提出了新的要求，推动经济发展的要素必将从人口转向更高层次的科技。产业是推动经济发展最核心和最关键的前提，这就意味着中国的制造业结构必须进行深度调整和变革。在中国日益融入全球产业分工以及世界经济全球化趋势愈演愈烈的经济条件下，将中国制造业变革嵌入世界产业格局演变之中成为一种必然。

　　为了充分体现制造业各环节之间的网络化关系，本书将制造业的演化过程分解为纵向的生产系统与横向的要素配置两个层面。纵向生产系统的演进是生产过程本身的优化路径，分析其在内生技术革新系统影响下的内部运行机制以及各层级之间的信息传递与相互作用，包括企业、行业、中国制造业和全球制造业四个层次。横向要素配置系统则按要素投入的类别将制造业要素配置（要素配置系统受到制度系统的内生影响，包括正式的政治系统如官方政策、法律法规等，以及非正式的社会文化系统如非官方的行业规则、道德约束等）划分为三个平行系统即提供劳动力的人力资本系统、提供生产原料的自然资源系统、提供物质资本的资本投入系统，其演进是各层级系统内部升级与系统间组织关系升级的立体合力，是对现有生产水平下生产组织方式的优化路径。制造业价值链的攀升本质上是制造业经济系统升级的价值表现，因而在横、纵两个角度分别研究的基础上，着重分析制造业横向、纵向两大系统的协同演进，研究价值演化的关系系统，构建制造业经济系统的网络化演进模型，探讨生产过程演进与组织方式演进的相互影响机制，及其共同推动制造业经济系统网络化演进的规律。

从国内价值链升级到国际价值链攀升，"一带一路"既是一个契机也是重要一环。随着全球化从 1.0 时代进入 2.0 时代，"一带一路"的内涵和范围已大大拓展，基于"一带一路"构建我国制造业经济系统融入全球价值网络既不可逾越又顺理成章。本书基于此探寻的中国制造业转型升级之路具有一定的实践性和可行性，对于推进中国制造业全球价值网络化攀升是一种有益的补充。

本书受到了教育部人文社会科学司的鼎力支持，是教育部人文社会科学研究一般项目 18XJAGJW001 的重要研究成果。课题研究期间，课题组主要成员黄光灿、唐青青、白东北等同志做了大量工作，发表了相关阶段性研究成果并参与了研究成果的形成；西北大学经济管理学院 2019 级硕士研究生赵文清、余莹主要完成了本书第六章的撰写。感谢教育部的大力支持，感谢课题组成员及其他参与者做出的积极贡献！

目 录
contents

第一章 产业演进、制造业升级与全球价值链

一、产业及其演进

（一）产业演进的本质

经济学上，当一些企业个体在生产过程中使用相同或相似的生产要素而使得产出具有消费上的可替代性时，这些企业个体就共同构成了一种产业。因而，产业就是具有某种相同或类似属性的企业所从事的经济活动的集合，是社会分工的产物，也是社会生产力不断发展的必然结果。换言之，产业主要是指经济社会的各种物质和非物质生产部门，每个部门专门生产某种社会需要的产品，在一定意义上也就成了相对独立的产业部门，例如"农业""工业"和"服务业"。

产业，本质上是一个经济系统，它由一系列相互影响、紧密关联的企业构成，产业动态是微观机制作用下的宏观现象涌现，是各企业和产业内部以及各层级之间共同演化的过程。因此，产业发展水平及其演进过程，实际上是组成该产业的企业群体、提供劳动力的人力资本系统、提供生产原料的自然资源系统和提供物质资本的资本投入系统等的构建能力，以及这些相互制约、相互作用的企业之间协调、互动关系的演进过程。

产业演进，即其内部组织形态的更替与演变，是新型组织形态孕育、诞生和发展的过程。这一过程受制度系统的内生影响，而该制度系统，既包括正式的政治系统如官方政策、法律法规等，也包括非官方的行业规则、道德约束等在内的非正式的社会文化系统。因此，产业演进本质上体现的是整个社会生态系统的演进。

制造业作为机械工业时代对制造资源（物料、能源、设备、工具、资金、

技术、信息和人力等）按照市场要求，通过制造过程转化为可供人们使用和利用的大型工具、工业品与生活消费产品的行业，是产业分类中的重要部门，也是工业部门和国民经济的重要组成部分，是推动人类经济社会进步的重要动力，它直接体现一国的社会生产力水平。

（二）产业演进基础理论

自然与社会的融合共生推动着自然科学与社会科学的日益融合，也为产业演进提供了生物进化论视角的溯源性基本解释。达尔文在对物种起源的研究中提出"生物是由简单到复杂、由低级到高级不断变化的过程"的观点，给予了经济学研究一定的启示。与生物系统相似，经济系统在时间的不断推移中，其外部环境和内部结构逐渐调整并交互作用，从而发展演进。演化经济学奠基人凡勃伦类比进化论，将达尔文主义的时间不可逆、个体群思考和不确定性等引入社会经济系统的演化分析之中。生物进化论为演化经济学提供了基本的分析框架——遗传、变异和选择。虽然由于人类经济活动的复杂性，使得社会经济演化远复杂于生物进化，然而借鉴生物进化论的部分理论和方法，结合产业经济系统本身的实际及其特点来研究产业的发展规律依然具有重要意义。

作为复杂系统理论的重要内容，自组织理论和复杂适应理论也分别从内外部对产业演进进行了研究。自组织概念最早由普里高津在1977年提出，描述自发出现或形成有序结构的过程。哈肯在此基础上完善了自组织定义，认为自组织是一个体系在没有外界特定干涉下获得空间的、时间的或功能结构的自然过程。自组织理论的完整理论体系业已形成。复杂适应系统研究的方法论是进化理性主义，由霍兰教授于1994年提出，认为组成系统的成员是具有适应性的主体。个人理性是有限而不完全的，并且始终处于进化之中，这是由知识的时空性、局限性和分散性所导致的，因此"人总是存在无知"，Hayek（1952）从知识视角指出的"知识的积累总是在不断试错过程中进化而来"支撑了这一点。依赖于具体的经验场景的个体理性进而带来企业的异质性，企业的知识和能力存在差异，且企业现有的知识、技术和能力都具有主观性和不确定性，因此企业必须建立应对不确定性的学习和创新机制。通过社会互动这一重要的知识积累渠道，企业总会在其特定的认知状态下，在权衡短期竞争力和长期适应性之间关系的过程中实现自身发展，并在与系统内其他企业的互动中推动产业演进。复杂系统理论和方法对于研究产业发展的内外环境要素、内在作用机制具有重要意义，是研究产业演进的重要理论基础。

（三）制造业及其演化相关研究

国内现有的相关文献多从产业政策、生产性服务业、技术进步、人力资本、外商直接投资等层面对制造业转型升级进行研究。而将制造业的演化过程在纵向的生产系统和横向的要素配置两个层面进行分解，更有助于充分体现制造业各环节之间的网络化关系——纵向生产系统的演进是生产过程本身的优化路径，可分为企业、行业、中国制造业和全球制造业四个层次，着重其在内生技术革新系统影响下的内部运行机制以及各层级之间的信息传递与相互作用；横向要素配置系统的演进则是在现有生产水平下生产组织方式的优化路径，按要素投入的类别将制造业要素配置划分为三个平行系统：提供劳动力的人力资本系统、提供生产原料的自然资源系统以及提供物质资本的资本投入系统。制造业经济系统网络化演进是各层级系统内部升级与系统间组织关系升级的立体合力，而制造业价值链的攀升本质上是制造业经济系统升级的价值表现。

1. 纵向层面：制造业内生技术创新演化系统

马歇尔（1961）将经济增长视为一个市场经济移动均衡的过程，其主要推动力在于持续技术进步对生产率提高的促进作用。在《资本主义、社会主义与民主》一书中，约瑟夫·熊彼特亦提出"技术进步来源于企业为打败或追赶竞争对手而进行的投资"。区别于传统经济学对产业经济均衡发展的偏向，对制造业系统演化的研究应立足于演化经济学，从微观视角对企业创新、生产模式演进以及产业竞争等问题进行分析。

（1）技术进步推动制造业转型升级。

技术进步对产业升级的作用具有决定性。技术进步因改变要素禀赋结构而改变要素供求，从而使特定产业部门出现规模报酬递增，进而引起产业间与产业内部结构变迁即产业升级。表现为其来源或实现方式的技术进步路径的不同，会进一步决定要素禀赋结构变化方向的改变，进而影响产业升级效率。因而选择适当的技术进步路径是快速、有效促进产业升级的关键。早期的研究倾向于对比技术引进与自主研发两种路径对产业升级的不同影响，其结论多为二者并行不悖，互为补充，应将两种路径进行适当融合以推动产业升级；也有部分学者认为技术引进不利于产业结构高级化，只有自主研发路径有利于产业升级。黄凯南将技术演化过程表述为技术"创新—选择—扩散"的过程：技术创新产生新技术，为技术演化提供基础动力；技术选择保留报酬较高的技术；技术扩散是技术付诸实施、模仿和学习的过程。技术创新又包括自主创新、模仿创新和合作创新，自主创新是技术创新和产业创新的关键。技术选择要与发展阶段相适应，以确保引进技术与现有技术水平和劳动力技能水平的匹配，实现技术的渗透与普及，从而提高技术的有效性。技术在制造业各层级之间的扩散会提高制造业整体水平，从而提高经济发展水平，此时将技术引进和自主创新相结合，实现在各层级之间的正反馈机制和网络效应下的相互作用，则成为制造业持续升级的最优选择。

技术进步与变迁亦是演化经济学迄今最为重要的研究领域。不同于古典经济学的要素投入角度，现代经济增长理论的资本积累模型、一般均衡增长模型和干中学增长模型等将技术内生化，演化经济学将技术进步视为产业演化背后的根本力量，认为技术进步既来源于市场竞争又是市场竞争过程的核心。梅特卡夫1998年建立的产业内部变迁模型就类似于生物变迁，揭示了微观企业之间的竞争所导致的技术创新行为的异质性，以致企业技术水平和生产成本存在差异，同样的投资在技术水平较高的企业可以获得更高市场份额，从而提升行业整体效率，且商品市场的替代和互补关系使得产业间出现关联效应，高效产业获得发展优势。因此，个体企业的技术进步行为推动了整个行业乃至产业的升级。

新一轮技术进步动力机制不仅存在于国内竞争层面，更多地来自全球竞争层面和学习效应：企业间竞争推动内在技术进步，促进整体行业升级；行业间竞争和知识溢出，促使技术水平进一步提高，从而提高制造业整体质量，实现产业结构优化；既受生产者驱动又受采购者驱动的全球价值链，分别表现为具有垂直一体化特征，活跃于价值链各生产环节，以产业资本形式进行的国际投资和具有水平一体化特征，以商业资本形式活跃于流通环节的国际贸易（演化系统如图1-1所示）。

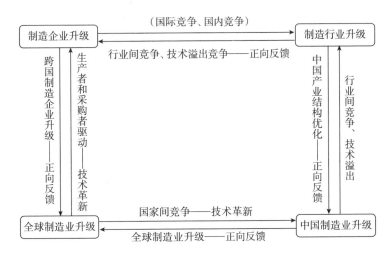

图1-1 制造业纵向演化系统

（2）创新驱动制造业转型升级。

阿西莫格鲁认为产业结构升级的根本动力和途径是创新。创新通过提高生产效率与整合产业链来纠正先前扭曲的产业结构，进而带来结构红利。"创新"概念由熊彼特（1912）首先提出，他将"创新"划分为新生产方法、新产品、新市场、新组织形式和新材料5种类型，实际上包括技术创新、产品创新和制度创新三个层面。

首先是技术创新层面。技术创新的主体是企业，表现为企业内部生产技术与设备的改进、原材料利用效率的提高和加工工艺的简化。第一类观点认为创新驱动制造业升级主要通过全要素生产率的提高。丁志国等（2012）、唐未兵等（2014）认为中国工业增长的重要推动力为全要素生产率，全要素生产率的提升来源于技术进步、人力资本优化等方面，而技术进步又是由技术创新或技术引进所推动。第二类观点将比较优势理论应用于创新促进产业升级的相关研究中。张其仔（2008）、洪银兴（2010）认为创新促进比较优势不断演进升级，并向竞争优势转变，而国家的产业升级路径依其比较优势演进的方向进行。邓向荣和曹红（2016）则指出国家通过创新的方式适度偏离比较优势有利于产业升级和经济增长，而过度依赖于资源禀赋优势会使国家流失创新机会，阻碍其他产业升级。第三类观点聚焦于企业通过加大研发投入优化资源配置效率从而推动技术进步并最终驱动制造业升级。Romer（1990）在经济增长模型中引入了内生化的技术进步指标，强调技术创新、提高劳动生产率以促进经济增长和产业升级。另外，某个企业实现技术创新与技术进步后，可以通过技术转移效应将知识和信息等技术匹配要素由企业内部转向其他相关企业，加速了多个企业技术升级从而推动了产业升级。刘新争（2016）指出，相比中低技术制造业，高技术制造业的技术溢出效应更为显著且能有效促进地区的产业创新与升级。技术学习和模仿创新是中国制造业取得巨大成就的重要原因，所以低技术企业可以模仿、学习高技术企业的技术，并在此基础上进行创新，从而提升自身技术水平并缩小与高技术企业之间的差距。第四类观点以开放的视角从全球角度研究制造业升级。通过提升创新主体在国际分工中的地位以推动产业升级，新兴企业必须通过创新行为提升自身在价值链中的地位，从而增强国际竞争力并实现功能升级。

其次是产品创新层面。产品创新是产品快速成长并逐渐成熟的重要驱动力，产品升级是企业创新水平的集中体现和产业升级的重要标志。从产品创新动因的角度分析，消费者对新产品的需求激励制造业企业研发新产品并推动产品的高端化演进以实现产品创新，企业新产品的出现能有效增强自身竞争力并加速技术进步，从而驱动制造业升级。从产品演化升级的角度分析，Hausmann et al.（2007）提出全球产品空间理论，并指出产品的比较优势是决定产业升级的关键因素，后发国家应当从与自身比较优势相近的产品着手逐渐向高附加值的产品演进，在推动产品结构升级的过程中提升产业结构。根本性的产品创新是产业形成的原因，产业在经历过根本的产品创新后会发生一系列的渐进性创新并形成产业群，从而引起产业的持续发展。产业升级是历代产品不同生命周期演化的集合，因而产品创新必将促进产业升级。

最后是制度创新层面。制度驱动经济发展的实质在于对经济主体创造力的激励。其一，不同的制度安排形成不同的激励机制，通过影响行动者的动机及其对环境的辨识能力来影响行动选择的社会结果；其二，制度创新能够通过提供信息和博弈规则，减少交易风险，降低交易成本，促进科技成果的产出，提升科技创新对经济社会发展的支撑能力；其三，制度通过为参与创新活动的主体设置正式（例如法律、法规等）和非正式（例如习俗、惯例等）行为规范，降低行为不确定性，提供连续性和稳定性预期。

制度创新可以分为政府层面和企业层面两种，但企业的制度创新高度内嵌于其技术进步以及与之密切相关的产品创新之中，因此这里的制度创新主要指政府层面的制度创新。政府实现制度创新的方式包括制定产业政策和搭建制度体系等，制度创新在驱动制造业升级时存在直接效应和间接效应：一方面，制度创新本身能够促进制造业升级。政府实施的新兴产业扶持政策为产业发展营造了良好的制度环境，保护该产业免受外部环境带来的不利影响，促进该产业的快速发展，使之逐步替代低端产业，最终实现制造业升级。另一方面，政府制度创新还会通过带动企业技术创新、产品创新来促进制造业升级。良好的制度环境实现了资源的有效配置并弥补了市场缺陷，从而为制造业企业实施技术创新和产品创新提供了广阔的发展空间，有利于推动企业技术进步和制造业升级，所以国家技术创新能力取决于该国的制度创新。制度创新往往在直接效应和间接效应的共同作用下推动制造业的演化升级：政府政策制度的优化促进了新兴产业的发展，从而直接驱动了制造业升级，同时也以激励企业技术创新、产品创新的方式间接促进了制造业升级。

创新是由企业活动和政府行为共同作用的结果，企业作为创新主体实施技术创新和产品创新，政府实现制度创新以支持创新活动。企业技术创新和产品创新为制度创新指明了方向，政府制度创新为企业技术创新和产品创新提供制度支撑，在技术创新、产品创新与制度创新的共同作用下，制造业资源配置效率和创新效率得到有效提升，因而制造业得以升级。

但企业的"短视"、行业发展程度及创新要素禀赋的制约等因素，都会在各个产业表现出非均衡状态，从而导致产业内无法形成推动技术进步的良性互动机制，此时，要想解决产业升级过程中的技术要素不足问题就需要结合比较优势理论与动态优势理论，先借助国外先进技术溢出，通过吸收整合，然后转化成自我创新能力。

技术创新和制度创新的协同演化，是建设世界科技强国的强大驱动力。在科技强国能力生成的过程中，制度创新是技术创新的重要动力，技术创新是制度创新的根本保证。一方面，制度创新依赖于一定的技术基础。在一定程度上，一国的技术能力基础决定了国家创新制度的选择。另一方面，技术创新也会在一定程度上对制度创新提出需求。

2. 横向层面：要素配置系统的演化升级

Gereffi（1994）、Humphrey and Schmitz（2000）、Ernst（2001）等较早从要素视角研究产业升级演化，劳动力、技术、资本、市场和制度五要素及其相互作用直接影响产业升级方向和路径。李娜等（2012）认为产业升级是产业结构升级或主导产业转换过程，本质上是要素比较优势的路径演化。周长富等（2012）认为影响制造业升级的因素不仅包括经济环境、产业政策、国际贸易等宏观因素，还包括劳动力、自然资源、资本等微观要素投入因素。经济增长理论指出物质资本和人力资本都是促进经济发展的决定性因素。人力资源素质是制造业升级关键因素。刘军（2003）、李秀敏（2007）、张国强等（2011）亦均证实了人力资本对制造业升级的重要作用。早期国外学者们从自然资源要素角度提出"资源福音"观点，用来描述资源丰裕度对推进经济发展的正向支持作用，而现实研究中，却发现资源丰裕地区的经济增速出现偏缓现象，国内制造业发展中的"荷兰病"效应对邻近地区制造业发展具有负面影响。现有的资源禀赋状态难以为制造业竞争的提升及绿色转型发展提供持续动力，而通过相应的制度政策可以释放其资源禀赋的比较优势。丁志国等（2012）则认为固定资产投资是驱动第三产业而非第二产业发展的有效力量。韩江波等（2013）从要素配置结构变革及演化、发展战略选择及主导产业更迭的角度进行深层次研究和细致剖析，将产业升级分为产业初级升级——以除资本要素以外的初级要素为主要配置结构、产业资本升级——以资本要素为主要配置结构、产业高级升级——以高级要素为主要配置结构三种形式。张其仔（2008）亦提出产业升级呈现由其比较优势演化路径所决定的非线性形态，表现为产业内升级和产业间升级的交叉进行。以上文献为深层次理解产业演化路径的要素配置效应提供了基础。中国制造业实现了由低级、低劳动生产率、低附加值经济状态向高级、高劳动生产率、高附加值经济状态的转变，要素配置投入比例也实现了从以低级要素为主向以高级要素为主的转变。因此，从横向要素投入来看，中国制造业转型升级过程亦是要素配置演化过程。

综上所述，制造业演化过程是内生技术创新系统和要素配置系统协同演化的结果。技术进步会提升要素配置效率，同样，要素配置效用也会诱发技术创新，两者的演化会相互影响，改变彼此的适应途径，导致各自演化轨迹交织在一起，形成共同演化。技术本身作为高级要素，若脱离于劳动力、物质资本等初级要素，就根本不可能依靠其边际收益递增的优势来促进产业升级。中国技术进步表现出较强的物化型特征，资本体现式技术进步在现阶段与技能需求的互补关系更为显著。要素投入亦是技术的载体，在实现技术扩散的基础上，进一步推动创新。

借鉴黄凯南等（2018）观点，内生技术创新系统和要素配置系统协同作用会决定制造业适应度和整体效率，二者演化会通过影响制造业发展适应度建立关联机制，从而建立共同演化机制。新技术产生会改变相应要素价格，进而改变原有要素配置结构下的行业收益，推动行业各主体寻求更适合的要素投入。即技术演化通过改变行业在现有要素配置结构下的报酬以及要素配置效率提高的预期收益来影响要素配置系统演化。反过来，要素配置系统演化通过行业主体内部和行业间竞争、新技术学习和扩散、集聚产生正向溢出效应等对技术演化产生系统性影响。总而言之，横向、纵向两大系统的协同作用，共同推动制造业经济系统网络化演进，是实现中国制造业转型升级的内在规律。

二、制造业及全球价值链的转型升级

制造业升级是社会化大生产不断发展和分工日益演化的结果，既推动全球化的深度和广度，又必然依托全球化的发展，基于全球价值链的制造业升级及其研究因而成为必然且具有更加重要的意义。涉及四个重要的层面：一是从简单产品到复杂产品的企业单元升级；二是从标准化生产同质性产品到模块化生产异质性产品的企业间生产网络内部升级；三是从简单装配的 OEM 到集群化程度更高的 ODM 与 OBM 相结合的国家或地区间升级；四是从双边不对称的贸易流动到充斥于各个环节的专业分工商品供应链的区域内制造业升级。

（一）基于全球价值链的制造业升级

产业升级是指产业由低层次向高层次的转化过程，包括产业产出总量的增长和产业结构的高度化。产业结构的高度化主要体现在以下四个方面：三大产业在国民经济中的比重演进；产业结构在劳动密集、资本密集、技术密集和知识密集之间的依次演绎；产业结构从低附加值向高附加值的演变；产业结构由低加工水平向深加工水平的升级。作为第二产业的主体，制造业的发展是一国/地区发展程度、综合竞争力的最直观表现，其升级具有比重演进、结构优化、价值增值的特征。

Humphrey and Schmitz（2002）根据企业在全球生产网络中的不同关系与位置，将全球价值链划分为四种主要类型：市场关系型（Market Based）、等级关系型（Hierarchy）、俘获网络型（Captive Network）和平衡网络型（Balanced Network），并在这四种主要类型的基础上区分了四种升级模式：工艺流程升级（Process Upgrading）、产品升级（Product Upgrading）、功能升级（Functional Upgrading）和链条升级（Chain Upgrading）。工艺流程升级是通过整合链条某个节点的生产工序使得生产更加具有效率，可以实现节点内部的附加值提升，在价值链中处于从属地位，产业竞争力较弱；产品升级则是通过改进产品本身的质和量以超越竞争对手，需要具备产品研发能力，逐步培育自主品牌，产业竞争力较强，二者可以归结为链条环节内部的整合；功能升级是通过重新整合现有价值链条中某些环节以实现链条位置转化，通过掌握关键核心技术和品牌，从而试图控制整个链条，产业竞争力继续变强，地位由从属转化为领导；链条升级则是从一个链条到另一链条的转换升级方式，实现了链条转化并进行价值链治理，控制价值链及核心环节，具有很强的垄断实力，这两者属于链条环节外在的整合。

很多研究都表明其内在有着依次演进的机制逻辑。针对嵌入不同类型价值链问题的研究，对于不同状况的国家采取何种价值链升级路径有着重要意义。Kaplinsky and Morris（2002）在研究发展中国家价值链升级时曾指出，发展中国家的企业在嵌入全球价值链分工体系时通常会从工艺流程升级开始，然后会进行产品升级与功能升级，沿着这条路径最终达到整个链条或是部门间的升级。在产业升级的路径中，随着经济活动的附加价值不断提升，产业的非实体程度和空心化程度也在不断提高。而国际实践表明，这种传统的价值链升级逻辑会被发达国家的领导型企业纵向挤压，形成低端锁定的困境。Gereffi et al.（2005）认为升级是指在全球生产网络中，企业或产品从价值链低端节点向高端节点移动的过程，产业从劳动密集型向资本密集型、技术密集型再到知识密集型的转移。Kaplinsky and Readman（2005）认为升级必须满足两个条件：一是企业能够生产差异化并具有一定垄断作用的较高价格的产品，二是保持高价的产品市场份额不断扩大的趋势。Kaplinsky 升级指数综合考虑产品的价格和市场份额，并可用来衡量一个产业的产品在全球价值链的升降级趋势。

（二）全球价值链下制造业升级的作用机制

全球价值链是建立在全球生产网络和全球产业链基础之上的，因而全球价值链理论中关于驱动力的研究，也基本延续了在全球商品链研究中给出的全球商品链运行的驱动模式：生产者驱动、采购者驱动和二者兼具的混合驱动。

生产者驱动型价值链的驱动要素来源于产业资本，产业网络的联系表现为以国际投资为基础，分布在一些耐用消费品和生产性中间品或资本品中，规模经济和技术壁垒使得产业进入的门槛较高，领导厂商必须不断强化自身优势，所以产业结构主要的核心竞争力注重于价值链条的研发与生产环节，表现出垂直一体化的结构特征；采购者驱动型价值链的驱动要素则来源于商业资本，产业网络的联系表现为以国际贸易为主线，多布局在非耐用消费品领域，产业结构的核心竞争力注重于价值链条的市场营销与品牌设计，通过流通的某些环节来扩大范围经济，表现出水平一体化的结构特征。这两种不同驱动模式并不是孤立的，很多情况下是可以相互转化、相互联系的，甚至会有其他力量介入全球价值链的驱动，如政府的行政干预与社会公共服务等。

全球价值链分工把产品的价值链条分为三个大环节：研发设计、生产加工和市场营销。OBM（Original Brand Manufacturer）通常是嵌入全球价值链中的企业获利最丰厚的阶段，需要有较强的市场开拓能力和技术能力。路径 A 表示从起点 OEA（简单组装）开始，经过 OEM（Original Equipment Manufacturer）阶段，通过"全球物流合同"（Global Logistics Contract，GLC）来开拓全球国际市场空间，最后到达高附加值的 OBM；路径 B 表示通过改善技术创新，由 OEA 起步到 OBM，然后承担部分的设计和制造（Original Design Manufacturer，ODM），直至自主品牌（OBM）运营，建立自己的渠道，打造自己的品牌。在后续的研究过程中，Humphrey and Schmitz（2002）把从 ODM 到OBM 环节的升级认为是产品到功能的升级。

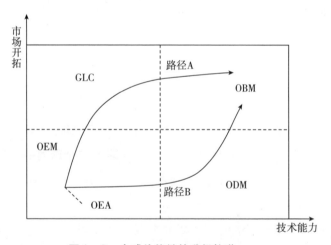

图 1-2　全球价值链的升级轨道

资料来源：United Nations Industrial Development Organization（2004）．*Inserting Local Industries into Global Value Chains and Global Production Networks*．Vienna：UNIDO．

1. 采购者驱动的国际分工效应

价值链的空间层级分为全球价值链、跨国价值链、国内价值链、区域价值链，地理范围不断缩小。全球价值链各个环节在空间等级体系中的相互关系，大多体现为国家或地区之间的双边或多边贸易关系，也是一种国际分工的重要表现。

"二战"结束以后，尤其是 20 世纪 70 年代以来，发达国家的跨国企业为了获取最大利润，改变在全球的经营战略，逐步把缺乏竞争优势的劳动密集型、低附加值的生产环节转移到其他发展中国家，这种国际间的产业转移使得国际分工从产业间转化到产品内，进而形成了全球价值链分工。这种分工把一种产品分解为多个生产环节，由不止一个国家分别进行某一环节上的生产活动，其中一个国家在生产过程中会使用进口的中间投入品，在国内生产的最终产品可用于国内销售，也会出口给其他国家。价值链分工比传统的国际分工更具有效率，细化到产品内部，是一种资源配置的优化。

全球价值链升级主要沿着技术能力和市场开拓两条路径进行。发展中国家制造业在全球价值链分工中处于从属或被领导地位，被动接受发达国家跨国企业的直接投资和价值链治理，一般从事加工装配业务，以加工贸易类型参与国际贸易。发展中国家的本土企业在采购者驱动的 GVC 中能够快速升级并形成"自动"实现机制，但实际上发展中国家企业升级的进程会被发达国家的领导型企业挤压并被俘获于全球价值链条的低端环节。

2. 生产者驱动的知识溢出效应

技术进步能够直接推动经济增长，一国制造业结构变迁是经济增长的必然结果，产业结构的升级优化又会作用于经济增长。演化经济学观点认为产业结构变迁不仅是经济增长带来的结果，同时也是技术进步推动的直接结果。技术进步是制造业升级的内在动力。在全球价值链分工体系中，新兴发展中国家可以通过外商直接投资所带来的知识溢出效应来积累本土制造业行业内部升级的技术动力。生产者驱动型价值链主要布局在通用设备、交通运输设备、电子和光学仪器等较为高端的装备制造部门，产业结构表现为垂直一体化，发达国家的先进跨国企业以国际投资为主线进行产业联系。在全球生产网络中，跨国企业直接投资的海外分支机构会与某一区域的本土关联企业建立起紧密的商业联系，从而在前后向产业联系的过程中产生知识溢出效应，使得本土企业模仿学习外商直接投资带来的先进生产技术和管理经验以改善国内企业较为落后的技术状态和管理方式。

跨国企业把产业资本布局在全球生产网络的过程中，也是知识人才在全球范围内的流动过程。知识植根于个体，以人为载体进行传播扩散，人才的流动可以看作知识尤其是隐性知识溢出的重要途径。

跨国企业带来的人才与知识在不同的空间与本土群体发生交互作用，一方面传播已有的先进知识，另一方面通过对 R&D 投入的加大，创造新的先进知识，这两方面都会在本土产生明显的知识溢出效应。在知识不断溢出的过程中，本土企业会逐渐改进生产技术和管理经验，提升自主创新的能力。创新能力的提升是实现价值链沿着生产环节向高端攀升的关键。

3. 混合驱动的生产性服务业集聚效应

在全球价值链分工体系下，基于产业集群的产业升级或攀升产业链的高峰，必须高度重视作为"高级要素"投入的现代生产性服务业发展。在全球价值链升级的过程中，一个产业或企业越是占据 GVC 的高端环节，其产业空心化程度就越高，非实体性经济活动就会越明显，这种产业结构的"软化"或是"空心化"过程会有利于一个国家获取非对称的全球利益分配。生产者驱动型价值链升级细化了国际分工，采购者驱动型价值链加速了技术创新，在二者共同驱动下实现的产业转移和政府等社会公共服务的混合作用中，伴随着制造业发展的生产性服务业会出现空间集聚。

中国制造业在国内以及全球营销网络的形成，就是聚集营销人才、产品研发、运输、储存和金融服务等开拓市场的过程，在每一过程基于不同产品的模块节点中都伴生着服务需求。生产性服务在制造业实体经济活动中并不是最终产品，也不是直接用来生产效用的，它是一种中间投入而非最终产出，它扮演着一个中间人的角色来生产其他产品，其投入的质量与数量可以直接体现在制造业生产的经济业绩中。在全球生产网络中，现代生产性服务业的发展被视为产业集聚演进的"高级要素"投入。生产性服务业聚集了大量的知识资本和人才资本，在嵌入制造业产品的价值实现过程中，能够促进制造业生产的专业化水平，其规模的扩大有助于降低制造业生产成本，推动制造业价值链攀升。

全球价值链的分工体系直接表现为跨国的产业转移，在发展中国家会形成区域性的产业集聚与更为有效率的国际分工。产业集群不仅由国际贸易推动，更会因领导型跨国企业的国际投资而加速空间上的集聚。空间上的产业集群在不断细化生产分工的同时会衍生出众多的服务行业以辅助支撑制造业更高程度的生产发展。在这个分工与聚合的进程中，大批专注于实体经济的生产性服务业会井喷式爆发，并与制造业在空间上逐步实现双向嵌入。生产性服务业聚集了大量的知识资本和人才资本，在嵌入制造业产品的价值实现过程中，能够促进制造业生产的专业化水平，在质量和数量方面提升产出能力，进而沿着流通环节进行价值链的攀升。同时，生产性服务业作为制造业生产中知识技术密集的高级要素投入，其集聚规模的扩大有助于减少制造业整体的生产成本，间接地推动制造业在全球价值链地位的攀升。一个国家的制造业和生产性服务业发展之间存在着显著关联。生产性服务业从制造业中衍生并分离出来，转向企业外部更加专业化的组织来提供发展制造业实体经济的服务，能够降低制造业价值链的生产与交易成本。制造业价值链分为支持性活动和基本活动，生产性服务业在升级的同时对支持性活动进行结构性嵌入，通过向制造业输入更多的智力支持，提高资源配置效率；对基础活动进行关系性嵌入，通过合并运营流程获得规模经济，提高生产效率。生产性服务业会促进价值链内的企业抓住市场潜在的盈利机会，对生产要素和生产条件进行重新整合，建立更加有效的新的生产网络体系，从而制造新的产品，研发新的生产工艺，开拓新的市场。

三、全球价值链向全球价值网络的演变

（一）全球价值链（Global Value Chain，GVC）理论演进

1. 全球价值链概念的界定

价值链概念由哈佛大学商学院教授 Michael Porter 率先提出。1990 年，Porter 在其著作《竞争优势》中指出：从微观来看，每一个企业都是一种集合体，该集合体涵盖了设计、生产、销售、配送以及辅助活动等，这些功能同相互关联的生产活动构成了一条能够创造价值的生产链，即企业的价值链。

"价值链"这一概念因此应运而生，并被广泛应用于垂直一体化企业的价值体系研究之中。随着全球化程度日益加深以及由此带来的国与国之间贸易和投资的与日俱增，美国杜克大学教授 Garry Gereffi（1999）通过对跨国公司主导下的价值链活动的研究，在管理学价值链理论的基础上，首次提出了"全球商品链"。Gereffi 认为，当前世界经济中的生产活动更加显现出网络化特征，跨国公司作为国际生产网络的主体，将世界范围内的各种生产相关企业紧密地联系到商品的全球生产链中，全球商品链中的基本单位是节点，任意一个节点包含着原材料投入、运营组织、市场营销等环节。这一分析虽然围绕着跨国公司及其商品流动进行，但为之后全球价值链空间布局的提出提供了有益的思路。2001 年，以跨国公司为主导的生产活动的跨地域布局更加凸显，包含设计、生产、组装、营销、售后服务等一系列环节的价值链形成使得产品的国别属性越来越模糊，价值链上各个环节又呈现出各不相同的利润水平，且每条价值链上总是存在一些能够创造更高利润的战略环节，Gereffi 进而提出了"全球价值链"概念，这一概念不仅深刻揭示了当前世界经济运行的动态特征，也提供了一种研究生产活动在全球空间范围内布局的方法。斯特恩（Sturgeon，2010）从组织规模、地理分布和参与主体三个维度来界定全球价值链：组织规模维度，全球价值链包括参与了某种产品或服务的生产性活动的全部主体；地理分布维度，全球价值链必须具有全球性；参与主体维度，全球价值链的参与主体包括一体化企业、零售商、领导型厂商、交钥匙供应商和零部件供应商等。并进一步对价值链和生产网络的概念进行了区分：价值链主要描述了某种商品或服务从生产到交货、消费和服务的一系列过程，而生产网络强调的是一群相关企业之间关系的本质和程度。英国 Sussex 大学所进行的一系列广泛且深入的研究对于全球价值链及其理论的形成也颇具影响。Sussex 大学 Smith A. 等人将全球价值链定义为"一种产品从设计环节到最终报废整个生命周期中创造价值的全部活动组合，这种以产品为中心轴的跨国性生产组织活动，非常重视产品链上的增值环节，同时也很看重价值链中各企业之间的互动与利益分配"。联合国工业发展组织（UNIDO，2002）这样定义全球价值链："全球价值链是指在全球范围内进行研发、制造、营销、回收商品或服务并为实现这些产品价值而连接在一起的全球性企业网络化组织链条，其中涉及原材料的采购和运输、中间投入品与最终产品的生产和分销以及商品或服务的最终消费和回收处理的全过程。众多参与企业通过承担不同环节的功能，捕获各不相同的利润，并且通过与主供应商以及跨国公司的协调实现该链条的持续性运作。"

基于此，全球价值链是指为实现商品或服务价值而连接生产、销售、回收处理等过程的全球性跨企业网络组织，涉及从原料采购和运输、半成品和成品的生产和分销直至最终消费和回收处理的整个过程。包括所有参与者和生产销售等活动的组织及其价值、利润分配，当前散布于全球的处于价值链上的企业进行着从设计、产品开发、生产制造、营销到交货、消费、售后服务乃至最后循环利用等各种增值活动。

2. 有关价值链驱动机制的研究

Gereffi 于 1994 年将全球价值链分为生产者驱动型和采购者驱动型，张辉（2006）运用案例分析法从核心能力、动力源、典型产业部门等方面完善了 Gereffi 理论，进一步研究了两种驱动类型的作用路径，认为生产者驱动型是由以跨国公司为主的生产者投资进而创造市场需求形成全球垂直分工结构形成的；采购者驱动型则主要源于拥有品牌优势的发达国家通过商品流通网络培养强大市场需求，最终推动欠发达出口导向国家的工业化。池仁勇等（2006）着眼于一国产业发展，认为驱动力决定价值链的核心能力，参与生产者驱动型价值链条的产业应以增强核心技术能力为主，而参与采购者驱动型价值链条的产业应更注重设计和营销环节的完善。

3. 有关全球价值链治理的研究

价值链治理仍由 Gereffi（1994）首次提出，它直接影响欠发达国家产业嵌入形式、发展中国家产业升级和不同市场结构的利润分配。Humphrey et al.（2000）将其定义为企业通过价值链中经济主体之间的关系协调与制度机制，实现在价值链内各种经济活动与不同价值环节间的非市场化调节。全球价值链治理及其模式选择是全球价值链理论的主要内容，主要存在两种维度的研究视角。

第一个维度是直线型。Humphrey 等根据主导公司对价值链控制的程度，将全球价值链的治理结构分成网络型、准层级型、层级型和市场型四种。Gereffi、Humphrey et al. （2003） 根据市场交易的复杂程度、交易能力和供应能力不同，在整合原有层级型与准层级型，并将网络型转换为关系型的基础上又增加了俘获型和模块型，并认为全球价值链治理模式呈动态且并不与特定产业密切相关。但"跨国公司是全球价值链治理主体"是普遍共识，因此查日升 （2015） 认为培育跨国领导企业、聚集专业化生产要素和打造专业化市场是成为价值链治理者的重要途径，曾繁华等 （2015） 也从全球价值链治理视角阐述了依靠创新驱动制造业转型升级的演化路径。Krugman （1979） 将价值链理论运用到企业生产过程的分割和空间布局分析中，探讨了企业将价值链各环节在全球进行空间布局的能力，突出了价值链治理模式与产业空间转移两者关联性问题的研究。此后，Arndt and Kierzkowski （2001） 使用"片断化"描述过生产过程的分割现象。他们认为这种生产过程在全球的分离是一种全新的现象。这就使得同一价值链生产过程的各个环节通过跨界生产网络被组织起来，这一跨界网络可以在一个企业内部完成，也可以由许多企业分工合作完成。

第二个维度是交叉型。John Zysman et al. （1997） 对全球价值链治理模式中跨国生产网络的类型和决定因素研究表明，决定生产网络类型的是领导厂商的母国治理结构、领导企业的结构和海外生产动机。东道国的工业基础、资源禀赋等比较优势和政府政策对生产网络的影响很小，因为在全球贸易和投资自由化的大环境下，东道国很难控制外国投资的种类和网络主体之间的关系。

对全球生产网络类型及其治理的研究也包括两个维度：垂直性/水平性（即网络中企业之间合作关系的持久性和力量对比）；开放性/封闭性（即网络外企业进入的难度）。基于这两个维度大致将生产网络划分为四类：

第一类是以日本为代表的垂直封闭式网络。日本公司的海外机构一般受总部的高度控制以维护总部的权威和核心技术能力，因此其治理结构是层级型的垂直一体化模式。以日企为主导的跨国生产网络一般由领导企业率先将低附加值的生产环节转移到发展中国家，然后日本供应商跟进投资。对东道国当地的采购仅限于附加值低的原材料和简单零部件，技术要求较高的零部件一般由跟进的日本供应商提供或从母国采购。

第二类是以美国为代表的垂直开放式网络。供应商有较大的自主权，较高的市场灵活性，海外生产的附加价值较高。领导厂商愿意向东道国供应商提供较多的指导和技术支持以提高供应商的能力，将生产外包，自己则转向附加值更高的产品研发、系统集成和软件等环节。

第三类是以中国台湾为代表的水平开放式网络。网络主体之间的关系比较灵活和复杂，经常变更合作伙伴。厂商的专业化程度较高，力量对比不太悬殊。

第四类是以海外华人为代表的水平封闭式网络。共同的种族、文化、语言和人际关系为企业间的合作与协调带来了便利，同时也构成了网外企业的进入壁垒。企业之间的关系是平等的。

4. 基于跨国公司对全球价值网络中产业升级的研究

Ghoshal and Barlett（1990）提出将跨国企业看作一种包含总部和不同国家分支机构的全球网络组织。跨国企业要通过营建全球能力网络构筑竞争优势，且大多数跨国制造企业的资产都存在于战略联盟之中，价值网络有助于增强先进跨国制造公司的竞争优势。Noori et al.（2009）对大型跨国制造公司价值网络的构建和网络成员的调整进行了研究；李放等（2010）通过对华为公司制造模式的研究，发现该公司经过"产品开发为龙头""集成产品开发流程体系""价值链的模块化""全球价值网络的构建"，即"点""线""面""网"四个阶段最后形成全球价值网络，并由此带来华为竞争优势的不断增强；魏明亮、冯涛（2010）认为，全球价值链与全球价值网络的关联基础是核心能力。跨国公司的价值网络更加注重全球价值链的纵向分离，将单条全球价值链上的价值活动按照能力要素进行"片断化"划分后，将多条全球价值链已经"片断化"的能力要素进行重新组合以形成更加强大的核心能力并以此为基础形成价值网络。刘志彪（2008）指出，"一带一路"倡议所要建立的是以中国为主的GVC，中国将依托其庞大的内需市场、丰富的产能以及巨额的资本占据能力处于龙头、高端、"链主"或发包者的地位，主要从事技术研发、产品设计、市场营销、网络品牌、物流金融等非实体性高端服务业活动。

5. 基于价值链理论与模块化理论整合的制造业转型升级研究

该研究认为，以产品生产为主的制造模块将逐渐被整合了的某一生产环节各价值节点的价值模块取代，从而衍生出模块化价值网络。提升制造业竞争实力的有效途径是找到模块化价值网络攀升的关键节点。制造业模块网络系统运行机制、制造业价值模块网络的攀升路径、适应制造业价值链模块化的转型升级方式等是当前该领域研究的前沿问题。随着传统垂直一体化生产模式逐渐趋于垂直分解，Sturgeon（2002）认为价值链模块化是制造业呈现出的新型结构特征。朱有为、张向阳（2005）指出，必须积极参与制造业高端价值环节分工以提升中国制造业的全球价值链定位。李想等（2008）构建了以模块化分工为基础的网络状产业链模型并阐述了其运行机制。余东华等（2007）指出，制造企业通过整合自身价值链能够经由信息分享提升竞争力。盛革（2007）认为，传统制造企业的升级路径应当从处于价值网络低端的模块供应商向占据价值网络高端的系统规则设计商纵向演化。

6. 关于对价值链嵌入和分工地位测算的研究

对全球价值链分工地位的测算及其定量分析可判断其治理模式。涂颖清等（2010）在研究制造业升级时利用 RCA 等指数对中国制造业的国际竞争力和所处全球价值链地位进行了分析。王直和魏尚进（2008）在研究中则是用出口的商品结构相似度指数来考量一国产业在全球价值链中的不同位置，通过对发展中国家与发达国家的出口商品结构相似度进行比较，进而研究并判断一国产业与全球价值链高端节点上的相对距离，给出一种参照。诸多学者通常都是采用间接性、替代性指标来测算一国产业在全球价值链上的位置，在一定程度上虽然能够帮助分析某些国家或地区的某些产业在全球经济中的发展状况，但是由于相关数据的获取与整理难度较大，对于某一具体行业的详细探讨还有着很大的局限性。GVC 地位指数还是研判一国制造业嵌入全球价值链位置的重要指标与方法，有些研究通过借助 Kaplinsky 升级指数来衡量制造业升降级的动态状况。

全球价值链分工地位的测算目前主要有三种方式：Hausmann（2005）提出的出口复杂度指标、Antras（2012）设计的上游度指数和 Hummels（2001）提出的垂直专业化指数。Hausmann 的出口复杂度指标通常被用于衡量国际分工地位；Antras 的上游度指数用于测算产品从原材料到最终产品之间的距离，这一指数越大越接近 GVC 的上游，反之则位于下游；Hummels 的垂直专业化指数对垂直专业化分工过程进行量化，用来衡量一个国家出口货物中所包含的进口投入的价值，关键假设是出口生产和国内销售生产之间使用进口投入的强度相同。然而，在加工出口存在的情况下这一假设往往并不成立。为了解决这一问题，Koopman et al.（2012）在对一国总出口中所包含的国内和国外成分进行准确识别和度量的基础上，提出了一个在加工出口普遍存在时，计算一国出口产品中国内外增加值所占份额的公式，并在此基础上进一步将一国出口总额按来源分解为增值成分的概念框架，确立了衡量分工地位的价值链位置指数。这一指数实质上是将一国参与国际贸易的中间产品供给与使用比例的相对大小作为 GVC 上下游的判别标准，这一比例越大则越靠近 GVC 上游，反之则位于下游。在此基础上，王直等（2013）、苏庆义（2016）等进一步对增加值进行分解，实现对区域甚至省级价值链嵌入和分工地位的测算。

（二）全球价值网络的概念、测度及应用

1. 全球价值网络概念界定

在全球价值链基础上发展起来的全球价值网络从国家经济关系的视角切入，是指商品与服务各个生产环节或工序的价值创造与消费活动在世界范围内流动所展现的空间形态和整个过程，包括所有参与国家和参与产业的组织形式、活动内容、价值流动等，是参与网络行动的国家或产业的价值创造、流动与分配等一系列活动所构成的经济贸易形态。包括与全球价值链一致的六大分析维度：投入产出结构、地理范围、治理任务、经济升级、本地制度背景和利益攸关方。

2. 全球价值网络的测度方法和应用

相比于全球价值链，全球价值网络更注重国与国之间的增加值关系及价

值流动,包括创造和吸收。按照"世界—区域—国家"的逻辑顺序递进,制造业全球价值网络的整体网特征可以通过密度和中心势来考察,以整体把握全球网络的发展特点;在区域格局层面,派系和聚类方法能够有效划分区域,进一步支持理解世界经济格局结构;在国家层面,中心性能够衡量网络节点国家的权力大小,并深入认识制造业全球价值网络格局形成的根本。

制造业全球价值网络密度(Density)反映制造业国内增加值出口贸易的世界覆盖程度和各国贸易联系的紧密程度,其整体网标准差反映制造业全球价值网络内的密度特征异质性;在技术分析时可以分为无权密度和加权密度。网络密度可以表达为 $D = M/[N \times (N-1)]$,其中 M 表示网络中的贸易活动实际联系数;N 表示网络中参与贸易活动的国家数,即网络规模,加权整体网①的 M 则为网络中的贸易活动实际增加值。借鉴戴维·诺克和杨松的研究,

整体网标准差可以表达为 $s_D = \sqrt{\dfrac{\sum\limits_{i=1}^{N}(D_i - \bar{D})^2}{N-1}}$,$D$ 为密度特征;i 代表参与的国家。全球价值网络中心势(Centralization)的分析有利于研判世界制造业生产网络和消费网络的时空演变。全球价值网络标准化中心势表示为

$C_{RD}(World) = \dfrac{\sum\limits_{i=1}^{N} C_{RD\text{Max}} - C_{RD}(i)}{N-2}$,其中 $C_{RD\text{Max}}$ 为整体网范围内的相对点度中心度最大值;$C_{RD}(i)$ 为 i 国的相对点度中心度;i 代表某个国家;N 为网络规模,可以做出度和入度的区分以更好地依据价值流动方向分析内聚变化。

在分析区域格局层面,凝聚子群和聚类是重点使用的方法。k-丛概念是凝聚子群和派系思想的推广,它通过关联关系确定网络中的"圈子"。块模型(Block Model)作为一种聚类方法,将一个全球网络分成多个被称为块(Block)的亚群体或位置,也是 N 个国家组成的网络矩阵的一部分。建立块模型是一种数据简化技术,通过分组提炼出有效的国家关系,通常使用 CON-

---

① 加权网络即赋值网络,根据戴维·诺克的研究,赋值有向的网络密度可以表示为:$D = \sum L_w/[N \times (N-1)]$,其中 $\sum L_w$ 表示所呈现关系的所有赋值总和,无论如何都不改变密度性质。

COR（Convergenceofiterated Correlation）方法。

在分析全球价值网络中的国家节点时，"中心性"是研究行动国家权力拥有和地位状况的核心概念，包括世界的中心势（World Centralization）和国家的中心度（National Centrality）。局部中心度（Local Centrality）即为国家的中心度，反映一个行动国家在全球价值网络中的主导地位状况，该国家具有最高的度数则称该国家在所属全球网络中处于中心地位，则更易于获得信息和控制资源，拥有更高的权力和影响力。根据社会网络分析理论，"中心性"的权力量化可以把国家的中心度分为点度中心度（Degree Centrality）、中间中心度（Betweenness Centrality）和接近中心度（Closeness Centrality）三个维度（见表 1－1）。其中，$C_{AD}(i)$ 为国家 i 的绝对中心度；$C_{RD}(i)$ 则为相对中心度；$C_{AB}(i)$ 和 $C_{RB}(i)$ 分别为国家 i 的绝对和相对中间中心度；g_{jk} 表示国家 j 和国家 k 之间存在的捷径路线数；$g_{jk}(i)$ 表示国家 j 和国家 k 之间的经过第三个国家 i 的捷径路线数，此时国家 i 控制两个国家制造业价值交往的能力用 $g_{jk}(i)/g_{jk}$ 表示；$C_{AC}^{-1}(i)$ 和 $C_{RC}^{-1}(i)$ 表示国家 i 接近中心性的绝对中心度和相对中心度；d_{ij} 表示国家 i 和国家 j 之间的捷径距离；N 为参与国家数，即网络规模。

表1－1 中心性的三种具体表达

	点度中心度	中间中心度	接近中心度
绝对中心度	$C_{AD}(i)$	$C_{AB}(i) = \sum\limits_{j}^{N} \sum\limits_{k}^{N} \dfrac{g_{jk}(i)}{g_{jk}}$ $j \neq k \neq i \cap j < k$	$C_{AC}^{-1}(i) = \sum\limits_{j=1}^{N} d_{ij}$
相对中心度	$C_{RD}(i) = \dfrac{C_{AD}(i)}{N-1}$ $= \dfrac{i\text{ 的点入度} + i\text{ 的点出度}}{2N-2}$	$C_{RB}(i) = \dfrac{2C_{AB}(i)}{N^2 - 3N + 2}$	$C_{RC}^{-1}(i) = \dfrac{C_{AP}^{-1}(i)}{N-1}$

第二章 制造业全球价值网络的形成与整体网特征

一、制造业全球价值网络的形成与特征

密度和中心势是制造业全球价值网络整体"紧凑性"的不同表征。密度描述全球价值网络的总体凝聚力水平,中心势描述网络内聚性的时空演变特征和过程。社会网络分析理论的两个概念可以互补地测度制造业全球价值网络,并挖掘网络发展的内在逻辑。

(一) 制造业全球价值网络的曲折发展

从表2-1可以看出,2005年至2015年的制造业全球价值网络密度呈现出"先升后降再升"的曲折前进态势。2008年全球金融危机爆发,国际贸易受到巨大冲击,也直接表现在2009年制造业国内增加值贸易在全球范围的显著萎缩,国家间价值创造的关系削弱,制造业全球价值网络的凝聚力出现波动。自此之后,制造业全球价值网络的无权密度分别在2012年和2015年出现微小的下滑,而加权密度则仅在2015年出现下滑。2012年的无权密度下滑是由于全球范围内参与制造业价值网络的国家联系减少,而实际的制造业增加值绝对额的创造却没有显著下降,在当年多是因为希腊主权评级被下调而持续扩散的欧洲债务危机进一步升级,中东欧及其周边国家在此背景下的制造业增加值贸易中受到的影响明显,其本身贸易量或是制造业增加值创造的量相对于大国来说很小,欧洲一系列问题使得全球价值网络的联系规模出现下降而造成凝聚力的表现不佳,东亚和美国等制造业大国在短期对此并不敏感。在2015年,世界经济复苏疲软,国际大宗商品价格和原油价格持续暴跌,欧洲继续实施量化宽松政策以改善经济下行,新兴发展中经济体进行经济发展模式改革;美国凭借页岩油技术革命加强了能源市场定价能力,并配

合美联储加息，使得美元地位强势，全球资本和资源开始回流美国，美国经济预期上调、一枝独秀，也为特朗普政府执政开启了上升通道。2008年以后的连锁危机在2015年集中反映，民粹主义势力抬头，全球化进程面临巨大挑战。从趋势来看，深入制造业全球价值网络分工的国家会越来越多，其凝聚力会越来越强，覆盖的国家和范围会越来越广。但在复杂的世界经济复苏环境下，制造业全球价值网络的凝聚力发展会时刻面临巨大风险与挑战，竞争与博弈的元素已经融入和平与发展的时代主旋律，曲折前行为世界经济和全球化带来更多的不确定性。

表2-1　2005—2015年制造业全球（国内增加）价值网络密度

年份	无权整体网		加权整体网	
	密度	标准差	密度	标准差
2005	0.1654	0.3715	1087.8673	5072.3491
2006	0.1764	0.3812	1227.0782	5706.3560
2007	0.1993	0.3995	1438.8047	6443.8179
2008	0.2159	0.4114	1599.8564	6947.6899
2009	0.1923	0.3941	1301.0941	5720.0322
2010	0.2041	0.403	1547.6421	6968.2344
2011	0.2219	0.4155	1791.5920	8098.4194
2012	0.2183	0.4131	1811.2888	8660.7744
2013	0.2240	0.4169	1869.9695	9159.6016
2014	0.2274	0.4192	1932.6089	9706.7666
2015	0.2103	0.4075	1792.7604	9488.6621

注：密度值和标准差是采用UCINET6软件对2005—2015年每年的无权价值网络和加权价值网络进行测算的结果。

由表2-1可见，制造业全球价值网络无权密度的标准差在2005年至2015年虽然呈现上升趋势，但变动幅度不大，2015年较2005年增加了9.69%；而2015年的加权密度标准差较2005年增加了87.07%。无权整体网考察全球制造业价值创造的国家联系，而加权整体网则是基于这种国家关系重点考察贸易联系方式的强度。由此可见，早些年份，参与制造业全球价值网络的国家变动不大，或是在该网络中多极化形式已经定型，但力量有所变动，这种力量的变动主要是由网络中的主导经济体所决定的，即制造业增加值的创造变动基本集中在主导网络的权力中心国家。在不考虑经济体进入或退出该网络的情形下，制造业全球价值网络内部具有价值创造的不平衡性和两极分化特征。"马太效应"在世界经济格局中同样有效，生产和消费规模、技术集聚并持续创新以及区域一体化制度因素等都是造成该现象的复杂因素。

（二）制造业全球价值网络内聚性的时空演变

2005 年至 2015 年，制造业全球价值网络出度中心势呈现上升的基本趋势（如图 2-1 所示），这很有力地说明创造制造业国内增加值并输出到全球各地的这种集中度在提升。从目前的世界贸易格局来看，中国、德国、美国是世界制造业生产的三大全球性中心，而且三大中心的虹吸效应和集聚能力还可能继续强化。基于制造业全球价值网络的出度中心势指数，从 2005 年到 2015 年，该指标从 5.107% 增加到 6.543%，其中 2011 年至 2014 年一直保持在 7% 以上，出度中心势的提升表明制造业国内增加值创造的国家正在集中而非分化，在三大全球性制造业生产中心之外的区域提供制造业产品的能力很弱。产品内分工高度发展的全球价值链分工体系可以使生产工序或过程"碎片化"并分割世界市场，却无法分散国内增加值创造的集中性，或是无法分散全球化生产中的价值分配。全球价值链分为生产（技术）部分和流通（市场）部分，研发设计与品牌运营环节可以获得高额附加值，而连接生产和流通的组装制造环节则处于价值链最低端。这些环节并不是均匀、随机地在全球分布，而是受高附加值环节的把控，大多以外包形式使低端的生产工序或过程"碎片化"。由制造业全球价值网络的出度中心势可以看出，全球制造业创造的高附加值也主要集中在分别以美国、中国、德国为中心建立的网络中，但其中也有差别。高速发展时期的中国，虽在东亚集聚了大量的国内增加值，但主要是由劳动力规模的集中和生产规模的扩张所带来的，即便中国在全球制造业中处于组装加工的低端环节，极大的规模力量依然可以促使中国呈现出较高的国内增加值创造特征，简单地认为中国是一个在制造业领域创造了大量国内增加值的国家是不恰当的，国内增加值高低端的结构分布对于衡量一个国家价值创造能力尤为重要。近年来，逆全球化浪潮和国际经贸关系的不确定性冲击着任何一个开放国家的大规模生产聚集活动，而在全球化进程中受益的中国则表现得更为明显，这也是美国企图打破全球经贸规则以扰乱东亚和欧盟网络中制造业链条结构的基本出发点。

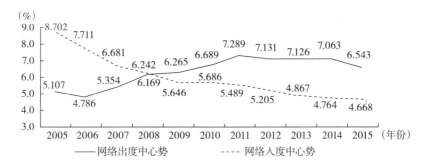

图2-1 制造业全球价值网络标准化中心势

由图2-1可见，2005年至2015年，制造业全球价值网络的入度中心势指数从8.702%降低到4.668%，该指标降幅为86.42%，呈现出不断下降的趋势，且在2008年入度中心势仅比出度中心势高出0.073个百分点，并在2009年及之后持续低于出度中心势。制造业价值网络的入度中心势反映全球市场吸纳一国制造业国内增加值的集中程度，即消费制造业产品的能力集中程度。入度中心势的下降表明，高收入发达国家对制造业产品的消费能力在下降，这使得全球制造业产品消费不再过多地集中在世界上几个主要的高收入国家，尤其是欧盟、美国消费能力下降。究其原因，根本在于发达国家收入分配极化和世界经济低增长，这也直接导致了民粹主义在全球的兴起和逆全球化浪潮。消费需求的扩张不仅需要生产能力复苏以支撑消费，还需要有一定人口规模的统一市场。而目前来看，欧洲国家人口的减少不仅不能支撑消费规模的膨胀，甚至无法形成更大规模化的区域性生产网络；中国人口虽然相对庞大，但生产的转型升级正在经历阵痛期，消费主导的需求端市场还不成熟；美国多年来的产业发展使得制造业外迁，即便消费能力强大，制造业回流美国国内并重新创造国内增加值仍需时间和空间，且无力支撑的消费正在美国锐减。这些复杂的因素共同导致了制造业全球价值网络入度中心势下降。更多的制造业国内增加值不得不在全球价值网络边缘或外围的国家进行消化，消费多极化态势凸显。

二、制造业全球价值网络格局演变

每一个开放的国家作为全球价值网络的一员，彼此之间均存在着实际或潜在的经贸关系，全球价值网络的结构即为每一个开放国家建立在增加值贸易基础上的经贸关系模式。在对全球价值网络结构的量化研究中，其中存在的"子结构"或"小群体"是重点关注的研究对象。

（一）从以美国为主的"多极化"到以"中、美、德"为主导的相对"集中化"

2005 年，世界经济处于繁荣发展的上升通道。美国制造业的国内增加值在 2005 年达到 5001.889 亿美元，占全球创造国内增加值的 11.05%，位居世界首位。德国和中国以 4758.214 亿美元和 4383.529 亿美元分列第二、第三位。日本则以 4017.394 亿美元位列第四，而第五位的法国只有 2274.913 亿美元。在当时的制造业全球价值网络中，美国凝聚着世界多国，并与之进行制造业国内增加值的经贸往来，直接主导着包括中国、日本在内的亚太地区价值网络，形成了 3 国"亚太小群体"，创造的制造业国内增加值占世界的 29.62%。同样，在欧洲地区，德国与意大利组建的小群体凝聚了法国和英国这些经济体量较大、综合实力较强的发达国家，形成了 4 国"欧盟小群体"，创造的制造业国内增加值占到世界的 23.70%。全球制造业在国内增加值创造方面表现出典型的"多极化"特征，"亚太小群体"和"欧盟小群体"的制造业国内增加值出口把全世界紧密地联系在一起。

2009 年，世界经济发展达到历史繁荣的转折点。由于美国国内金融危机的混乱，加之德、美制造业之间的竞争博弈，两国在当年并没有直接凝聚为第一层小群体。中国在 2009 年的制造业国内增加值为 7945.254 亿美元，美国为 5623.692 亿美元，两国占全球的 25.07%。可见，在世界经济快速发展的后 4 年中，美国制造业创造的国内增加值仅上升了 12.43%，年均增长不过3.11%。跨国公司不断将生产工序发包境外，加剧了生产的碎片化和市场分割，加之美国自身的产业结构演进导致的工业空心化问题，共同构成了此现象的主要原因。与之截然相反的是，中国持续改革开放，不断整合亚太制造产业链和价值链，加速其在中国国内聚集、成长，4 年间制造业国内增加值上升了 81.25%，年均增速超 20%，并加强与美国的经贸联系。德国在 2009 年的制造业国内增加值为 5394.06 亿美元，4 年上升了 13.36%，与美国体量相当。但德国在 2009 年已经不再主导"欧盟小群体"，"欧盟小群体"昔日的凝聚力在显著下降。全球价值网络格局初显中、美、德三大制造巨头的世界映像。中、美、德通过与欧洲、东亚等国家的直接联系，共同把世界网络联结起来，但过去的"多极化"共同发展局面正在消失。

表 2-2　制造业全球价值网络的创造与核心——外围结构

	2005 年	2009 年	2015 年
全球价值创造	45255.28 亿美元	54125.51 亿美元	74578.83 亿美元
核心第一梯队	美国	中国、美国、德国	中国、美国
核心第二梯队	德国、意大利	法国	德国
核心第三梯队	法国	意大利	法国
核心第四梯队	中国、日本	英国	日本
核心第五梯队	英国	日本、韩国	英国
外围重要参与国	韩国、西班牙、瑞典、俄罗斯	印度、西班牙、俄罗斯	意大利、印度、韩国、西班牙、俄罗斯

注：数据来源于 TiVA 数据库制造业行业的国内增加值；作者根据 2 - 丛聚类使用 UCINET 6 软件进行整理。

2015 年，中国制造业的国内增加值达到 15921.45 亿美元，是位居第二的美国的 2.04 倍。第三位的德国依然保持较为明显的增长，制造业国内增加值部分达到 6624.55 亿美元。日本和韩国紧随其后，而欧洲的法国、意大利和英国则表现在 2000 亿美元左右。截至 2015 年，中国与美国在制造业的全球价值网络中处于领导地位，表现出"二元主导"特征，中美两国对制造业行业的增加值创造直接与世界其他地区相连。2009 年德国制造业增加值国内创造部分的主导权力就在削弱，但其依然是制造业增加值创造的世界第三大主要区域，并直接整合法国、意大利和英国等欧洲国家的制造业价值网络。目前，制造业全球价值网络的权力中心由"中、美、德"三国共同支撑。中国与美国、德国的制造业价值联系在强化，尤其是中美间的制造业联系一枝独秀，而美德间的制造业联系却不太显著。这是由于美国和德国作为制造业强国，很多前沿领域存在制造同质性，而中国正由加工组装的低附加值环节向研发、品牌高附加值环节转型，承载了大量差异化制造环节和领域，与美德之间存在技术和产品的异质性。随着中国制造业的强势发展，中、美、德三国的制造业竞争将会持续面临巨大的合作性挑战和大国安全性博弈。

（二）基于 CONCOR 方法的制造业区域块空间格局

依据"核心—外围—边缘"理论，制造业全球价值网络按照国内增加值贸易的联系可以分为五个区域块（见表 2-3）：区域块Ⅰ为亚太核心区，均是亚太地区的制造业核心承载国，但还无法主导全球制造业的国内增加值创造；区域块Ⅱ为亚太外围区，其制造业价值的流动大多与区域块Ⅰ相联系并依赖于区域块Ⅰ的这些国家，故称为亚太外围区；区域块Ⅲ为全球外围区，多为欧洲国家，与全球核心区的德国、法国、英国、意大利等联系在一起并形成支撑；区域块Ⅳ为全球核心区，均为体量巨大或经济发达的国家，如美国、中国、德国等对制造业价值的空间分布和创造、吸纳起到主导作用，属于权力中心；区域块Ⅴ为边缘区，基本是欧亚经济体量和人口很小的国家，在制造业价值创造中被深度边缘化。从制造业全球价值网络的权力中心角度，权力强度降序依次为全球核心区、亚太核心区、全球外围区、亚太外围区和边缘区。

表 2-3 CONCOR 聚类的制造业全球价值网络区域块

区域块Ⅰ（亚太核心区）	区域块Ⅱ（亚太外围区）	区域块Ⅲ（全球外围区）	区域块Ⅳ（全球核心区）	区域块Ⅴ（边缘区）
澳大利亚	智利	希腊	芬兰	拉脱维亚
日本	哥斯达黎加	瑞士	美国	冰岛
韩国	新西兰	斯洛文尼亚	俄罗斯	爱沙尼亚
加拿大	哈萨克斯坦	匈牙利	法国	卢森堡
中国台湾	爱尔兰	荷兰	德国	立陶宛
巴西	阿根廷	摩洛哥	瑞典	马耳他
菲律宾	南非	奥地利	意大利	克罗地亚
印度	秘鲁	比利时	中国	塞浦路斯
印度尼西亚	墨西哥	葡萄牙	英国	文莱达鲁萨兰国

续表

区域块 I （亚太核心区）	区域块 II （亚太外围区）	区域块 III （全球外围区）	区域块 IV （全球核心区）	区域块 V （边缘区）
沙特阿拉伯	以色列	斯洛伐克	西班牙	保加利亚
新加坡	哥伦比亚	捷克	波兰	柬埔寨
越南	挪威	丹麦	世界其他地区	
马来西亚	中国香港	罗马尼亚		
泰国		突尼斯		
		土耳其		

　　块模型分析可以确定一国在全球价值网络中的位置，另一个重要结果是其相应的图像矩阵是根据密度矩阵和 α - 密度临界值确定的 0 - 1 编码矩阵。从表 2 - 4 图像矩阵的对角线可以看出，全球核心区和亚太核心区的密度值都超过当年世界整个网络密度，表现出自身区域块内部的高度活跃性，而外围区和边缘区的三个区域块则相反。2015 年，全球核心区 11 国的制造业国内增加值达到 41584.39 亿美元，占全世界的 55.76%；而亚太核心区 14 国（地区）达到 18247.02 亿美元，占全世界的 24.47%；亚太地区和部分欧洲发达国家组建的大核心区，其制造业国内增加值创造超过全球 80% 的份额。亚太核心区中的很多国家与中国邻近，可以看出区域块 I 对全球核心区中的中国有着巨大的支撑力。这也是中国进入 21 世纪不断融入世界经济、深入国际产业分工体系的结果和表现，中国 40 年来深度整合了亚太地区主要国家的制造业价值链，使其在东亚地区集聚，显著地形成了表 2 - 4 中的"亚太核心区"映像。美国所在的北美，甚至是整个美洲，都没有形成对美国制造业网络的支撑。而欧洲一些发达国家虽然跻身全球核心区，拥有着先进制造业的发展基础和科技环境，但对泛欧地区的整合程度明显没有东亚地区强劲，人口规模决定的生产供给和市场需求是网络密度或凝聚力不高的主要原因。

　　区域块 II 和区域块 III 自身内部的制造业国内增加值活动并不活跃，主要通过全球核心区中的国家进行世界联系。而区域块 V 中的国家由于经济体量和贸易规模都很小，对应的矩阵元素均为 0，没有与世界发生联系，这些国家将在今后的制造业全球格局中被"完全边缘化"，先进的制造技术变革也不会在这些边缘化的地区率先展开，因为生产能力和需求场景的演进需要规模基础。

表 2-4　制造业全球价值网络区域块的图像矩阵

	区域块Ⅰ	区域块Ⅱ	区域块Ⅲ	区域块Ⅳ	区域块Ⅴ
区域块Ⅰ	1	0	0	1	0
区域块Ⅱ	0	0	0	1	0
区域块Ⅲ	0	0	0	1	0
区域块Ⅳ	1	1	1	1	0
区域块Ⅴ	0	0	0	0	0

注：2015 年整个网络的密度以 0.2103 作为密度临界值（α），整理 CONCOR 方法下的密度矩阵获得图像矩阵。

（三）制造业全球价值网络的发展变迁

基于 2005—2015 年 TiVA 数据库中的制造业国内增加值，全球价值网络核算框架的价值关系矩阵得以建立，可视化网络图通过 UCINET 和 NetDraw 绘制。

2005 年，制造业全球价值网络格局以美国为主导。美国与加拿大、中国、英国、日本、韩国、德国的制造业价值流动最为频繁，增加值贸易量也十分巨大，仅这六个贸易伙伴就占美国制造业国内增加值输出全世界的 16.49%。从 2005 年制造业全球价值网络格局（见图 2-2）可以看出，图中至少有四条较粗的线条与美国相连接。

2015 年，制造业全球价值网络格局由"中、美、德"三国共同支撑（见图 2-3）。美国与加拿大、日本等国的制造业价值联系明显弱化，这主要是由于中国加工制造业的崛起和美国工业空心化困境。随着中国制造业的强势发展，中、美、德三国的制造业竞争将会持续面临巨大的合作性挑战和大国安全性博弈。

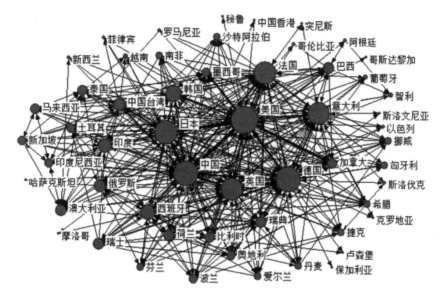

图2－2 2005年制造业全球价值网络格局

注：每个经济体作为一个节点，依照点的中心度（Degree）分为9个等级大小；每个经济体之间的增加值贸易关系作为有向连线，分为4个等级粗细，每年小于十亿美元（原始数据百万美元为单位，UCINET设置阈值为1000）贸易流量的关系连线不显示。

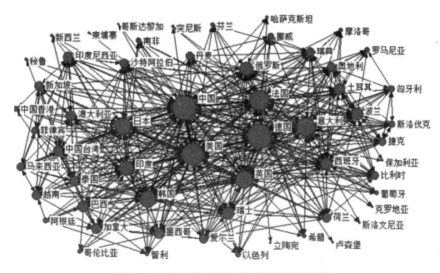

图2－3 2015年制造业全球价值网络格局

注：每个经济体作为一个节点，依照点的中心度（Degree）分为9个等级大小；每个经济体之间的增加值贸易关系作为有向连线，分为4个等级粗细，每年小于十亿美元（原始数据百万美元为单位，UCINET设置阈值为1000）贸易流量的关系连线不显示。

三、制造业全球价值网络中的国家权力中心

制造业全球价值网络总体特征和区域映像的变迁是由参与网络行动的国家力量变动所导致的。因此，在国家层面分析全球网中的制造业价值创造和吸收对于探讨"世界—区域—国家"格局的权力中心是必要的，具体表现为参与网络行动的国家核心性和控制力。

（一）制造业全球价值网络中的国家核心性

对 2015 年制造业全球价值网络的加权出度中心性（相对出度）进行排序（见图 2－4），中国（6.943）、美国（3.4）、德国（2.889）、日本（1.842）、韩国（1.431）分列前五位，第六至十位分别是法国（1.071）、意大利（1.069）、英国（0.83）、印度（0.708）、中国台湾（0.675）。全球价值网络的相对出度中心性反映一个国家或地区在全球增加值贸易网络中输出自身国内创造增加值的能力，直接表现为该国或地区的生产市场容量和能力。加入WTO 之后，中国对外贸易迅速发展，在 2006 年，中国制造业对世界的出口国内增加值达到 5695.23 亿美元，首次超过 5664.74 亿美元的美国，更超过商品贸易总额全球第一的德国。2005 年至 2015 年，中国制造业在全球增加值贸易中的出度中心性呈现明显的上升趋势，国内制造业生产网络不断扩张，生产市场不断扩大，国内部分创造的增加值越来越多，对全球制造业的输出能力和控制力不断增强。相较于中国制造业出度中心性的表现，世界其他国家大都呈现下降的趋势，这是由世界经济格局多极化发展决定的，只是中国在全球多极化发展进程中表现亮眼。该特征也可由 TiVA 数据库中的世界其他国家（Rest of World）数据得出论证，因为在数据库中 64 国之外的世界其他国家的出度和入度中心性都在不断上升。尽管发达国家对制造业增加值的创造和输出能力在相对减弱，尤其是以美国、德国、日本为代表的制造业强国，技术创新的放缓和逆全球化力量对现有国际制度的冲击对它们影响更大。从制造业出度中心性来看，东亚地区的制造业价值网络对全球份额分割严重，也表现出以中国为首整合的东亚网络近年来在不断强化，持续的改革开放顺应了全球化的命运共同体。

对2015年制造业全球价值网络的加权入度中心性（相对入度）进行排序（见图2-5），美国（5.096）、中国（3.389）、德国（1.623）、日本（1.285）、英国（1.279）分列前五位，第六至十位分别是法国（1.168）、墨西哥（1.055）、加拿大（0.979）、韩国（0.943）、印度（0.821）。全球价值网络的相对入度中心性反映一个国家或地区在全球增加值贸易网络中吸收他国国内创造增加值的能力，直接表现为该国或地区的消费吸纳容量和能力。尽管中国人口众多，但制造业价值网络的入度中心性一直位居全球第二，并呈现出不显著的上升特征。中国制造业商品的消费市场巨大，但国内的消费能力还有待大幅提升和深度挖掘。受欧洲人口的增长困境和日本人口老龄化影响，德国、英国、日本制造业价值网络的相对入度中心性在同趋势下降，对制造业商品的消费吸纳有限。即使美国拥有全球最强大的消费市场，但美国制造业的相对入度中心性指标下降了45.68%，从量化权力中心性的角度来看，美国对全球制造业外国增加值的吸纳能力在急剧减弱，也在一定程度上反映出美国国内逆全球化的势力，阻碍美国深度参与国际分工，究其原因在于美国收入分配两极分化的持续恶化和民粹力量的兴起。

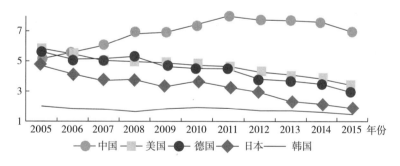

图2-4 世界主要国家的网络相对加权出度中心性

制造业出度中心性和入度中心性的衰弱标志着美国对制造业生产网络的权力控制开始出现明显的弱化。而中国则表现出完全相反的制造业价值网络特征，中国制造强国的大国地位正在崛起。标准化的出度中心性和入度中心性能够反映在整个加权的制造业全球价值网络中的集中趋势，也即创造制造业国内增加值的全球集中度或吸纳他国制造业国内增加值的全球集中度。

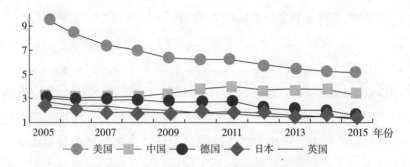

图2-5　世界主要国家的网络相对加权入度中心性

（二）制造业全球价值网络中的国家控制力

中间中心度测量的是行动国家对资源控制的程度，即行动国家对制造业价值流动的控制力。中间中心度越高，该国家对制造业价值流动的控制力越强，参与程度越深。而接近中心度则反映不受他国控制的测度①。对2015年全球制造业国内增加值矩阵的相对中间中心度进行排序，中国（15.039）、德国（11.481）、美国（11.038）、意大利（5.444）、法国（4.988）分列前五位，其次为日本（2.600）、英国（2.102）、韩国（1.474）、印度（1.190）、俄罗斯（0.981）。这些国家在网络中把握着价值流动和交往的关键区域，扰乱其地位必将重塑全球价值网络格局。

在2010年之前，美国制造业的中间中心度居全球第一，但从2005年至2010年持续下滑，下降幅度超过42.24%，在美国对制造业价值创造的控制力急剧下降的同时，中国的控制力却在上升，加工制造业枢纽地位凸显，奠定了"世界工厂"的全球地位。德国作为前三大全球性制造业中心表现平稳，其他国家也没有明显的趋势性变化（见图2-6）。由此可见，美国对制造业价值创造的控制力很多在该阶段转移到了中国，美国与中国对制造业价值创造的控制力表现出此消彼长的特征。但有一个细节必须说明，中国对制造业价值创造的控制力在2010年后强于美国，并不代表中国对制造业生产、消费

---

①　接近中心度相关的指标也有测度，但与点度中心度和中间中心度的指标具有内在一致性，且国家间接近中心度指标差异特别微小，对于研究的意义不大。一般来讲，以上三种中心度指标是相关的。

等领域的综合控制力强于美国，因为数据仅基于每个国家的国内增加值总量且没有对制造业细分行业进行分析。参与生产的规模总量大、加工组装与流转等非核心环节的增加值多于美国、中国国内完备的工业体系和战略环境，都是中国的指标强于美国的可能原因。2005 年至 2011 年，全球价值网络的中间中心度在下降，但维持高位且在美国控制制造业价值的背景下，美国对此的控制力确实在降低；2011 年至 2015 年，中间中心度由 11.05% 上升到 14.31%，其间由中国引领，可凝聚力不如前期美国的整合力度。不可否认的是，基于连接其他国家的中间中心度指标，制造业权力中心在向中国转移，但步履维艰。

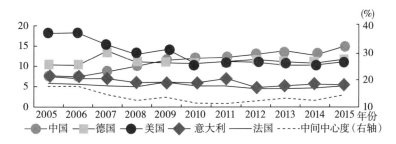

图 2-6　主要国家制造业全球价值网络相对中间中心度

（三）制造业全球价值网络发展趋势

第四次科技产业革命将率先爆发在工业基础雄厚且体系完备的经济体中，尤其是制造业价值创造和吸纳规模化的国家或地区。基于制造业国内增加值出口的视角，制造业全球价值网络的整体凝聚力在不断增强，参与的国家在不断增多，但其内部成员不平衡性和极化特征明显，以中、美、德三国为主导的世界映像已经取代过去以美国为主的多极化制造网络格局，权力中心正在向中国转移。2015 年的制造业全球价值网络基本划分为全球核心区、亚太核心区、全球外围区、亚太外围区和边缘区五大区域块，相互支撑与组织协作，各区域的生产规模和消费能力直接决定了其角色，而技术驱动的产业发展则不断推动格局演变。但其网络权力中心的变迁也标志着今后的大国科技博弈主要集中在以东亚、欧盟、北美为首的核心利益国科技产业领域的激烈竞争。

目前，中国已经在制造业领域积累了大量的价值创造，但大多是由价值链低端环节和个别行业贡献的，部分关键的中间投入品仍受制于发达国家，中国制造业"大而不强"是亟须解决的困境。高质量发展是基于做大之后谋求更优的战略抉择。在百年未有之大变局的历史阶段，中国制造业应持续加强以人工智能、数字业态为核心的新一轮基础设施建设，让科技赋能新型的工业互联基础设施，并支撑于服务制造业的升级和价值网络的攀升。中国政府主导的公共服务治理必须着眼于自身制造业的发展，为制造业升级开辟智能化前沿空间和需求场景，加快引导制造业全网络系统演进，为承接和担当全球制造核心区奠定制度基础和切实保障。

第三章　中国制造业的网络化系统演进

制造业日益趋向模块化发展以及全球制造业分工从垂直走向水平并逐渐形成全球价值网络，将中国制造业的演化过程进行在纵向的生产系统和横向的要素配置层面进行，可以更好地体现制造业各环节之间的网络化关系。纵向生产系统的演进是生产过程本身的优化路径，因此着重分析其在内生技术革新系统影响下的内部运行机制以及企业、行业、国家和全球制造业各层级之间的信息传递与相互作用。横向要素配置系统的演进是要素效率的体现，其核心是人力资本要素与其他各物质要素之间的协调性。因此，本章分别从制造业生产系统及要素系统的演进进行分析，且进一步分析人力资本网络化和人力资本结构对制造业系统演进的影响，最后从资源错配角度入手，强调资源优化配置对制造业系统演进的重要性。

一、中国制造业生产系统的演进

横向要素配置系统的演进是对现有生产水平下生产组织方式的优化路径。横向化按要素投入的类别将制造业要素配置（要素配置系统受到制度系统的内生影响，包括正式的政治系统如官方政策、法律法规等，以及非正式的社会文化系统如非官方的行业规则、道德约束等）划分为三个平行系统：提供劳动力的人力资本系统、提供生产原料的自然资源系统、提供物质资本的资本投入系统。制造业经济系统网络化演进是各层级系统内部升级与系统间组织关系升级的立体合力，而制造业价值链的攀升本质上是制造业经济系统升级的价值表现。在横向、纵向两个角度分别研究的基础上，着重分析制造业横向、纵向两大系统的协同演进，研究价值演化的关系系统，构建制造业经济系统的网络化演进模型，探讨生产过程演进与组织方式演进的相互影响机制及其共同推动制造业经济系统网络化演进的规律。

20 世纪 90 年代以来，中国制造业依靠着廉价的劳动力相对优势从附加值较低的加工组装环节嵌入全球价值链条中，在价值链的低端环节迅速取得了国际竞争优势，逐步成为世界制造中心。这种全球价值链（GVC）的融入整合离不开世界模块网络化机制的形成与作用。随着信息时代的发展，全球市场的消费需求越来越多样化、个性化，生产供应则相应出现小批量化、定制化，消费与生产的对接快速响应。交通运输技术与现代物流产业极大地改善了商品、资本、人员及其他要素的国际流动，为生产实现模块化分解提供了硬环境；新自由主义的传播和区域一体化发展更加注重开放化与自由化，国际流动的软环境也由此得到改善。新趋势基于生产的模块化技术，零部件、组件整合成模块，在模块基础之上组装成多样化产品，模块网络化机制率先在东亚地区的跨国公司内加速孕育。

在现阶段的转型过程中，单纯基于全球价值链的视角很难使得中国制造企业摆脱原有链条的封锁，即企业很难把从一个特定环节中获取的能力应用于新的领域或转向新的价值链。GVC 与 NVC（国内价值链）良性互动的双重价值链生产系统研究思路对于链条的转换升级有着重要意义。双重价值链突出的是全球与国内的二重性，既重视嵌入全球价值链的约束作用，又重视国内价值链的多元化禀赋特征，考察双重价值链的结构特征及空间组织变化是后发转型大国价值链提升的新出路。选择加入 NVC 是代工企业突破跨国买家封锁，实现链条升级的重要途径。

中国制造业价值链"低端锁定"，并在融入 GVC 的过程中出现了链条固化现象。因此，基于产品、功能、价值三维度与 GVC 和 NVC 的互动，对价值链的模块分解与攀升机理演绎，是探寻中国制造业企业突破困境的重要思路。

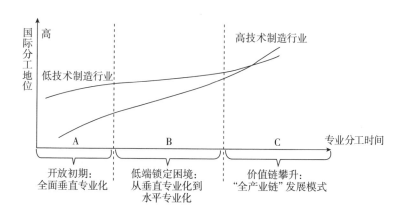

图3-1　中国制造业国际分工地位演进特征

（一）三维度双重价值链范式构建

1. 产品—功能—价值模块分解与重构

在价值链条中，微笑曲线理论明晰了附加值更多地体现在曲线两端，上游研究开发和生产制造以及下游营销和售后服务等价值相对较大，而处于中间环节的组装加工附加值相对较低，企业只有不断往附加值高的区块移动与定位才能持续发展。微笑曲线有两个要点，一是关于附加价值的位置，二是关于竞争的形态。但是这种附加价值位置的确定只是基于两个维度——功能和价值。我们把价值链条按照功能架构进行拆分，可以分解为研究开发、产品设计、生产制造、组装加工、市场营销、品牌运营以及售后服务。其中，从研究开发到组装加工是生产环节，从组装加工到售后服务是流通环节。价值链条被划分为两大环节，生产环节的最初端和流通阶段的最末端占据着链条的高价值节点，组装加工作为连接两大环节的一块处在价值链底端。这和微笑曲线理论的基本内容一致，是基于功能架构的一种二维价值链分解。

单纯基于功能视角的价值链延伸难以突破"低端锁定"，在价值链的动态调整过程中，产品架构对于本土企业的 GVC 升级意义重大。为解决视角单一所无法突破的价值链低端锁定困境，借鉴 Schilling 的研究思路和刘维林对产品与功能架构的双重嵌入分析框架，试图把这样的解析逻辑扩展到全球与国内价值链的研究思路中，对价值链进行模块网络化分解，构建三维度双重价值链范式，进而探讨基于中国制造业的价值链攀升机理与升级路径。

按照功能架构进行分解实际上是一种基于价值创造互动流程的垂直分解，而引入的产品架构分工是对供应链的横向分解，把供应链上各个组成品进行模块化整合，增加价值链体系的又一个维度。这些产品1、产品2、产品3等都是某一产成品的组成品，单独对这些组成品进行拆分，与功能架构的分解形成了垂直水平式的节点，每一个节点可被视为一个模块。此外加入价值量，就构建了一个基于产品—功能—价值三维度的价值链研究范式（如图3-2所示）。

基于产品—功能—价值三维度的价值链体系具有立体化的网络结构，其本质是在微笑曲线理论的基础上加入产品架构以扩展价值链体系维度，使之能够进行准确的节点定位。这种三维的定位可以将价值创造的过程进行模块化分解，让每一个被分解的模块呈现在网络空间中，其中的产品维度、功能维度和价值维度是每个模块的锁定标准，一旦被分解锁定该模块；更具有独特唯一性。因此，每一个被分解的模块价值也会根据产品和功能环节的差异而不同。三维度的研究框架有利于突破功能升级，使中国制造业企业可以参与国际产品内分工，并找到自身的优势节点进行价值链的攀升。

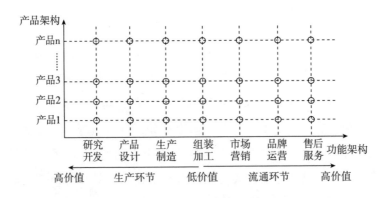

图3-2　制造业三维度价值链模块化分解

2. GVC 与 NVC 双重互动

整个价值链的升级是产业升级的一种方式，单纯考察 GVC 对中国本土制造业企业来说很难跳出固有价值链进行升级。这就需要通过 NVC 的构建来进行产业内或产品内的分工转移，实现国内制造业的产业内转嫁，最后通过

GVC 与 NVC 的对接耦合实现对全球价值链的嵌入。从产品内分工角度来看，GVC 与 NVC 并无本质差别。二者的主要区别在于：链条的驱动力来源于跨国企业还是本土企业，链条大部分价值是被其他国家获取还是被本国获取。在价值链的升级过程中，链条升级的驱动力来源是如何从本土企业转为跨国公司的，本土企业如何顺利嵌入 GVC 进行价值获取是不得不面对的问题。因此，考察 GVC 与 NVC 的互动性具有重要意义。

GVC 注重的是一国产业的优化升级，而 NVC 注重的是一国产业的转移升级，二者的本质都是带动产业价值链的升级，但演进的路径则有所不同。在开放经济条件下，中国形成了"发达国家—中国东部地区—中国西部地区"两个"中心—外围"格局。在第一个格局中，发达国家是中心，中国东部地区是外围，这是基于全球价值链的视角进行的解析定位；第二个格局，中国东部地区是中心，中国西部地区是外围，这则是基于国内价值链的视角。中国东部地区既是中心又是外围的双重角色把 GVC 与 NVC 联结了起来。在第一个格局中，中国制造业企业可以直接嵌入 GVC，在 GVC 中快速准确地找到具有分工优势的模块节点，参与价值创造与分割。但是这样的企业必须相继突破产品、技术、品牌束缚，达到标准制定阶段，在全球价值链分割中掌握相当的话语权，而中国这样的制造业企业少之又少，完全不具备国际标准制定的能力。中国更多的制造业企业则属于传统的制造业企业，技术特征表现为重型化、大型化、高能耗生产，整体的演进阶段才刚刚跨过产品进行技术的创新变革，品牌的运营和标准的制定还有待开拓。因此，NVC 的构建可以实现中国区域内制造业产业的分工转移，使得中国东西部地区基于 NVC 找到属于自身的模块节点进行价值链的攀升。

（二）三维度双重价值链攀升机理

基于模块网络化机制对价值链体系进行维度扩展，本书构建了三维度双重价值链范式，现就知识转移和扩散、产业转移和集聚、市场开拓以及生产性服务业发展四个视角演绎中国制造业价值链的攀升机理。

1. 知识转移和扩散

价值链模块化分解为模块化内部的知识流动和技术创新提供了架构，同时它的组织特性又有利于促进知识流动和技术创新。基于产品、功能、价值三个维度的模块内部各个节点处在一个立体的网络化空间里，各个参与分工的制造业企业在某个模块节点处拥有相似的价值观、文化架构和组织语言，为模块内部的知识转移和扩散提供了网络化环境。基于价值链条上的各个节点有着良好的沟通和传导机制，在一定程度上抵消了知识转移引起的分散和时间滞后影响，收敛知识在价值链模块网络化结构中的扩散。隐性知识更复杂，对技术变革也更关键，模块网络化结构内部更加有助于隐性知识的转移扩散。模块化内部的技术创新能够推动模块化组织升级，包括过程升级和产品升级，但不利于功能和链条的升级。

中国传统制造业整体处于全球生产网络知识扩散的底端，在嵌入 GVC 的过程中接受到的知识溢出效应十分有限，基于 GVC 与 NVC 的良性互动构建，中国制造业企业不仅可以向国际先进制造业企业学习，还可以向模块内部各个节点处所联结的其他国内外企业的竞争创新学习，通过产品和功能架构提升价值获取，抢占全球生产网络的中心节点并丰富子链条架构。

2. 产业转移和集聚

在全球价值链组织和治理下的国际生产贸易体系中，中国嵌入全球价值链的国内环节太短，附加价值太低，中国制造业必须通过产业转移，从全球价值链转向国内价值链。基于中国东中西部地区的产业梯度差异优势，把组装加工的低价值环节转移到欠发达区域，让较为发达的区域进行新链条的转换，延长全球价值链在国内的环节，实际上也将竞争的形态从"环节对链条"的升级转变为"链条对链条"的升级，从而减轻发达国家对中国制造业进行的纵向挤压，解决价值链的低端锁定困境。

产业转移会出现一定的分工聚集，大量制造业基于价值链模块化分解的节点定位形成相同模块聚集的规模效应，拥有正的外部经济性。发展中国家产业规模的大小具有不同的成本降低效应，一个国家的产业集聚基础规模越大，越有助于降低价值链高端生产工序的成本，从而有助于发展中国家的价值链攀升，尤其是对技术密集型和资本密集型制造业的影响具有显著的促进作用。由于规模报酬递增的性质，扩大产业内规模有利于减少交易成本、刺激市场需求，形成国内竞争优势，促进企业参与全球价值链的定位重构。

3. 市场开拓

市场开拓是全球价值链升级的一条重要路径。国际市场的开拓涉及价值链功能架构中流通环节的市场营销、品牌运营等节点。市场开拓的实施本质是制造业运作模式的创新：生产商与消费者及时高效的对接。基于移动互联技术的发展，市场开拓的模式出现了颠覆性的变革。快速的国际和国内市场占领会使得制造业企业有充分的时间和资源进行技术学习和市场战略再规划，巩固市场地位，认知价值链条上的模块节点并准确嵌入全球价值链获取附加价值。

4. 生产性服务业发展

中国制造业在国内以及全球营销网络的形成，就是聚集营销人才、产品研发、运输、储存和金融服务等开拓市场的过程，在每一过程基于不同产品的模块节点中都伴有服务需求。生产性服务不是用来直接消费的，也不是直接用来生产效用的，它是一种中间投入而非最终产出，它扮演着一个中间人的角色并生产其他产品。生产性服务业聚集了大量的知识资本和人才资本，在嵌入制造业产品的价值实现过程中，能够促进制造业生产的专业化水平，在质量和数量方面提升产出能力，进而沿着流通环节进行价值链的攀升。生产性服务业作为制造业生产中知识技术密集的高级要素投入，其规模的扩大有助于降低制造业生产成本，推动制造业价值链攀升。

（三）中国制造业价值链升级的双重构建策略

全球价值链升级主要有技术能力和市场开拓两条路径。中国现在很多制造业企业都是基于以上两种路径进行全球价值链攀升的，但是市场开拓的路径不仅限于 GLC（Global Logistics Contract）来实现，渠道的创新已经在价值链的攀升路径中出现了变革。

先进制造业与传统制造业选择向 GVC 高端攀升的路径和方式往往存在差异，先进制造业更加强调持续的技术创新、生产能力以及相关产业的垂直整合，而传统制造业则更倾向于渠道管理和品牌运营，同时在 GVC 生产环节和流通环节进行价值链攀升的企业还很少。

1. 技术转化：实验室成果产业化

技术转化能力注重价值链功能架构下的生产环节，同时又必须基于产品架构对技术转化的模块节点进行准确定位，也即一个制造业企业必须认知自身的哪个产品在哪个环节需要技术转化并能够取得技术转化。技术创新处于价值链的左侧高端节点，它不但能够促进工艺流程升级、产品升级和功能升级，还能够促进整个价值链的升级，把企业从一个特定环节中获得的能力应用于新的领域或转向一个新的价值链。

中国制造业企业对价值链生产环节的核心把控一定要注意研究开发与生产制造联结的中间过程。把技术创新驱动的研究开发与制造业工厂生产对接起来，减少生产环节的额外成本支出，需要技术转化，也即是实验室成果要顺利实现产业化。这是延伸价值链左端的关键问题。很多实验室科学研究成果诞生在高校、科研院所中，而这些机构缺乏技术创新后的产业化实现机制。制造业企业作为以营利为目的的经济个体，缺乏对技术创新的投资力度和重视程度，而技术创新对产品的变革具有很强的外溢性。因此，科研院所和制造业企业就具有合作的模块化结构基础，并且表现为一个持续学习的过程，相互依赖。在模块网络化机制中，这种组合还要基于产品架构视角，要清楚哪个产品在哪个功能环节进行技术创新转化有利于价值链的攀升。

中国制造业企业应与相关科研机构进行产学研模式的长期合作，由高校自行产业化、技术有偿转让向校企联盟转化，把实验室成果研发内嵌于制造业的生产过程（见图3-3）。企业家与科学家的交互作用，是高校作为创新中心同企业共建创新平台的合作。双方应基于责任共担、利益共享的原则，多方参与共同组建地方联合工程研究中心、博士后科研创新基地等。由科研机构主持技术研发，基于基础技术衍生共性技术和产权技术，企业和研发机构共同拥有产权并进行产业化，进而顺利实现技术转化，支撑产品的开发以发展市场，最终达到价值增加的目的。

2. 市场开拓：重资产转化轻资产

市场开拓注重价值链功能架构下的流通环节，减少流通环节的交易成本

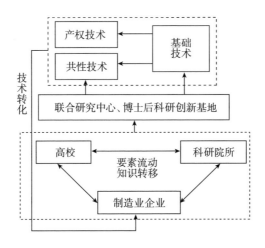

图 3-3　产学研合作主体交互模式

是在微笑曲线右端进行价值链攀升的一个思路。无论是国际市场还是国内市场，传统制造业联结生产工厂和消费终端都采用代理商的模式，通过代理商使产品流通进而实现价值。但是生产工厂与消费终端的代理商环节一般不止一个层级，有的情况可能会出现四级甚至更多层级。产品在工厂生产出来后，必然要经过很多环节才能到达消费者，而这些环节无疑增加了制造业产品价值实现的交易成本。当生产厂商锁定了产品利润后，因流通环节多级代理商的参与，直接提高了产品终端价格水平，减少消费者剩余；对于制造业厂商，整个市场的需求规模也会因价格水平的上升而出现下降，影响产业产出；对于代理商，"钱货不是一个东西"的问题就出现了，代理商需要从厂商那里购进产品，资金被占用，同时产品的变现也是很大的不确定性风险。

越来越多传统型代理商模式的缺陷正在凸显。基于信息技术和移动互联的广泛应用，新型的渠道创新能够解决传统代理商模式的问题——交易成本和产品变现风险。沿着模块网络化机制的思路，发展营销平台替代代理商已经是显现的趋势。培育高端制造业与生产性服务业的双重集聚是提升产业竞争力与实现产业集群升级的有效途径。

制造业与生产性服务业的融合只需在生产商（F）与消费者（C）之间搭建一个平台（P）进行联结，由平台对接消费终端，它的主要任务不是产品的输送，而是产品所有信息的输送，为的是消费者能够直接与产品生产商建立最简单的交易联系。最后，生产厂商唯一要做的就是搭建一个这样的平台来形成囊括生产商（F）—平台（P）—消费者（C）的闭环。这样的 F2P2C 渠道模式（见图 3-4）解决了传统代理商不可避免的问题，其运作的本质是把制造业重资产的技术特征顺利地转化为轻资产运营。通常情况下，平台的搭建是以制造业企业选择服务外包的方式来实现，这是由模块网络化对核心业务分工所决定的。生产厂商会找寻平台建设的营销公司，把流通环节的大部分业务外包给生产性服务业专门化公司运作，通过把握核心节点（研发、设计、制造）控制整个价值链。

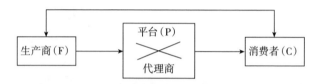

图 3-4　F2P2C 渠道模式

因此，整个制造业价值链结构模式可以简明地表达为：新制造业（系统）＝生产通用模块（不变部分）＋流通专用模块（变动部分）。

中国制造业面临着价值链低端锁定和链条固化的双重困境。基于模块网络化机制，产品、功能和价值三维度的解析能够形成一个立体网络结构，对制造业价值链进行模块化分解有利于重新定位中国制造业价值创造的节点。而 GVC 与 NVC 的良性互动，能够利用国内的区域产业梯度带动中国制造业的产业转移和集聚，有利于摆脱国际市场对价值链的纵向挤压，在国内进行价值链的升级，从而更好地嵌入全球价值链。

价值链基于功能架构可划分为生产环节和流通环节。中国制造业有必要在两个环节的价值底端同时向上攀升，这是基于技术能力与市场开拓对价值链进行功能和链条升级的两条路径：一个方向延伸到研究开发与产品设计，另一个方向延伸到品牌运营与售后服务。

二、中国制造业要素系统的演进

Porter（1990）将生产要素分为基本要素和高级要素，基本要素包括自然资源、地理位置、非熟练劳动力等一国自然拥有的先天要素；高级要素包括现代化电信网络、技能劳动力、先进技术等需要通过长期投资和后天开发才能获得的要素。先天具有的非熟练劳动力可通过后天训练和开发转变为高级要素，因而劳动力规模能显著推动劳动密集型制造业转型升级，人力资本的消长是动态比较优势的决定因素。要素投入可以通过资本积累的数量效应和结构调整的要素配置效应来提高工业全要素生产率。而自主研发作为产业发展内生动力，显著促进了中国制造业全球价值链地位的提升。对中国制造业而言，面对要素条件的变化，只有加大资本投入、积累人力资本、提高研发力度、实现要素禀赋的结构升级，才能真正实现从"制造业大国"向"制造业强国"的转变。

（一）制造业投入要素的设置

1. 计量模型构建

研究制造业升级，应基于微观企业数据，以企业总产值和全要素生产率来量化制造业生产数量和生产效率。从企业劳动力、资本和研发投入，研究要素投入与制造业升级的关系来衡量制造业升级。构建如下简单计量模型：

$$manu_{it} = \beta_0 + \beta_1 ele_{it} + \beta_2 x_t + \mu_{it} \qquad (3-1)$$

式 3-1 中 i 为不同企业，t 表示各个年份。$manu_{it}$ 为 t 年 i 企业总产值和全要素生产率，ele_{it} 为 t 年 i 企业要素投入，x_t 表示 t 年企业层面控制变量，包括企业规模、企业年龄、政府补贴等，μ_{it} 为随机扰动项。

仅用式 3-1 研究不同要素投入对制造业升级影响，估计结果可能会存在偏差。实际上，要素投入也会受到产业发展反向影响，产生内生性问题，使得式 3-1 中右侧解释变量与其随机扰动项相关，违反了普通最小二乘法的前提条件，从而使回归结果出现偏差。基于此，借鉴相关文献，拟通过构建联立方程模型解决以上问题。如下式所示：

$$ele_{it} = \beta_0 + \beta_1 manu_{it} + \beta_2 y_t + \mu_{it} \qquad (3-2)$$

式 3-2 中 i 为不同企业，t 表示各个年份。ele_{it} 为 t 年 i 企业要素投入，$manu_{it}$ 为 t 年 i 企业总产值和全要素生产率，y_t 表示 t 年企业层面控制变量，包括企业工资支出、企业福利支出、政府补贴、企业利润等，μ_{it} 为随机扰动项。

综上，式 3 - 1 中以企业总产值和企业全要素生产率为被解释变量，要素投入为核心解释变量；式 3 - 2 中以要素投入作为被解释变量，企业总产值和企业全要素生产率为解释变量。可知，式 3 - 2 联立方程组具有两种计量方法：一是忽略方程之间的相关性，对每个方程单独估计，是为有限信息方法，常用实证方法是二阶段（2sls）方法；二是将方程间相关性考虑其中，作为整体进行回归分析，是为完整信息方法，常用三阶段（3sls）方法进行估计。为全面考察要素投入与行业发展之间的关系，分别采用普通最小二乘法、二阶段法和三阶段法回归法论证估计结果的有效性。

2. 变量测度和数据来源

（1）被解释变量、核心解释变量和控制变量的设置。

对制造业升级的度量可以从制造企业总产值和企业全要素生产率两个层面进行。其中，企业总产值以企业产出总额取自然对数表示；企业全要素生产率采用 LP 半参数估计法测算，以避免 OLS 估计可能存在的内生性问题以及 OP 估计中作为代理变量的投资数据不能完全响应生产率变化的问题，其中涉及相关计算变量工业增加值、中间投入、从业人员和资本存量。以 2000 年为基期，借鉴龚关、胡关亮（2013）和沈鸿（2019）的做法，采用工业品出厂价格指数、原材料、燃料、动力购进价格指数、消费者、固定资产投资价格指数对数据做平减处理（相关价格指数来自《中国统计年鉴》）。

核心解释变量资本、劳动力和研发投入分别以企业总资产取自然对数、企业年平均从业人数取自然对数及企业研发效率表示，其中的企业研发效率是企业研发投入转化为研发产出的能力，研发投入包括人员、支出等，研发产出表现为企业专利、新产品产值等。施炳展等（2014）采用无形资产与总资产比值加一取自然对数表示企业研发效率。劳动力规模采用企业年平均从业人员取自然对数表示。控制变量企业规模（scale）运用企业固定资产净值年平均余额取自然对数表示；企业年龄（age）运用企业所处年份与企业开业年份差值加一取自然对数表示；政府补贴（sub）取企业政府补贴额度与企业销售额比值表示；企业工资支出（gz）以企业工资总额支出取自然对数表示；企业福利支出（fl）以企业福利支出总额取自然对数表示；企业利润（lr）以企业利润总额取自然对数表示。

（2）数据来源与处理。

企业层面数据来源于 1998—2013 年工业企业数据库，包含国家统计局统计的所有国有企业和规模以上非国有企业样本，借鉴 Brandt（2012）匹配处理方法，删除不符合经济计量常识和缺失值样本，比如固定资产总计、中间投入、总产值等缺失值或负值样本。

（二）实证分析

1. 联立方程回归分析

针对要素投入与制造业升级之间的复杂关系，利用上文式 3-2 中构建的联立方程组进行实证分析。表 3-1、表 3-2 分别展示了普通最小二乘法（模型 1）、三阶段最小二乘法（模型 2）估计结果。关于三阶段最小二乘法，可用 3sls 的残差重新估计协方差矩阵，随后使用广义最小二乘法，如此反复迭代直至收敛，可在一定程度上检验模型的稳健性。正如郑新业等（2012）研究结论所示，运用联立方程消除内生性后，估算得出的回归结果与不考虑被解释变量对核心解释变量影响估算得出的结果相差很大。因此在回归中显示采用迭代方式的三阶段最小二乘法结果（模型 3）。

表 3-1 列（1）~（3）为企业劳动力要素投入与企业总产值回归结果。首先，对比模型 1 与其他模型之间变量对应的回归系数，联立方程模型采用三阶段回归以及三阶段迭代回归估计系数结果具有稳健性，估计所得劳动力要素投入回归系数分别为 0.978 和 0.976，且均在 1% 的水平下显著，而采用普通最小二乘法估计劳动力要素投入回归系数为 0.770，说明运用该方法估计劳动力要素投入对企业增加值的影响存在较大偏差。其次，结果可知，劳动力要素投入对企业总产值具有显著的正向作用，企业总产值增加对劳动力要素投入回归系数亦显著为正，且均达到了 1% 显著性水平。表明劳动力要素投入与企业总产值之间确实存在相互影响，即企业总产值提高对劳动力要素投

入具有激励作用。表3-1列（4）～（6）为企业劳动力要素投入与企业全要素生产率回归结果。由结果可知，劳动力要素投入回归系数显著为正，企业全要素生产率回归系数显著为负，且均达到了1%显著性水平。表明劳动力要素投入促进企业全要素生产率，而企业全要素生产率提高会降低对劳动力需求。

相似地，表3-2报告了研发要素投入与企业总产值和全要素生产率回归结果，可知研发要素投入与企业总产值之间存在相互正向促进的关系，另外，企业生产率提高促进企业投入研发，而研发要素投入对企业生产率正向作用并不显著。表3-3为资本要素投入与制造业升级实证结果，结果显示资本要素投入与企业总产值和企业生产率均具有相互促进的关系。

总而言之，从生产数量来看，资本、劳动力和研发要素投入有利于提高制造企业产出量，反过来企业产出增加亦会加大各要素投入；从生产效率来看，劳动力和资本要素投入显著促进制造企业全要素生产率的提升，研发要素投入对企业生产效率提升作用并不显著，原因可能是研发前期需要大量人力物力投入，同时研发周期较长、市场不确定性等问题使得研发存在一定风险性，因此对企业升级促进作用短期内可能不具有显著效果。反过来，企业全要素生产率提升亦会提高制造企业研发投入和资本投入量，同时降低劳动力要素投入。

表3-1　劳动力要素投入与制造业升级回归结果

	（1）	（2）	（3）	（4）	（5）	（6）
	模型1-ols	模型2-3sls	模型3-3sls-iter	模型1-ols	模型2-3sls	模型3-3sls-iter
	企业总产值			企业全要素生产率		
ldl	0.770 *** (864.03)	0.978 *** (906.44)	0.976 *** (909.85)	0.491 *** (568.94)	0.711 *** (675.67)	0.714 *** (677.35)
scale	-0.006 *** (-21.69)	-0.006 *** (-25.37)	-0.006 *** (-24.44)	-0.0137 *** (-51.50)	-0.0343 *** (-156.68)	-0.038 *** (-173.63)
age	-0.12 *** (-106.98)	-0.028 *** (-39.41)	-0.016 *** (-36.40)	-0.102 *** (-93.72)	-0.154 *** (-152.37)	-0.155 *** (-154.34)

续表

	（1）	（2）	（3）	（4）	（5）	（6）
	模型 1 - ols	模型 2 - 3sls	模型 3 -3sls - iter	模型 1 - ols	模型 2 - 3sls	模型 3 -3sls - iter
	企业总产值			企业全要素生产率		
sub	- 0.282 *** （ - 23.88）	0.049 *** （5.84）	0.022 *** （3.36）	- 0.202 *** （ - 20.08）	- 0.158 *** （ - 17.86）	- 0.051 *** （ - 5.78）
- cons	6.704 *** （1546.97）	5.516 *** （1109.31）	5.502 *** （1114.84）	4.441 *** （1059.13）	3.560 *** （732.53）	3.563 *** （731.70）
	劳动力投入（总产值回归）			劳动力投入（全要素生产率回归）		
qysj	0.112 *** （153.11）	1.279 *** （66.90）	1.324 *** （54.95）	- 0.02 *** （ - 25.79）	- 0.916 *** （ - 14.25）	- 1.680 *** （ - 41.56）
gz	0.671 *** （762.54）	- 0.062 *** （ - 7.13）	- 0.180 *** （ - 16.56）	0.727 *** （855.53）	1.303 *** （79.70）	1.367 *** （133.05）
lr	- 0.061 *** （ - 162.49）	- 0.129 *** （ - 24.85）	- 0.023 *** （ - 3.55）	- 0.026 *** （ - 67.49）	- 0.196 *** （ - 11.64）	0.153 *** （14.46）
fl	0.038 *** （53.28）	- 0.019 *** （ - 13.19）	- 0.012 *** （ - 7.43）	0.046 *** （64.07）	0.036 *** （10.23）	0.084 *** （38.38）
- cons	- 0.93 *** （ - 189.59）	- 6.795 *** （ - 73.32）	- 7.114 *** （ - 60.95）	- 0.336 *** （ - 82.76）	2.554 *** （13.90）	4.603 *** （39.86）
r2	0.416	0.374	0.373	0.232	0.186	0.184
N	1114362	1114362	1114362	1102492	1102492	1102492

注：括号内表示 t 值或 z 统计量，＊＊＊表示在 1%的水平下显著，＊＊表示在 5%的水平下显著，＊表示在 10%的水平下显著。以下表同。

表 3 - 2　研发要素投入与制造业升级回归结果

	（1）	（2）	（3）	（4）	（5）	（6）
	模型 1 - ols	模型 2 - 3sls	模型 3 -3sls - iter	模型 1 - ols	模型 2 - 3sls	模型 3 -3sls - iter
	企业总产值			企业全要素生产率		
rd	0.942 *** （35.26）	12466.5 ** （2.00）	12466.5 ** （2.00）	0.0934 *** （4.09）	13618.5 （1.48）	13618.5 （1.48）
scale	0.051 *** （151.72）	- 10.75 ** （ - 1.99）	- 10.75 ** （ - 1.99）	0.0230 *** （80.81）	- 11.79 （ - 1.48）	- 11.79 （ - 1.48）

	(1)	(2)	(3)	(4)	(5)	(6)
	模型 1 - ols	模型 2 - 3sls	模型 3 - 3sls - iter	模型 1 - ols	模型 2 - 3sls	模型 3 - 3sls - iter
age	0.08 *** (60.74)	- 10.56 ** (- 1.97)	- 10.56 ** (- 1.97)	0.0273 *** (24.33)	- 11.53 (- 1.47)	- 11.53 (- 1.47)
		企业总产值			企业全要素生产率	
sub	- 0.212 *** (- 17.88)	- 13.99 * (- 1.67)	- 13.99 * (- 1.67)	- 0.162 *** (- 17.21)	- 11.97 (- 1.28)	- 11.97 (- 1.28)
- cons	9.734 *** (3338.50)	- 86.28 * (- 1.79)	- 86.28 * (- 1.79)	6.371 *** (2552.25)	- 98.87 (- 1.39)	- 98.87 (- 1.39)
		研发投入（总产值回归）			研发投入（全要素生产率回归）	
qysj	0.002 *** (48.19)	0.008 *** (20.15)	0.008 *** (20.15)	0.0002 *** (5.09)	0.018 *** (18.90)	0.018 *** (18.90)
scale	0.001 *** (77.57)	0.0005 *** (26.27)	0.001 *** (26.27)	0.001 *** (85.19)	0.001 *** (33.31)	0.001 *** (33.31)
lr	- 0.001 *** (- 31.74)	- 0.004 *** (- 19.89)	- 0.004 *** (- 19.89)	- 0.0001 ** (- 2.56)	- 0.006 *** (- 18.82)	- 0.006 *** (- 18.82)
sub	0.002 *** (4.29)	0.003 *** (7.82)	0.003 *** (7.82)	0.001 *** (2.81)	0.004 *** (10.03)	0.004 *** (10.03)
- cons	- 0.004 *** (- 12.82)	- 0.049 *** (- 16.96)	- 0.049 *** (- 16.96)	0.008 *** (37.90)	- 0.066 *** (- 16.58)	- 0.066 *** (- 16.58)
r2	0.0240	- 156138.4	- 156138.4	0.00625	- 262482.3	- 262482.3
N	1361767	1361767	1361767	1344990	1344990	1344990

表 3 - 3 资本要素投入与制造业升级回归结果

	(1)	(2)	(3)	(4)	(5)	(6)
	模型 1 - ols	模型 2 - 3sls	模型 3 - 3sls - iter	模型 1 - ols	模型 2 - 3sls	模型 3 - 3sls - iter
		企业总产值			企业全要素生产率	
zb	0.722 *** (1407.04)	1.136 *** (1029.42)	1.136 *** (1029.42)	0.468 *** (836.81)	0.927 *** (765.53)	0.927 *** (765.53)
scale	- 0.015 *** (- 67.52)	- 0.053 *** (- 189.46)	- 0.053 *** (- 189.46)	- 0.02 *** (- 82.72)	- 0.061 *** (- 202.42)	- 0.061 *** (- 202.42)

	(1)	(2)	(3)	(4)	(5)	(6)
	模型 1 – ols	模型 2 – 3sls	模型 3 – 3sls – iter	模型 1 – ols	模型 2 – 3sls	模型 3 – 3sls – iter
age	− 0.091 *** (− 107.04)	− 0.188 *** (− 179.40)	− 0.188 *** (− 179.40)	− 0.084 *** (− 91.29)	− 0.193 *** (− 167.80)	− 0.193 *** (− 167.80)
	企业总产值			企业全要素生产率		
sub	− 0.299 *** (− 39.46)	− 0.35 *** (− 37.95)	− 0.35 *** (− 37.95)	− 0.204 *** (− 26.85)	− 0.247 *** (− 26.42)	− 0.247 *** (− 26.42)
− cons	3.361 *** (685.90)	− 0.289 *** (− 28.88)	− 0.289 *** (− 28.88)	2.241 *** (420.06)	− 1.816 *** (− 165.44)	− 1.816 *** (− 165.44)
	资本投入（总产值回归）			资本投入（全要素生产率回归）		
zcz	0.782 *** (972.15)	2.454 *** (140.41)	2.454 *** (140.41)	0.482 *** (428.16)	5.501 *** (58.97)	5.501 *** (58.97)
scale	0.058 *** (254.88)	− 0.016 *** (− 17.65)	− 0.016 *** (− 17.65)	0.085 *** (307.77)	0.006 *** (3.50)	0.006 *** (3.50)
lr	0.042 *** (80.38)	− 0.691 *** (− 89.78)	− 0.691 *** (− 89.78)	0.212 *** (344.55)	− 1.586 *** (− 47.39)	− 1.586 *** (− 47.39)
sub	0.307 *** (37.58)	0.695 *** (40.45)	0.695 *** (40.45)	0.184 *** (19.86)	1.067 *** (26.49)	1.067 *** (26.49)
− cons	1.272 *** (201.62)	− 10.64 *** (− 85.37)	− 10.64 *** (− 85.37)	4.84 *** (850.16)	− 16.04 *** (− 41.31)	− 16.04 *** (− 41.31)
r2	0.602	0.413	0.413	0.346	0.0184	0.0184
N	1361770	1361770	1361770	1344993	1344993	1344993

2. 行业关联性分析

上文通过联立方程模型考察劳动力、研发和资本要素投入对制造业升级的影响，首先仅考虑了单要素投入对行业增加值的关系，忽略了产业之间的关联性；其次仅考虑了整体要素投入对制造业升级的影响，不能细致分析各行业不同要素投入对行业产出影响的具体数值，忽略了不同行业的异质性。为了进一步深化研究，特建立投入产出模型，将产业关联纳入其中。

基于 2015 年投入产出表，横向来看，投入产出法可以矩阵形式表示为如下线性方程：

$$AX + Y = X \Rightarrow \begin{pmatrix} a_{11} \cdots a_{1j} \\ a_{21} \cdots a_{2j} \\ \vdots \quad \vdots \\ a_{i1} \cdots a_{ij} \end{pmatrix} \begin{pmatrix} x_1 \\ x_2 \\ \vdots \\ x_j \end{pmatrix} + \begin{pmatrix} y_1 \\ y_2 \\ \vdots \\ y_i \end{pmatrix} = \begin{pmatrix} x_1 \\ x_2 \\ \vdots \\ x_j \end{pmatrix} \qquad (3-3)$$

其中，a_{ij} 表示各产业中间投入与总产出比值，A 即为直接消耗系数矩阵，y_i 为最终产品，x_j 为行业总产出。可转换为：

$$Y = (I - A)X \Rightarrow \begin{pmatrix} y_1 \\ y_2 \\ \vdots \\ y_i \end{pmatrix} = \begin{pmatrix} 1 - a_{11} \cdots - a_{1j} \\ -a_{21} \cdots -a_{2j} \\ \vdots \qquad \vdots \\ -a_{i1} \cdots 1 - a_{ij} \end{pmatrix} \begin{pmatrix} x_1 \\ x_2 \\ \vdots \\ x_j \end{pmatrix} \qquad (3-4)$$

若 $(I-A)$ 矩阵存在，则有：

$$X = (I - A)^{-1}Y \Rightarrow \begin{pmatrix} x_1 \\ x_2 \\ \vdots \\ x_j \end{pmatrix} = \begin{pmatrix} 1 - a_{11} \cdots - a_{1j} \\ -a_{21} \cdots -a_{2j} \\ \vdots \qquad \vdots \\ -a_{i1} \cdots 1 - a_{ij} \end{pmatrix}^{-1} \begin{pmatrix} y_1 \\ y_2 \\ \vdots \\ y_i \end{pmatrix} \qquad (3-5)$$

其中，$(I-A)^{-1}$ 为里昂惕夫逆矩阵，为完全消耗系数矩阵。

（1）制造业综合要素系数分析。

借鉴龚晓莺等（2007）的方法，根据以上投入产出模型，运用波及效应分析中的相关指标进行测算。投入产出表数据反映了某产业投入对其他产业产出的影响，建立了产业间复杂的关联性。因此，投入产出表不仅可以研究产业间比例关系和结构特征，基于此表还可测算参数，研究某些产业数据发生变化对其他产业数据产生的影响，正是波及效果分析。这种分析主要体现在三个方面：其一，当某个产业最终需求发生变化时对国民经济各产业产生的影响；其二，当某产业生产活动发生变化时对其他产业生产活动产生的影响；其三，当某产业毛附加值发生变化时对国民经济各产业产生的影响。此处主要应用第一种进行测算。

据以上模型和分析，引入劳动力需要量系数、资本需要量系数和研发需要量系数（下文中统称为要素需要量系数），利用里昂惕夫逆矩阵测算随着制造业各部门产出增长，最终需要的要素投入。计算公式如下：

$$S = H(I-A)^{-1} \Rightarrow \begin{pmatrix} s_1 \\ s_2 \\ \vdots \\ s_i \end{pmatrix} = \begin{pmatrix} h_1 \\ h_2 \\ \vdots \\ h_i \end{pmatrix} \begin{pmatrix} 1-a_{11} \cdots -a_{1j} \\ -a_{21} \cdots -a_{2j} \\ \vdots \quad\quad \vdots \\ -a_{i1} \cdots 1-a_{ij} \end{pmatrix}^{-1} \quad (3-6)$$

式（3-6）中，S 为产业综合要素系数，H 代表各产业就业系数，其中：

$$h_i = \frac{i\,产业要素投入}{i\,产业总产出} \quad (3-7)$$

对于综合要素系数的经济含义，可理解为某产业进行一单位产值生产，本产业和其他产业需要的要素投入量。数值越高，说明制造业各部门对某要素投入的依赖越大。基于公式（3-6），测算各产业综合就业系数、综合资本系数和综合研发系数如表 3-4 和图 3-5 所示。

分别来看，综合就业系数区间跨度较小，表明制造业各部门对劳动力投入依赖度均在 1 以下，且差异较小。生产一单位产值需要劳动力投入最多的行业是仪器仪表业，综合就业系数为 0.84；最少的行业为食品和烟草业，综合就业系数为 0.09。综合资本系数相较于综合就业系数和综合研发系数，区间跨度较大，生产一单位产值需要资本投入最多的行业是仪器仪表业、纺织品业以及木材加工品和家具业，食品和烟草业最低。最后对于综合研发系数，各产业对于研发投入需求最高的是仪器仪表业，通信设备和计算机及其他电子设备次之，食品和烟草业最低。横向比较来看，2015 年考察期内，制造业各部门更多地依赖资本投入，研发投入次之，劳动力投入最少。

综上可知，随着中国人口红利逐渐消失，中国制造业各部门要素配置结构也发生了变化，更多地依靠固定资本投入和研发投入，提高产业产出和质量。

表 3-4　各产业综合要素系数

行业	综合就业系数	综合资本系数	综合研发系数
食品和烟草	0.09	3.12	0.17
纺织品	0.35	12.33	0.68

续表

行业	综合就业系数	综合资本系数	综合研发系数
纺织服装鞋帽皮革羽绒及其制品	0.17	6.13	0.34
木材加工品和家具	0.34	12.17	0.68
造纸印刷和文教体育用品	0.22	7.92	0.44
石油及炼焦产品和核燃料加工品	0.24	8.48	0.47
化学产品	0.18	6.27	0.35
非金属矿物制品	0.14	5.03	0.28
金属冶炼和压延加工品	0.23	8.32	0.46
金属制品	0.23	8.24	0.46
通用设备	0.22	7.98	0.44
专用设备	0.22	7.66	0.43
交通运输设备	0.11	3.95	0.22
电气机械和器材	0.16	5.87	0.33
通信设备和计算机及其他电子设备	0.20	7.23	0.70
仪器仪表	0.84	13.75	1.65

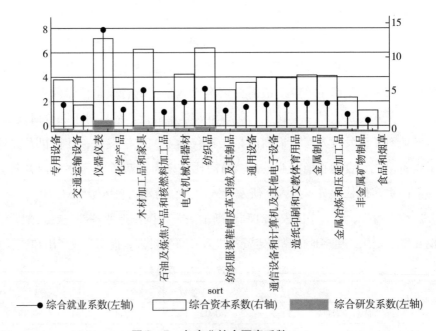

图 3-5 各产业综合要素系数

（2）制造业要素投入技术效率分析。

借鉴马明等（2018）完全技术效率评价方式，投入变量不仅要考虑评价决策单元的各项要素投入变量，还要考虑到关联产业的完全产出所导致的要素投入，体现为产业供应链整体要素投入与全部经济产出的相对有效性，从产业关联的视角对产业技术效率进行全面、客观的评价。测算步骤如下：

首先，基于上文中 2015 年投入产出表构造要素投入产出表；

其次，计算要素投入直接消耗系数 $d_{ij} = \dfrac{e_{ij}}{x_j}$（$i = 1,\ 2,\ 3$；$j = 1,\ 2,\ \cdots,$ 16）（e_{ij} 表示要素投入直接消耗系数，x_j 为 j 行业总产出），构建直接要素消耗矩阵如下：

$$D = \begin{pmatrix} d_{11} \cdots d_{1n} \\ d_{21} \cdots d_{2n} \\ \vdots \qquad \vdots \\ d_{m1} \cdots d_{mn} \end{pmatrix} \qquad (3-8)$$

再次，构建要素投入完全消耗系数矩阵：

$$B = D(I-A)^{-1} = \begin{pmatrix} d_{11} \cdots d_{1n} \\ d_{21} \cdots d_{2n} \\ \vdots \qquad \vdots \\ d_{m1} \cdots d_{mn} \end{pmatrix} \begin{pmatrix} 1-a_{11} \cdots -a_{1j} \\ -a_{21} \cdots \quad -a_{2j} \\ \vdots \qquad \qquad \vdots \\ -a_{i1} \cdots \ 1-a_{ij} \end{pmatrix}^{-1} \qquad (3-9)$$

最后，测算出各产业要素投入完全消耗量作为要素投入量，各产业总产出代表制造业产值，利用 SBM 方法从投入和产出两个视角测算各部门要素投入技术效率，测算结果如表 3-5 所示。可知，一方面，从产出视角，产出导向型技术效率是在给定投入情况下追求产出最大化目标。得出食品和烟草业、化学产品业的产业部门效率值为 1，处于效率有效状态；其他部门均处于效率无效状态。其中效率较高部门为金属冶炼和压延加工品业、交通运输设备制造业、通信设备和计算机及其他电子设备制造业；效率较低部门为仪器仪表制造业、石油及炼焦产品和核燃料加工品以及专用设备制造业。另一方面，从投入视角，投入导向型技术效率是在给定产出情况下追求投入成本最小化目标。相似地,得出食品和烟草业、化学产品业的产业部门效率值为1,处于效率有效状态;其他部门均处于效率无效状态。其中效率较高部门为纺织服装鞋帽皮革羽绒及其制品业、交通运输设备制品业、非金属矿物制品业;效率较低部门为仪器仪表制造业、纺织品业和通用设备制造业。

表3-5 制造业各部门要素投入技术效率

行业	产出技术效率	投入技术效率
食品和烟草	1.000	1.000
纺织品	0.280	0.167
纺织服装鞋帽皮革羽绒及其制品	0.329	0.777
木材加工品和家具	0.165	0.232
造纸印刷和文教体育用品	0.253	0.362
石油及炼焦产品和核燃料加工品	0.246	0.282
化学产品	1.000	1.000
非金属矿物制品	0.502	0.628
金属冶炼和压延加工品	0.719	0.257
金属制品	0.274	0.321
通用设备	0.335	0.301
专用设备	0.249	0.510
交通运输设备	0.696	0.841
电气机械和器材	0.458	0.466
通信设备和计算机及其他电子设备	0.530	0.313
仪器仪表	0.049	0.098

(三)研究结论及启示

基于以上实证检验,由联立方程回归结果可知,从生产数量来看,资本、劳动力和研发投入有利于提高制造企业产出量,反过来企业产出增加亦会加大各要素投入;从生产效率来看,劳动力和资本要素投入显著促进制造企业全要素生产率提升,研发要素投入对企业生产效率提升作用并不显著,反过来企业全要素生产率的提升提高了制造企业研发投入和资本投入量,同时降低了劳动力要素投入。进一步测算制造业层面绩效,一方面,通过制造业综合要素投入系数测算,制造业各部门更多依靠固定资本投入,辅助于研发投入，提高了产业产出和质量，其中仪器仪表制造业、木材加工品和家具制造业以及纺织品业相对更为明显；另一方面，通过测算制造业各部门要素投入技术效率，食品和烟草业、化学产品业的产业部门处于效率有效状态，其他部门均处于效率无效状态。综合来看，金属冶炼和压延加工品业、交通运输设备制造业、通信设备和计算机及其他电子设备制造业、纺织服装鞋帽皮革羽绒及其制品业处于效率较高状态，仪器仪表制造业、石油及炼焦产品和核燃料加工品和专用设备制造业、纺织品业以及通用设备制造业处于效率较低状态。基于以上实证结果提出以下政策建议：加大企业扶持力度，鼓励企业增加资本、劳动力和研发要素投入。鼓励企业自主创新，增加研发投入，优化要素配置结构。鼓励国内企业加强联合，提高行业技术生产效率。

三、人力资本网络化与中国制造业系统演进

由个性化需求增多催生的大规模定制化生产需要促使了制造业模块化生产方式的出现并向网络化演变。与之密切相关的适应性人力资本系统也经历了类似的模块化进程。

（一）制造业网络化人力资本系统模型的构建

人力资本对制造业产业结构转型的作用不仅表现在人力资本存量对产业发展的支持性作用上，还表现在人力资本结构对产业转型的持续性配置作用上。主要包括三个方面：一是人力资本投资的积累效应，二是人力资本结构的配置效应，三是人力资本转化为实际生产力的传转效应。要使人力资本对制造业转型升级的正向影响扩大，就必须考虑如何使制造业人力资本培育系统的供给与模块化生产系统对人力资本的需求在数量、层次、结构等各个维度上得以匹配。我们首先探讨制造业人力资本培育系统的内部运行机制。

1. 人力资本培育主体及其相互关系

人力资本培育包括个人、学校、科研机构、企业、政府五大主体和知识、组织与战略三大要素。知识的传授与积累主要通过学校与科研机构实现；以组织的形式完成知识到技能的转化则由企业负责。政府制定发展战略，为人力资本培育指明方向并提供支持。其中，学校是人力资本的初始孵化基地，

通过普适教育与专业教育为人力资本提供初步积淀。由于受教育年限和程度的不同，又促成了人力资本结构的初始演变。政府对学校的投资是分层次的，对基础教育的投资确保一般型人力资本的数量，对高等教育的投资增加了异质型人力资本的产出，对职业教育的投资有针对性地确保技能型人力资本的输出。学校实际的教学效果和质量又为政府政策制定提供参考；学校与企业的合作为人力资本由知识向技能的转化提供实践平台。两者的相互作用能够降低人力资本从业初期的磨合成本，促使人力资本尽快适应工作环境。学研合作是对学校教育的升华和专业性提炼，能够使高层次人力资本专注于某一领域知识的研究，同时提升学校教育的水平和科研机构的研发能力，使研究机构更注重实操与知识的综合运用。政府对研究机构的投资会促使研究机构从事方向明确的突破性研究，有利于技术创新，而创新成果的普及与传导所引起的社会经济变革，又促使政府调整相关战略布局。一些研究机构所从事的专业研究服务于企业，促进了企业的技术革新，同时企业为研究机构提供经费又加速了科研工作的进展，学校教育与企业实践高度整合。企业对人力资本培育的投资取决于本身的经济实力和对人力资本投资回报的预期。企业中的人力资本主要通过"干中学"获取有效经验，并通过企业有针对性的专业培训获得专业技能的提升。政府运用相关政策规范并引导企业的经营行为，促使企业内部人力资本适应其工作领域与基本规则。企业向政府缴纳税收又为政府进一步的人力资本投资提供物质支持。

而个人是人力资本培育的核心，与其他主体不同的是，个人具有双重属性，既是人力资本的投资者，又是人力资本的实际获益者。个人能够根据社会环境与自身需求选择对自身进行人力资本投资的种类、深度及时间段，无论是教育、培训还是其他来自外界的培育投资，最终都汇聚于个人，并以个人能力的提升和潜能的发挥作为人力资本作用的表现形式。个人主体除了与其他主体之间均存在信息的传导与交互作用之外，还承担着对其他主体之间的交互作用进行整合与反馈的职能。考察个人人力资本的演进，应当注重个人对人力资本培育的整合效应，除了物质资本与时间的投资，还应关注社会反馈、情绪、需要和动机对人力资本形成的综合影响。

当这些经济实体共同构成一个经济系统时，忽略它们本身的内部结构与信息，只考虑它们的功能和与外部的联系，则可以得出其模块化的表达形式：模块化＝（模块，模块之间的关系）（昝廷全，2003），在人力资本培育系统中，我们可以将这五个主体看作具有各自内部运行机制又彼此关联度较强的五个不同模块。

2. 网络化人力资本培育系统在制造业中的应用

（1）简单人力资本培育系统的模块化表现形式。

简单人力资本培育系统即以单独个体为对象的个人人力资本形成机制。该系统中，个体具有青木昌彦（2002）所认为的"存在处理系统信息模块"的类似功能，个体是处理信息的"指挥官"，其主要功能是接收外来信息及其他与之相关联的模块所反馈的信息，并据此进行分析、决策乃至创新，是核心模块。政府、学校、科研机构以及企业在人力资本培育方式上具有各自独立的复杂运行规则，同时部分规则之间存在关联性，是支持简单人力资本培育系统运行的分支模块。

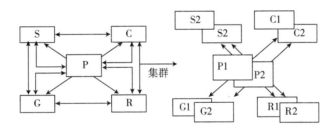

图3-6 简单人力资本培育系统的模块化与集群发展

如图3-6所示，各模块由从属于自身的子功能模块构成，并与系统中的其他模块产生交互作用，进行信息的交换与沟通，个人模块负责集成处理，对系统信息进行消化和吸收，最终达到提升人力资本价值的目的。

该系统运行的条件是各职能模块明确自身分工和工作内容，及时接收与处理关联模块提供的有效信息并提供反馈，同时通过信息整合对自身的功能进行改进。各模块自身的结构和功能水平决定着其本身的性能，模块彼此间交互能力的强弱决定着系统整体的运行质量。

共软系统、共硬系统与软、硬部之间的诱导转化是经济系统运行的三种主要形式。人力资本培育系统中存在共软系统：各主体部门的基本职能是独立的，学校专注于教育，企业专注于有助于生产力提升的在职培训，研究机构专注于创新成果等。而各主体之间的关系却不断变化，比如政府对学校的教育投资可以是针对高等教育的，也可以是针对基础教育的，其投资比例的变动则会直接影响不同层次人力资本的输出数量。同样，学校教育可以在校园中进行，也可以与科研机构和企业合作为学生提供更多的社会实践机会，这也会导致教育产出人才的类型差异。同时也存在共硬系统：在一定时期内，各经济主体形成了相对稳定的信息交互方式与合作模式后，将更加聚焦本身职能模块的调整与完善。如企业改进人力资本培育的方案，增加人力资本投资经费等。值得关注的是软硬系统之间的转换。当有针对性地对各经济主体的基本职能引入某种易于处理的关系时，会促使各经济主体之间的关系也发生相应变化。如个人学习了某种易于掌握的记忆方法，在提升自身学习效率的同时也提升了学校教育的实际成果；企业在引进某种已知的员工管理规则后，自身物质资本收入得以提升，也增大了受益员工自身对人力资本培育投资的概率。

模块化分解使各主体的责任和职能更加明确，而系统经济的统筹思想则有助于强化各主体"硬部"的实际性能，增大对各主体"软部"的关注，促使人力资本培育系统效率与灵活率的提升。

（2）制造业网络化人力资本培育系统的形成。

现实中，模块化制造网络内部大量简单人力资本培育系统同时运行，并根据实际产出人力资本的质量、领域、层次形成不同的结构。随着模块化生产规则的建立，人力资本培育系统会自发形成适应性的运行规则，且会随着实际生产的变动进行调整和优化，具有自组织特征。人力资本系统网络的组织水平和协调性影响人力资本效用的发挥。模块化生产网络布局越合理，与之匹配的人力资本培育系统内部协调性越强，则人力资本能力的发挥就越充分。系统内部有效信息传导越充分，系统间有效信息交互越深入，则系统的运行水平越高。这表现在模块化生产空间关系网络的数据交互上。实时有效的数据交流与反馈既能够增强模块的性能，同时也能提升人力资本系统的效率。

制造业网络化人力资本培育系统的形成主要体现在以下三个方面：

首先，人力资本培育系统嵌入模块化制造并与之协同演变。具有同等结构的人力资本适用于与之匹配的近似生产领域，形成人力资本组织结构（如图3-7所示）。A代表制造业某行业的人力资本运行系统，A1为其初始水平。S1与S2是两个同质企业各自独立的人力资本集群系统，它们拥有自身独立的集群优势，表现为不同的企业竞争优势。由于同质模块之间的竞争，两企业间出现信息交互与人力资本流动，推动A行业整体技术和发展水平的提升，并向更高级的A2水平演进，同时该行业的高级化又促使S1与S2具有更强的人力资本竞争实力，提升系统内部人力资本的质量水平，使得S1与S2也向更具专业优势的S3与S4演变。随着模块化生产方式和领域的变动，人力资本系统的构成和运行轨迹也产生差异，人力资本系统经由集聚、裂变与网络化的过程同样推动了生产的专业化进程并加深模块化程度。而且，嵌入式人力资本培育系统网络的整合效应大于简单人力资本培育系统的独立效应。

其次，简单人力资本培育系统的优化会增强总系统的实际效用，这表现在集群中异质型人力资本的数量增多与质量提升均能提升整个集群组织的运行效率。某一领域大量的人力资本集群有助于该领域的效率提升与创新突破。在人力资本集群作用于模块化生产并推动生产演变的过程中，其本身的发展也会产生裂变，人力资本的专业性可能更强（同领域出现更多高水平人才），也可能发生专业领域的转化（原本从事研发的人才向管理转型）。由此可能衍生出新的领域和创新成果（新产品乃至新行业出现）。集群与裂变在时间和空间维度上交错发生，最终形成庞大的人力资本培育网络系统。图3-7中模块化生产系统中存在与A相关的行业B，例如产业链上下游企业。相关行业的人力资本系统具有协同演进的性质。A与B表示相互关联的两个行业的人力资本运行系统，S、T分别是A与B各自行业内部的人力资本集群系统。由于产业关联性导致的A与B的合作与信息交互，使得A、B内部的人力资本集群对彼此的知识领域和业务内容了解较深。当A、B行业分工进一步细化，最终形成垂直分解时，中间环节C逐步独立出来。一部分来自A的人力资本集群（S1）可能与一部分来自 B 的人力资本集群（T1）重新匹配组合，形成与产业链垂直分解相对应的适配于 C 的人力资本培育系统。

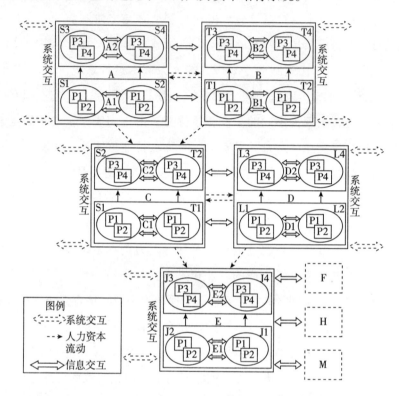

图 3-7 嵌入模块化生产过程的人力资本培育网络系统

最后，人力资本集群的裂变。裂变的本质是创新。人力资本能力的提升和知识结构的变动带来技术革新，并衍生出新的行业，同时新行业的发展又促使人力资本系统向与其匹配的方向裂变。如图 3-7 所示，D 是模块化生产系统中与 A、B 不相关的行业，拥有其自身独立的人力资本运行系统，同时具有 A、B 两个行业的知识储备的行业 C 与行业 D 在某些环节匹配与转化之后，会催生出新的行业 E，新行业 E 的人力资本系统呈现出整合的性质，具有更强的专业广度与深度。

实际中的人力资本培育系统在模块化生产中通过实时发生的集群、裂变不断分化与重构，最终形成具有多向交互关系的人力资本培育系统网络。

（二）网络化人力资本培育系统嵌入模块化生产的运行机制

人力资本培育系统网络嵌入模块化的生产过程，实际是机械生产模块化与协调各生产环节的组织关系模块化的统一。基于以上对简单人力资本培育系统模块化运行的内在机理与制造业多重系统协同运行机制的分析，两者在生产的不同阶段和环节具有不同的协同机制。

1. 积累机制选择

模块化生产对人力资本的需求是分层次的，基础人力资本是支撑制造业生产可持续性的要素之一，我们将人力资本培育系统持续为制造业生产提供人力资本的运行过程称为人力资本培育系统嵌入制造业模块化生产的选择积累机制。人力资本数量取决于人力资本培育系统整体的投资力度和广度。政府增加教育投资，学校扩大施教范围，制造业企业提供更多实习机会等均会使人力资本培育系统投资总量上升，从而使能够获取教育资源的人口基数上升，实际形成的人力资本人数也就更多。人力资本具有不同的教育背景、认知水平和兴趣偏好，分工的多样化为人力资本提供了宽泛的选择空间，使其能够根据个体差异做出从业选择；同时，处于不同模块的制造业企业对初始知识储备、技能水平的要求不尽相同，所需要的人力资本类型也有所差异。制造业企业按照自身的生产内容与范畴选择与之相适应的人力资本，人力资本是否匹配模块化生产由生产的实际规则决定。在双向选择的作用下，适应性人力资本得以保留，非适应性人力资本则被淘汰，从而形成具有初始类别差异的人力资本积累。

2. 配置机制协同

人力资本的合理分配对经济增长和产业升级具有重要的促进作用。我们将网络化人力资本系统与模块化生产协同促进人力资本配置结构优化的过程称为人力资本培育系统嵌入制造业模块化生产的协同配置机制。制造业的模块化分工促使初始人力资本专注于某一领域技能的掌握与提升，成长为更具专业性的人才并同时加速人力资本的模块化集聚，形成不同层次的人力资本专业结构。同行业系统内部的信息交互使得不同层次的专业结构之间能够进行知识传导，从而缩小各层次之间的能力差距，促使不同层次的人力资本共同提升。基于信息交互基础上的行业内人力资本流动又使得人力资本与生产过程的匹配更加精确合理。不同行业间的信息交互有效展开，无论是互补行业间的合作还是同质行业间的竞争均能促使行业间人力资本的流动，结果是使最合适的人处于最适合的岗位。培育系统对人力资本的流动配置与模块化生产对人力资本的整合配置共同作用，有效提升了人力资本的使用效率，有助于制造业结构的优化。

3. 传转机制创新

人力资本水平和匹配程度可以促进企业的技术进步和收益，进而有利于产业转型升级和经济增长的实现。网络化人力资本培育系统促使制造业模块化生产技术创新并对成果进行转化的创新传转机制主要表现在三个方面：一是产权技术研发及其转化。专业性人力资本集聚有利于集中资源解决关键问题，实现技术突破。模块化的组织形式能够加快信息沟通的时效性与真实性，保证在技术实践的过程中各个环节无缝对接并协调一致，从而完成从技术到生产的精确转化。二是共性技术的普及与泛化。行业内部技能型人力资本掌握共性技术之后，通过人力资本行业内与行业间的流动所产生的知识外溢加速技术扩散，从而推动整体行业技术水平的提升。三是组织创新与转化。模块化生产活动的组织方式也具有模块化的特征，组织方式根据实际的生产过程不断调整，逐渐形成适应性的组织模式。组织模式的演进和优化为技术创新提供条件，又为适应技术创新的成果演化出新的组织方式，促使生产与管理同步迈进。

（三）研究结论及启示

通过将模块化逻辑引入人力资本培育的基本程序，使各模块的主体职能及相互连接关系得以厘清，归纳出制造业人力资本培育与模块化生产这一共生网络系统。对该系统从独立模块向网络化演进过程的详细描述，强调其自组织特性及协同运作机理，指出人力资本培育系统嵌入制造业模块化生产的过程并逐渐与其匹配，模块化生产的发展水平及其与人力资本培育系统的关联强度影响着制造业的转型升级。故而，优化中国人力资本培育体系以推进中国制造业转型升级应：

1. 形成各主体协同合作的人力资本培育系统

人力资本培育主体的模块化分解首先要求各功能模块自身的性能优化。因此，各主体应明确自身的主要责任，加强模块内部的核心功能建设，促使模块性能提升。政府应依据经济社会的实际变化优化人力资本投资结构，加强基础设施建设，提供支持性服务。学校应注重教学水平的提升，加强学科建设，注重人才培养。科研机构应努力提高研发质量，注重具有突破性意义的研发项目。企业应当优化管理，规范生产过程，增强"干中学"的实际效果。这四大主体要共同提升个体的受教育意愿与服务社会的责任意识。

2. 从简单的物质投资向内在能力提升的人力资本培育方式转变

根据简单人力资本培育系统的运行方式及网络化人力资本培育系统的特征，应当注重个体人力资本累积的提升与实际能力的发挥，应当更关注微观领域作为人力资本载体的个人的发展。考虑的焦点应从持续扩张的人力资本物质投资转向物质投资在既定条件下人力资本能力最大限度的发挥上。因此，政府应根据地域差异和实际人力资本分布状况有差别地进行教育投资，优化专利权划分及专利保护制度，确保人力资本投资收益的实现，从而激发受益个体对人力资本持续投资的热情。企业应当设定适合不同岗位员工的职业发展规划，关注员工的身心健康与成就水平，采取有效激励措施，为人力资本潜能的充分发挥创造条件。学校应注重所授理论的靶向性实践操作，加强校企互动、校研互动，提供知识向技能转化的渠道。

3. 以提高信息效率促进系统内各职能模块间的灵活转换与对接

无论是制造业的模块化生产趋势还是人力资本培育系统的网络化形式，均建立在大量数据和信息的交互与沟通之上。模块化生产各环节的对接、人力资本培育系统之间的流动与转化、人力资本培育系统与模块化生产的互动均依赖信息作为传递媒介，进行数据的传导、处理、反馈并最终实现系统的演进。因此应当加强各体系之间的关系网络建设，及时沟通与反馈，促进系统内部各职能模块间的灵活转换和系统之间的及时对接，降低磨合成本，提升信息利用率。

四、人力资本结构与中国制造业系统演进

在新时期，中国经济将进入以人力资源协同发展为主的高质量增长阶段，以创造经济内生动力。《国富论》指出，"一国居民投入工作所需要的能力不是与生俱来的，为了适应工作，他们往往会自发地接受学习、提高技能"，使其具有了资本的性质，成为推动要素配置、技术进步以及市场制度的人力资本，其规模和结构在一定程度上决定地区产业结构升级的能力，在与产业结构匹配过程中直接影响产业结构升级的质量、方向和效率，并"决定人类未来的前景"。

人力资本结构促进产业结构转型的理论来源于结构主义学派，该学派认为最优产业结构由其内部要素禀赋结构内生决定，且经济系统内部结构变化的适配性可有效促进经济增长。人力资本可通过三个渠道促进产业结构升级：一是人力资本投资数量与结构，这是推动经济增长的基本前提。二是人力资本及其结构，这是影响产业结构升级的关键要素。人力资本水平及结构的地区差异是导致产业结构地区差异的重要原因。三是技术结构升级与技术创新。人力资本的结构演化直接作用于技术层面，从而影响产业结构升级。

（一）人力资本结构指数构建

通过构建各层次人力资本结构指数，从不同侧面研究人力资本结构，并采用动态面板和空间误差模型考察人力资本结构溢出性的地区差异，实证分析人力资本结构对中国产业结构动态演变的影响。

1. 模型构建

借鉴 Matsuyama 的两部门分析框架，构建农业与非农业两部门的结构动态模型，并参照 Lucas 的处理方法，将劳动力和人力资本引入生产函数（未引入物质资本），得出如下生产函数：

$$Y_i = A(H_i)F_i(L_i), i = r, m \qquad (3-10)$$

其中，Y 为部门总产值，L 为从业劳动力数量，H 为人力资本，A 为技术进步，r 和 m 则分别代表农业和非农业部门。该生产函数具有拟凹性，设定

$F' > 0$，$F'' < 0$，$A' > 0$，$H_m > H_r$。假设技术的边际报酬递增，并将技术进步定义为人力资本的线性函数，即 $A = \eta H$。其中 η 为人力资本效率参数，且 $\eta > 0$。消费者函数借鉴拉姆塞 - 卡斯 - 库普曼模型设定如下：

$$U = \int_0^\infty \left[\varphi \ln(C_r - \bar{C}) + \ln(C_m) \right] e^{-\rho t} dt \qquad (3-11)$$

其中 $\bar{C}$ 为消费者为维系生存对农业部门产品的最低消费量，C_r 和 C_m 分别为消费者对农业和非农业部门产品消费量，φ 为消费比例系数，在 0 与 1 之间，P 表示贴现率。

假定从业劳动力规模不变，农业部门与非农业部门的劳动力分别从事低技能和高技能生产活动，劳动力市场不存在制度限制且充分流动，农业生产部门劳动力 l 通过"干中学"转移到非农业部门，农业部门劳动力数量减少到 $L_r - l$，非农业部门劳动力数量增加为 $L_m + l$，发生劳动力转移后的两部门生产函数分别为：

$$Y_r = A(H_r)F_r(L_r - l) \text{ 和 } Y_m = A(H_m)F_m(L_m + l) \qquad (3-12)$$

H_r 和 H_m 分别表示农业部门和非农业部门人力资本存量。根据生产核算法，总消费等于总支出恒等于总产出，则有：

$$C_r = Y_r \text{ 和 } C_m = Y_m \qquad (3-13)$$

借鉴 D - S 模型，以非农业部门产品作为标准计价单位 1，农业部门产品相对于非农业部门产品的价格由市场给定为 P，有消费约束条件：$PC_r + C_m = I$（I 为消费者收入），消费者受限于收入的效用最大化表示为：

$$\text{Max} \varphi \ln(C_r - \bar{C}) + \ln(C_m) \qquad (3-14)$$

$$S.T. PC_r + C_m = I \qquad (3-15)$$

由以上式子的一阶条件得到：

$$P(C_r - \bar{C}) = \varphi C_m \qquad (3-16)$$

进而代入整理得到：

$$P = \frac{\varphi A(H_m)F_m(L_m + l)}{A(H_r)F_r(L_r - l) - \bar{C}} \qquad (3-17)$$

由于劳动力边际报酬等于工资，农业部门与非农业部门的工资分别表示为：

$$W_r = PA(H_r)F_r(L_r - l) \text{ 和 } W_m = A(H_m)F_m(L_m + l) \qquad (3-18)$$

两部门的工资差异会引起劳动力部门间流动，劳动力从低技能岗位向高技能岗位的流动可部分反映产业结构升级，劳动力流动在部门达到均衡时停止，此时两部门劳动力边际收益相等。

$$PA(H_r)F_r(L_r - l) = A(H_m)F_m(L_m + l) \qquad (3-19)$$

将式 3-18 代入式 3-19 得：

$$\frac{\varphi A(H_m)F_m(L_m + l)}{A(H_r)F_r(L_r - l) - \bar{C}} \cdot A(H_r)F_r(L_r - l) = A(H_m)F_m(L_m + l)$$

$$(3-20)$$

进而得到：

$$F_r(L_r - l) - \frac{\bar{C}}{A(H_r)} - \frac{\varphi F_m(L_m + l)}{F_m(L_m + l)} \cdot F_r(L_r - l) = 0 \qquad (3-21)$$

对式 3-21 左边进行隐函数分析，令左边为 θ 隐函数，则 θ 是关于 l 和 H_r 的函数，即：

$$\theta(l, H_r) = F_r(L_r - l) - \frac{\bar{C}}{A(H_r)} - \frac{\varphi F_m(L_m + l)}{F_m(L_m + l)} \cdot F_r(L_r - l)$$

$$(3-22)$$

根据隐函数求导法则得：

$$\frac{\partial l}{\partial H_r} = -\frac{\theta H_r}{\theta_l} \qquad (3-23)$$

进而得：

$$\theta \cdot H_r = \frac{\bar{C}A'}{[A(H_r)]^2} \qquad (3-24)$$

$$\theta_l = -(1 + \varphi)F'_r + \varphi F_m \cdot \left(\frac{F''_r F'_m + F'_r F''_m}{F'^2_m}\right) \qquad (3-25)$$

由于生产函数具有拟凹性，式 3-25 大于 0，说明劳动力流动与人力资本结构存在单调递增关系，即人力资本结构对产业结构升级有促进作用。一方面，低技能劳动力在传统部门并不会促进产业结构升级，而当它通过积累效应转变为高技能人力资本并流向现代产业部门时便会促进产业结构升级。另一方面，传统部门人力资本积累水平提高，会加强人力资本结构与产业结构升级的适配性，进而促进劳动力从传统部门流动到现代产业部门。在从劳动密集型产业向知识密集型产业转化的过程中，会促进各类型人力资本的需求量随产业结构调整而变化，其突出表现就是推动高素质人力资本在人力资本总量中的比重不断增加。因此人力资本结构的动态演化必然引起产业结构升级。

2. 指标说明与数据来源

本部分所采用 2000 年到 2016 年的省级数据来源于《中国教育统计年鉴》《中国劳动统计年鉴》和《中国统计年鉴》，缺失值根据各省年鉴补齐。人力资本结构的衡量指标一般有教育基尼系数、教育标准差及各层级人力资本占比。本书试图研究各层级人力资本对产业结构升级的影响，因此采用各层级人力资本占比，构建人力资本结构如下式：

$$HC_{it} = \frac{6}{43} \cdot \frac{6 \times XU_{it}}{PU_{it}} + \frac{9}{43} \cdot \frac{9 \times ZU_{it}}{PU_{it}} + \frac{12}{43} \cdot \frac{12 \times GU_{it}}{PU_{it}} + \frac{16}{43} \cdot \frac{16 \times DU_{it}}{PU_{it}}$$

$$(3-26)$$

其中 XU_{it}、ZU_{it}、GU_{it}、DU_{it} 分别为小学学历、初中学历、高中学历和大专及以上学历，赋值分别为 6、9、12 和 16。i 和 t 分别表示省份维度和时间维度，各层级人力资本的权重用平均受教育年限衡量，即该层级平均受教育年限/平均受教育总年限。

产业结构高级化指标构建。第三产业产值比重上升而第一产业产值比重下降是产业结构升级的主要特征，故产业结构高级化指标如下：

$$IND = \sum_{1}^{3} y_i \times i = y_1 \times 1 + y_2 \times 2 + y_3 \times 3 \qquad (3-27)$$

其中 y_1、y_2、y_3 分别表示第一、第二、第三产业产值占总产值的比重，IND 的值在 1 和 3 之间，该值越大说明产业结构越高级。

产业结构合理化指标构建如下：

$$HL = \sum_{i=1}^{n} \frac{Y_i}{Y} | \frac{\frac{Y_i}{L_i}}{\frac{Y}{L}} - 1 | = \sum_{i=1}^{n} \frac{Y_i}{Y} | \frac{\frac{Y_i}{Y}}{\frac{L_i}{L}} - 1 | \qquad (3-28)$$

L_i 和 Y_i 分别表示 i 产业就业人数和产值。Y_i/L_i 表示各部门生产率水平，Y_i/Y 表示 i 产业产出结构，L_i/L 反映 i 产业就业结构。HL 越小，表明产业结构越合理。

控制变量选取。本文选取各地区市场化指数（借鉴樊纲市场化指数计算得出）、地区金融水平（各地区存、贷款总额与地区生产总值的比值运算）、城乡收入差距（采用泰尔指数）。具体统计指标如表 3 – 6 所示：

表 3 – 6　指标的统计描述

变量	变量含义	均值	标准差	最小值	最大值	观察值
IND	产业结构高级化	2.2941	0.1246	2.0690	2.7973	510
HL	产业结构合理化	0.2783	0.1565	0.0161	0.8803	510
HC	人力资本结构	2.0116	0.4431	1.0524	4.0374	510
SC	市场化指数	0.6510	0.1285	0.2974	0.8857	510
JR	地区金融水平	1.0331	0.3264	0.4335	2.2597	510
CJ	城乡收入差距	0.1230	0.0569	0.0192	0.2936	510

（二）人力资本影响制造业升级的模型构建

运用动态面板模型构建以下计量模型：

$$IND_{it} = \alpha + \rho IND_{i,t} - 1 + HC_{it}\beta + z'_{it}\delta + u_i + \varepsilon_{it} \qquad (3-29)$$

$$HL_{it} = \alpha + \rho HL_{i,t} - 1 + HC_{it}\beta + z'_{it}\delta + u_i + \varepsilon_{it} \qquad (3-30)$$

式 3 – 29 与式 3 – 30 表示人力资本结构对产业结构高级化和合理化的动态影响。z'_{it} 代表市场化指数、地区金融水平以及城乡收入差距等控制变量，u_i 为省际个体效应，ε_{it} 为随机扰动项。

构建空间误差模型 3 – 31 进一步检验人力资本结构对产业结构升级的空间溢出性：

$$y = X\beta + u \qquad (3-31)$$

y 代表产业结构升级程度，X 表示人力资本结构及控制变量，扰动项 u 的生成过程为：

$$u = \rho M_u + \varepsilon, \varepsilon - N(0, \sigma^2 \ln) \qquad (3-32)$$

其中 M 为空间权重矩阵。该模型显示扰动项 u 存在空间依赖性，即不包

含在 X 中但对 Y 有影响的遗漏变量存在空间相关性，或者不可观察的随机冲击存在空间相关性。

（三）实证结果及其分析

1. 基准回归

采用系统广义矩估计对人力资本结构与产业结构高级化和产业结构合理化进行计量检验，结果如表 3－7 所示。第一、二列分别为未加入控制变量和加入控制变量的人力资本结构对产业结构高级化的动态影响，第三、四列分别为未加入控制变量和加入控制变量的人力资本结构对产业结构合理化的动态影响。

表 3－7　基准回归实证结果

变量	被解释变量			
	IND（SYS－GMM）	IND（SYS－GMM）	HL（SYS－GMM）	HL（SYS－GMM）
HC	0.02 *** （11.57）	0.10 ** （2.43）	－0.03 *** （－19.73）	－0.07 *** （－2.13）
SC		0.09 *** （6.53）		－0.14 *** （－15.91）
JR		0.02 *** （5.63）		－0.01 *** （－2.91）
CJ		－0.39 *** （－10.51）		0.21 *** （2.93）
AR（1）	－3.46 *** （0.001）	－3.43 *** （0.0006）	－2.16 ** （0.03）	－2.13 ** （0.03）
AR（2）	－0.72 （0.47）	－0.23 （0.82）	－0.43 （0.67）	0.06 （0.96）
L（1）	0.95 *** （55.90）	0.81 *** （31.10）	0.86 *** （35.42）	0.85 *** （28.96）
Sargan （P－value）	28.89 （1.000）	28.56 （1.000）	28.50 （1.000）	29.34 （1.000）
WaldChi2 （P－value）	29020.05 （0.000）	20217.92 （0.000）	1378.15 （0.000）	11394.02 （0.000）
Observations	480	480	480	480

表 3－7 显示出在未加入控制变量时和加入控制变量后的两个变化：一是

人力资本结构对产业结构高级化影响的变化。控制变量引入前后，人力资本结构对产业结构高级化的影响分别为 0.02（且极其显著）和 0.10；市场化水平及地区金融水平对产业结构高级化也产生显著的正向影响，影响系数分别为 0.09 和 0.02 且均极其显著；城乡收入差距对产业结构高级化产生显著负向影响，城乡收入差距越大产业结构越低级。二是人力资本结构对产业结构合理化的影响。控制变量引入前后，人力资本结构对产业结构合理化的影响分别为 −0.03 和 −0.07 且极其显著，说明人力资本结构在控制变量的调节作用下对产业结构合理化产生积极作用，市场化和地区金融水平亦促进了产业结构合理化，城乡收入差距则减缓产业结构合理化趋势。

2. 稳健性检验

用差分广义矩估计对模型进行稳健性检验，结果如表 3 − 8 所示。无论对产业结构高级化还是合理化，影响系数均与基准回归结果一致，说明人力资本结构对产业结构升级的动态演变具有稳健性。

表 3 − 8　稳健性（一）实证检验结果

变量	被解释变量			
	IND（DIFF − GMM）	IND（DIFF − GMM）	HL（DIFF − GMM）	HL（DIFF − GMM）
HC	0.02 *** (15.91)	0.01 ** (2.30)	− 0.04 *** （− 16.48）	− 0.01 ** （− 2.08）
SC		0.08 *** (6.12)		− 0.08 *** （− 4.49）
JR		0.01 *** (3.77)		− 0.04 *** （− 7.69）
CJ		− 0.41 *** （− 8.07）		0.10 (1.41)
AR（1）	− 3.45 *** (0.001)	− 3.42 *** (0.001)	− 2.16 ** (0.03)	− 2.10 ** (0.03)
AR（2）	− 0.72 (0.47)	− 0.17 (0.87)	− 0.70 (0.48)	0.57 (0.57)
L（1）	0.96 *** (75.79)	0.85 *** (25.73)	0.68 *** (39.28)	0.67 *** (21.37)

变量	被解释变量			
	IND（DIFF－GMM）	IND（DIFF－GMM）	HL（DIFF－GMM）	HL（DIFF－GMM）
Sargan （P－value）	28.95 （1.000）	28.57 （1.000）	28.71 （1.000）	28.01 （1.000）
WaldChi2 （P－value）	19955.57 （0.000）	13284.76 （0.000）	1543.48 （0.000）	1824.71 （0.000）
Observations	450	450	450	450

用数据缩尾法对产业结构高级化大于2.6和产业结构合理化大于0.625的数据进行缩尾处理，得到产业结构升级核密度图（如图3－8所示），进一步证明人力资本结构对产业结构升级的稳健性。

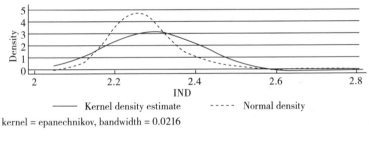

kernel = epanechnikov, bandwidth = 0.0216

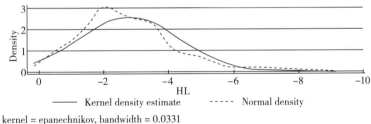

kernel = epanechnikov, bandwidth = 0.0331

图3－8　产业结构高级化和产业结构合理化核密度

如表3－9所示，在动态面板模型中加入控制变量时，人力资本结构对产业结构高级化和合理化的影响系数分别为0.01和－0.01；未加入控制变量时，这两个数值分别为0.02和－0.03，影响系数的正负号和显著性与基准回归结果一致。人力资本结构对产业结构升级及控制变量对产业结构升级的动态演化均具稳健性。

表 3-9　稳健性（二）实证检验结果

变量	被解释变量			
	IND（SYS - GMM）	IND（SYS - GMM）	HL（SYS - GMM）	HL（SYS - GMM）
HC	0.02 *** (13.57)	0.01 ** (2.51)	-0.03 *** (-18.67)	-0.01 ** (-2.56)
SC		0.10 *** (6.23)		-0.14 *** (-13.55)
JR		0.02 *** (6.71)		-0.02 *** (-3.91)
CJ		-0.41 *** (-10.66)		0.18 ** (2.31)
AR（1）	-3.44 *** (0.001)	-3.44 *** (0.001)	-2.93 *** (0.003)	-2.59 *** (0.01)
AR（2）	-0.69 (0.49)	-0.19 (0.85)	0.26 (0.79)	0.56 (0.58)
L（1）	0.95 *** (65.69)	0.80 *** (21.58)	0.86 *** (42.49)	0.79 *** (32.43)
Sargan （P - value）	27.69 (1.000)	27.49 (1.000)	29.20 (1.000)	26.91 (1.000)
WaldChi2 （P - value）	15576.87 (0.000)	8014.62 (0.000)	2313.08 (0.000)	3148.23 (0.000)
Observations	460	460	460	460

3. 空间溢出性检验

表 3-10 用空间误差模型估计人力资本对产业结构高级化与合理化空间溢出性的检验结果。其中第一、二列分别为未加入控制变量和加入控制变量后人力资本结构对产业结构高级化的空间溢出性，第三、四列分别为未加入控制变量和加入控制变量后人力资本结构对产业结构合理化的空间溢出性。

表 3 - 10　空间溢出性检验结果

变量	被解释变量			
	IND（SEM）	IND（SEM）	HL（SEM）	HL（SEM）
HC	0.05 *** (3.33)	0.06 *** (3.89)	- 0.03 ** (- 2.27)	- 0.05 *** (- 5.61)
SC		0.15 *** (5.11)		- 0.02 (- 0.45)
JR		0.06 *** (7.16)		- 0.12 *** (- 6.54)
CJ		0.12 (1.34)		0.62 *** (4.61)
Spatial lambda	0.70 *** (12.95)	0.61 *** (9.11)	0.08 (1.12)	- 0.04 (- 0.52)
Variance Sigma2 - e	0.001 *** (15.13)	0.001 *** (15.24)	0.004 *** (15.96)	0.003 *** (15.97)
Log - Likelihood	1062.4571	1100.0145	678.4610	719.8023
Within - R^2	0.54	0.57	0.0115	0.1610
Observations	510	510	510	510

表 3 - 10 表明，无论是否加入控制变量，人力资本结构对产业结构升级的影响均具有空间溢出性：对于产业结构高级化，加入前后的影响程度分别为 0.05 和 0.06 且极其显著；对于产业结构合理化，加入前后的影响程度分别为 - 0.03 和 - 0.05。HL 越小，产业结构越趋向于合理，可见人力资本结构对产业结构合理化具有促进作用。

（四）人力资本对中国制造业转型升级的影响

人力资本及其结构对中国制造业的系统演化具有重要影响，主要体现为人力资本结构对包括高级化和合理化的产业结构升级所表现出的积极的促进作用。产业结构升级最终有赖于劳动力从农业部门向非农业部门的动态转移，而这种动态转移的实现首先在于劳动力知识技能水平和质量的整体提升，其次在于人力资源向人力资本的根本转换。培育稳定而持久的人力资本供给才能形成产业结构升级的内生动力。

地区差距部分地源于产业结构差异，而产业结构差异除了人力资本结构的差异外，市场化程度和金融市场发育亦是不可忽视的因素。提高市场化程度以及由此带来的金融市场的发展是推动产业结构升级的必备要素。

经济发展水平的差距还部分地决定于城乡差距，城乡差距越大，产业结构越低级。而城乡差距的根本原因仍在于劳动力知识技能水平和整体质量低下阻碍劳动力从农业部门向非农业部门流动而导致的人力资本结构的差距。因此，实现经济可持续增长的根本在于人力资本结构合理化和高级化。

五、中国制造业演进中的资源错配

经济新常态下，如何实现制造业优势转换和新一轮转型升级是中国经济发展亟待研究的重要课题。制造业作为中国支柱性产业，其发展是一国和地区发展程度、综合竞争力的最直观表现。随着工业化进程加快，制造业在中国国民经济发展中的地位不断提升。自改革开放以来，中国凭借劳动力、资本等投入要素成本优势，抓住世界性产业转移历史机遇，在国际分工大环境中成就显著，一跃成为世界最大出口贸易国。然而，随着中国经济实力的不断攀升，长期以来支撑中国制造业快速发展的要素优势条件发生改变，要素成本不断提高，传统制造业竞争优势持续流失。与此同时，为应对金融危机之后的经济环境低迷，发达国家陆续出台政策以推进"再工业化"战略。资源错配是影响中国经济高质量增长的重要因素之一，资源错配抑制企业创新活动，降低总体生产效率，不利于地区整体产出和生产率提高。工业发展到成熟阶段后，较快的生产率和激烈的市场竞争会驱动剩余生产要素流向服务行业。随着服务业的发展，"干中学"的知识累积效应提高了企业生产效率，分工深化降低了企业生产成本。制造业和服务业相互依存，互补共生。在新阶段现代化产业体系的要求下，作为产业结构调整的着力点，制造业和服务业的协调联动推进就显得尤为重要，如何实现产业间资源的优化配置亦成为中国高质量发展亟待解决的关键。

（一）资源错配及其影响

经济学将资源错配解释为在"完全竞争条件下，生产要素的偏离从社会角度看能让有限资源产出最大的配置效率，即帕累托最优配置"。袁富华（2012）在研究产业结构变迁中定义资源错配为劳动力或资本发生向低效率服务业快速转移，从而导致经济无效率发展的现象。袁志刚和解栋栋（2011）认为在理想市场假设下，资源在行业间自由配置，各个行业的同一资源表现出相等的边际产出。即当资源不存在错配时，边际产出相等。综上，本书将产业间资源错配界定为：由资源流动障碍所导致的同一资源在两个行业之间边际产出不同的现象。

资源错配是资源配置偏离市场有效假设下帕累托最优"有效配置"的现象。新古典理论"资本和劳动力按照边际产品价值获得报酬"的假设在新空间经济学中又叠加了市场拥挤效应、接近效应和生活成本三个因素。资源在产业间的错配会降低总体生产效率和企业创新活动，且不利于地区整体产出和生产率提高。根据影响因素的不同，资源错配可分为内涵型错配和外延型错配。内涵型错配是指资源的边际产出在截面上不等时所有要素的边际产出亦不相等的状态；外延型错配则指通过改变资源配置状态实现整个经济体的全要素生产率和总产出大幅提升，但所有企业投入要素的边际产出并不相等的状态。

根据要素类型的不同，资源错配又可分为单要素扭曲和多要素扭曲。Atkinsone et al.（1980）将单要素扭曲归因于要素边际产出不等于产出品价格。Maggie（1973）则将多要素扭曲归因于部门间工资率或资本利率的比率差异。

资源错配的测算方法主要有比值法、变量替代法和差值法三种。比值法是使用不同体制的经济指标比值表示要素资源错配程度，如非国有经济发展水平和非正规就业人数占比。变量替代法的典型做法一是使用市场化水平衡量要素错配程度，如樊纲编著的《市场化指数报告》中的市场化进程指数；二是使用要素流动摩擦障碍衡量资源错配，如 Chari et al.（2002）认为劳动力流动障碍导致劳动力市场中休闲和消费效用替代率与劳动边际产出的差异，Aoki（2012）在产业间存在特定要素摩擦的假设下推导出行业的劳动力和资本资源错配公式，Restuccia and Rogerson（2008）、袁志刚和解栋栋（2011）、柏培文和杨志才则基于 Aoki 的研究，测算了行业间劳动力和资本的资源错配情况。差值法则使用要素边际产出与要素实际产出回报之间差值系数衡量要素错配程度。Klenow and Hseigh（2009）基于柯布—道格拉斯函数，在规模报酬不变的假设下测算实际要素投入和实际价格，与效率最高时的理想投入量和理想价格之间的差异，度量企业层面的要素资源错配。文东伟（2019）在 Klenow and Hseigh（2009）研究基础上放松了对规模报酬不变的假设，利用中国工业企业和印度微观企业调查数据量化分析中国资源错配情况。

相较于自然要素密集型的农业，制造业与服务业的发展受其间资源配置效率的影响更大。新的发展阶段，以推动制造业转型升级实现经济高质量发展为主要目标的中国经济已经从要素驱动型增长向效率和结构主导型转变，制造业与服务业间的资源配置问题将直接影响企业创新与生产效率。制造业发展到成熟阶段后，较快的生产率和激烈的市场竞争才会驱动剩余生产要素流向服务业。"干中学"的知识累积效应会进而提高企业生产效率，深化企业分工，从而降低生产成本，推动服务业发展。因此制造业与服务业相互依存，互补共生。在新阶段现代化产业体系的要求下，作为产业结构调整的着力点，制造业和服务业的协调联动推进就显得尤为重要，实现产业间资源的优化配置亦成为中国高质量发展亟待解决的关键问题。改革开放第一阶段的中国经济所呈现出的以借自然资源和低劳动成本而形成的旅游业、能源化工业及特色制造业的发展，粗放型特征明显，是资源配置效率低下的典型表现。新发展阶段，扭转地区及产业间资源错配是实现高质量发展新格局的根本出路。

（二）理论框架与指标构建

1. 理论框架的构建

本书在完全竞争的假设下，从产业视角测度要素错配程度，构建制造业和服务业的生产函数分别为 $Y_m = A_m K_m^{\alpha_m} L_m^{\beta_m}$ 和 $Y_s = A_s K_s^{\alpha_s} L_s^{\beta_s}$。由于要素市场完全竞争，因此要素的边际成本等于边际产量乘以边际成本，则制造业和服务业的资本边际成本分别为：$\gamma_m = \alpha_m Y_m / K_m$ 和 $\lambda_s = \beta_s Y_s / K_s$，劳动力边际成本分别为 $\omega_m = \beta_m Y_m / L_m$ 和 $\omega_s = \beta_s Y_s / L_s$，由此可得：

$$K_m = \frac{K_m}{K_s}K_s = \frac{\alpha_m Y_m/\gamma_m}{\alpha_s Y_s/\gamma_s}K_s = \frac{\alpha_m \sigma_m/\gamma_m}{\alpha_s \sigma_s/\gamma_s}K_s = \frac{\alpha_m \sigma_m}{\alpha} \cdot \frac{1}{\dfrac{\alpha_s \sigma_s/\gamma_m}{\gamma_s}}K_n = \frac{\alpha_m \sigma_m}{\alpha} \cdot$$

$$\frac{1}{\hat{\lambda}\left(\dfrac{\gamma_m}{\gamma_s}\right)}K_s L_m = \frac{L_m}{L_s}L_s = \frac{\beta_m Y_m/\omega_m}{\beta_s Y_s/\omega_s}L_s = \frac{\beta_m \sigma_m/\omega_m}{\beta_s \sigma_s/\omega_s}L_s = \frac{\beta_m \sigma_m}{\beta} \cdot \frac{1}{\dfrac{\beta_s \sigma_s/\omega_m}{\omega_s}}L_n = \frac{\beta_m \sigma_m}{\beta} \cdot$$

$$\frac{1}{\hat{\lambda}\left(\dfrac{\omega_m}{\omega_s}\right)}L_s \text{，其中 } \sigma_m = Y_m/Y \text{，} \sigma_s = Y_s/Y \text{，} \hat{\lambda}\left(\frac{\gamma_m}{\gamma_s}\right) = \frac{\alpha_s \sigma_s/\gamma_m}{\gamma_s} \text{，} \hat{\lambda}\left(\frac{\omega_m}{\omega_n}\right) =$$

$\dfrac{\beta_n \sigma_n/\omega_m}{\omega_n}$，$Y$ 为制造业和服务业的产出和，$\alpha = \alpha_m \dfrac{Y_m}{Y} + \alpha_s \dfrac{Y_s}{Y}$，$\beta = \beta_m \dfrac{Y_m}{Y} + \beta_s \dfrac{Y_s}{Y}$

，根据袁志刚、谢栋栋（2011）文献可知将 $\hat{\lambda}\left(\dfrac{\gamma_m}{\gamma_s}\right) = \dfrac{\alpha_s \sigma_s/\gamma_m}{\gamma_s}$，$\hat{\lambda}\left(\dfrac{\omega_m}{\omega_s}\right) =$

$\dfrac{\beta_s \sigma_s/\omega_m}{\omega_s}$ 作为制造业与服务业之间的资本和劳动力扭曲程度的度量，其中

$\hat{\lambda}\left(\dfrac{\gamma_m}{\gamma_s}\right)$ 为以服务业资本租金为参照的制造业的资本错配，$\hat{\lambda}\left(\dfrac{\gamma_s}{\gamma_m}\right)$ 为以制造业

资本租金为参照的服务业资本错配，那么制造业、服务业资本错配程度表示

为 $\left[\hat{\lambda}\left(\dfrac{\gamma_m}{\gamma_s}\right) + \hat{\lambda}\left(\dfrac{\gamma_s}{\gamma_m}\right)\right]/2$，同样地，其中 $\hat{\lambda}\left(\dfrac{\omega_m}{\omega_s}\right)$ 为以服务业劳动力工资为参照

的制造业的劳动力错配，$\hat{\lambda}\left(\dfrac{\omega_s}{\omega_m}\right)$ 为以制造业劳动力工资为参照的服务业劳动

力错配，那么制造业、服务业劳动力错配程度表示为 $\left[\hat{\lambda}\left(\dfrac{\omega_m}{\omega_s}\right) + \hat{\lambda}\left(\dfrac{\omega_s}{\omega_m}\right)\right]/2$。

由此可得，制造业与服务业之间的资本和劳动力资源错配公式。

在行业间资本要素的资源错配计算公式如下：

$$H_K = \left[\hat{p}\left(\frac{\gamma_s}{\gamma_m}\right) + \hat{p}\left(\frac{\gamma_m}{\gamma_s}\right)\right]/2 = \left[\frac{\alpha_s \sigma_s}{\alpha}\sqrt{\left(\frac{\gamma_m}{\gamma_s}-1\right)^2} + \frac{\alpha_m \sigma_m}{\alpha}\sqrt{\left(\frac{\gamma_s}{\gamma_m}-1\right)^2}\right]/2$$

$$(3-33)$$

在行业间的劳动力要素资源错配计算公式如下：

$$H_L = \left[\hat{p}\left(\frac{\omega_s}{\omega_m}\right) + \hat{p}\left(\frac{\omega_m}{\omega_s}\right)\right]/2 = \left[\frac{\beta_s \sigma_s}{\beta}\sqrt{\left(\frac{\omega_m}{\omega_s}-1\right)^2} + \frac{\beta_m \sigma_m}{\beta}\sqrt{\left(\frac{\omega_s}{\omega_m}-1\right)^2}\right]/2$$

$$(3-34)$$

2. 指标选取与测算

本书采用变量替代法，参考柏培文和杨志才的做法，以 2000—2017 年中国 31 个省份面板数据作为数据样本，对制造业和服务业间资源错配情况进行考察。

第一步，计算资源在行业的产出弹性。利用柯布—道格拉斯 C – D 生产函数，其规模报酬不变。将制造业和服务业行业生产总值、劳动力数量以及物质资本投入量代入公式 $\ln Y = \alpha \ln K + \beta \ln L + \lambda + \varepsilon$，分别计算得出制造业和服务业资本要素产出弹性与劳动力要素的产出弹性。α_l、β_l 分别为行业层面上资本以及劳动力产出弹性，其中 $\alpha = \sum\limits_{l = m,s} \alpha_l$，$\sigma_l$；$\beta = \sum\limits_{l = m,s} \beta_l$，$\sigma_l$。$\lambda$、$\varepsilon$ 分别代表不随时间和个体变化的固定效应以及随机扰动项，产出（Y）、物质资本存量（K）的单位为"亿元"，劳动力投入量（L）的单位为"万人"。对于考察期内的缺失值，采用插值法予以补充，变量描述性统计如表 3 – 11 所示：

表 3 – 11   2000—2017 年制造业与服务业产出弹性

行业	指标	样本数	均值	标准差	最小值	最大值
制造业	Y	558	5101. 704	6010. 313	10. 17	35291. 8
	K	558	2604. 207	3957. 589	0. 56	24433. 7
	L	558	261. 6276	399. 4282	0. 3571	2236. 33
服务业	Y	558	5627. 057	6906. 234	53. 93	48085. 73
	K	558	4502. 164	5344. 745	27. 21	26626. 7
	L	558	800. 8319	538. 019	25. 85	2439. 85

资料来源：各省统计年鉴、《中国统计年鉴》。

用 Stata 软件进行 Hausman 检验结果显示（见表 3 – 12），制造业和服务业的 P 值均为 0.0000，即在 1% 的条件下均拒绝了原假设，则该面板数据应采用固定效应模型进行估计，以避免随机效应、个体效应与随机误差项不相关。

表 3 – 12   制造业与服务业的 Hausman 检验

行业	Hausman 检验	概率
制造业	66. 09	0. 0000
服务业	208. 7	0. 0000

随后通过时间效应的 LR 检验进而显示（见表 3－13），制造业和服务业的概率 P 分别为 0.0000 和 0.0036，即在 1% 的条件下拒绝原假设，因此应引入时间固定效应双向固定效应模型进行回归分析。

表 3－13　制造业与服务业的 LR 检验

行业	LR 检验	概率
制造业	885.13	0.0000
服务业	8.48	0.0036

第二步，计算劳动力和资本要素的边际生产力。根据柯布—道格拉斯生产函数，已测算得出制造业和服务业的资本产出弹性与劳动力产出弹性，得出行业产业总值以及资源量，计算资本的边际产出值。

第三步，根据如下公式代入各省份制造业和服务业产出总额，计算得出制造业和服务业资本、劳动力的产出占比。$\sigma_s = Y_s / \sum_{l=m,s} Y_l$

第四步，基于 HK 模型，测算区域制造业和服务业间的资本和劳动力等资源错配程度。根据边际成本差异反映西部地区的资源错配情况，计算得出资源错配值。

产业间资本要素的资源错配计算公式如下：

$$H_K = \left[\hat{p} \left(\frac{\gamma_s}{\gamma_m} \right) + \hat{p} \left(\frac{\gamma_m}{\gamma_s} \right) \right] / 2 = \left[\frac{\alpha_s \sigma_s}{\alpha} \sqrt{\left(\frac{\gamma_m}{\gamma_s} - 1 \right)^2} + \frac{\alpha_m \sigma_m}{\alpha} \sqrt{\left(\frac{\gamma_s}{\gamma_m} - 1 \right)^2} \right] / 2$$

$$(3 - 35)$$

产业间劳动力要素资源错配计算公式如下：

$$H_L = \left[\hat{p} \left(\frac{\omega_s}{\omega_m} \right) + \hat{p} \left(\frac{\omega_m}{\omega_s} \right) \right] / 2 = \left[\frac{\beta_s \sigma_s}{\beta} \sqrt{\left(\frac{\omega_m}{\omega_s} - 1 \right)^2} + \frac{\beta_m \sigma_m}{\beta} \sqrt{\left(\frac{\omega_s}{\omega_m} - 1 \right)^2} \right] / 2$$

$$(3 - 36)$$

上式中，m、s 分别表示制造行业、服务行业，$l \in \{m、s\}$，γ、ω 分别代表资本的边际产出和劳动力的边际产出，$\gamma_l = \alpha_l Y_l / K_l$，$\omega_l = \beta_l Y_l / L_l$，$Y_1$，$K_l$，$L_l$ 分别为 l 产业的产出，物质资本存量和劳动力投入量，$\sigma_m = Y_m / \sum_{l=m,s} Y_l$，$\sigma_s = Y_s / \sum_{l=m,s} Y_l$ 分别为制造业和服务业产出份额，α_l、β_l 分别为 l 行业的资本、劳动力的产出弹性，$\alpha = \sum_{l=m,s} \alpha_l$，$\sigma_l$；$\beta = \sum_{l=m,s} \beta_l$，$\sigma_l$。

（三）制造业和服务业间资源错配的区域差异

将中国31个省份划分为东部地区、中部地区和西部地区进行对比研究，根据公式测算中国各省份2000—2012年制造业与服务业间资源错配指数，借鉴张军文献中的加总方法，将各省的资源错配的测算结果加总至所属区域层面。以各省份固定资产占区域总固定资产比例为加权权重，测算区域制造业和服务业间资本错配。制造业和服务业间劳动力错配，则以各省份劳动力就业量占区域总劳动力人数比例为加权权重计算。图3-10描绘了中国东部地区、中部地区以及西部地区的制造业和服务业间资本资源错配程度对比和趋势图，图3-11描绘了中国东部地区、中部地区和西部地区制造业和服务业间劳动力资源错配程度对比和趋势图。对比图中制造业和服务业间资本和劳动力错配指数，发现中国制造业和服务业间资源错配指数在东部、中部以及西部地区也逐渐呈现同化的趋势，市场经济自东部沿海地区向中部地区深化推进，随着市场化和开放经济推进、西部大开发战略、国内大循环和国外大循环的双重驱动，中国市场经济总体整合程度不断提高，制造业和服务业间资源错配也呈现逐渐趋同的现象。

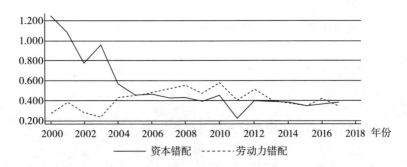

图3-9　制造业和服务业间资本错配指数与劳动力错配指数的比较

但是，制造业和服务业间资本错配和劳动力错配之间略有差别，比较图3-9制造业和服务业间资本错配指数与劳动力错配指数可知，总体呈逐渐下降趋势，具体行业间资本错配指数普遍略高于劳动力错配指数。该现象与中国市场经济特点相关，早期中国省域资本集中投资基础设施建设和重点发展制造业，凭借低劳动力成本的人口红利和资源优势，资本投资被有效利用，资本资源错配程度不断下降。但随着中国经济发展，制造业粗放式经济增长模式使得过度投资成为可能，行业间投资结构失衡，使得制造业和服务业的资本错配略微增加。近年来，中国各省域实施供给侧改革的战略，坚持绿色发展的理念，大力扶持高新技术企业，推动服务业发展，资源配置实现有效改善，资本资源错配有效下降，逐渐趋近行业间劳动力错配。

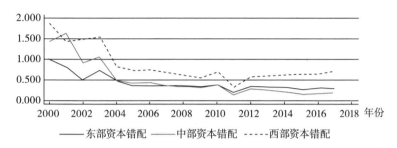

图 3－10　东部地区、中部地区和西部地区的资本资源错配程度的比较

由图 3－10 分析可知，沿着时间纵轴脉络整体来看，中国各省域制造业和服务业间资本资源错配程度总体呈下降趋势。导致此现象的原因可能与中国粗放式市场经济增长特点相关。早期中国省域资本集中投资基础设施建设和重点发展制造业，凭借低劳动力成本的人口红利和资源优势，资本投资得到有效利用，资本资源错配程度不断下降。

具体地看，各省域制造业和服务业间资本错配在东部地区、中部地区及西部地区间存在差别，相对而言西部地区资本的资源错配比较严重，高于东部地区和中部地区的制造业和服务业间资本错配指数，与三大地区的市场经济发展较为接近。早期东部地区行业间的资本错配指数低于中部地区，随着时间推移至 2009 年，东部地区逐渐高于中部地区的行业间资本错配指数。此现象表明三大区域的确存在一定程度的资本错配，近年来资本错配程度不断下降，行业间资本错配现象逐渐好转。中国东部地区产业发展速度明显高于中西部地区，东部沿海地区及时抓住对外贸易推动制造业和服务业发展，有效利用外资获得迅速发展，资本市场越来越成熟，资源错配现象逐渐下降。相较而言，中部和西部地区相对闭塞和落后，随着西部大开发和参与国内国际大循环，东部产业转移至中部和西部地区，带动经济发展，资本错配增速逐渐趋于平缓，错配指数趋于同化。

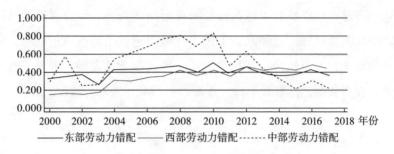

图3-11　东部地区、中部地区和西部地区的劳动力资源错配程度的比较

由图3-11分析可知，沿时间纵轴脉络整体来看，中国各省制造业和服务业间劳动力资源错配程度总体呈先下降后上升趋势。中国劳动力市场存在劳动力分割的现象，由早期城乡劳动力市场分割逐渐向综合因素交织的劳动力市场分割转变，行业间劳动力错配受户籍、所有制、垄断和制度等因素所形成资源配置扭曲的综合影响，反映了中国显著的城乡劳动力资源配置扭曲。随着改革开放以来市场经济的不断发展，劳动力市场分割程度逐渐减弱，要素市场中劳动力错配逐渐下降。逐渐地，在经济发展的同时，制造业凭借劳动力、资本等投入要素成本优势成为中国支柱性产业，随之工业化进程加快，制造业在中国国民经济发展中的地位不断提升。但是服务业行业发展相对较慢，服务业中教育、公共管理等行业垄断性逐渐增强，劳动力在制造业和服务业间的摩擦越来越大，劳动力在行业中的分割不断强化，制造业和服务业间劳动力错配指数呈缓慢上升特点。

具体地看，各省域制造业和服务业间劳动力错配东部地区、中部地区和西部地区存在差别，相对而言西部地区劳动力的资源错配指数较高，高于东部地区和中部地区的制造业和服务业间劳动力错配指数。由此表明中国东部地区、中部地区和西部地区存在一定程度劳动力错配现象，这与经济发展水平相关。早期东部地区行业间的劳动力错配指数低于中部地区，随着时间推移至2009年，东部地区逐渐高于中部地区的行业间劳动力错配指数。可能原因在于改革开放初期东部地区经济发展相对活跃和完善，中部地区逐渐承接东部地区的部分产业，但是由于中部地区和西部地区相对经济发展落后，产业转移过程中中部地区由于制造业和服务业发展不协调和劳动力教育落后的原因，出现劳动力错配现象加剧。但是随着中部地区经济不断发展，劳动力错配现象也逐渐好转，制造业和服务业逐渐向西部地区深化发展，西部地区的劳动力错配逐渐上升。随着地区产业衔接和经济差距不断缩小，制造业和服务业间资源错配指数也逐渐趋同。

（四）制造业和服务业间资源错配的影响因素

行业间要素错配是户籍、所有制、垄断和制度等因素所形成资源配置扭曲的综合反映，也反映了中国最为显著的城乡劳动力资源配置的扭曲。为研究西部地区行业间要素资源配置程度的影响因素，以前面测算出的2000—2017年各省制造业与服务业间资本与劳动力的资源错配为被解释变量，参考文献综述部分，将市场化进程、网络普及率、人均受教育年限、技术创新、财政支出、工业化水平、对外开放度作为解释变量，构建计量模型，对比分析东部地区、中部地区以及西部地区行业间资本要素及劳动力要素资源错配的可能影响因素。

问题的复杂性和认知的有限性致使经济社会中许多问题处于"灰色地带"，在多因素影响的情况下，哪些因素处于主导地位、各自关系密切程度如何，往往难以厘清。常用的相关分析和回归分析等计量方法，使用过程中存在所需样本量大、数据典型分布等限制，很多时候难以满足。灰色关联度分析法可用来分析信息不完备系统中的元素关联性，通过关联度测算找出影响目标值的重要因子，探究清晰发展路径。本书应用灰色关联度分析法分析影响因素中哪些因子与制造业增加值和技术效率关系密切，以期为中国制造业优势转换寻找匹配路径。计算公式如下：

第一步，确定分析数列。设定直接反映制造业升级的制造业增加值和技术效率为参考序列，影响制造业转型升级的各个因素为比较序列，分别表示如下：

$$X_0 = \{x_0(1), x_0(2), \cdots x_0(n)\} \tag{3-37}$$

$$X_i = \{x_i(1), x_i(2), \cdots, x_i(n)\}, i = 1, 2, 3, \cdots, m \tag{3-38}$$

n 为序列长度即年度，m 为比较序列个数。

第二步，对原始数据进行无量纲化处理。考虑到分析数列计量单位差异性，缺乏可比性，对原始数据进行无量纲化处理，常见的处理方式为均值化、初值化等方式，本文采用初值化对原始数据进行无量纲化处理。

$$x'_i(k) = \frac{x_i(k)}{x_i(k)}, i = 0, 1, \cdots, m; k = 1, 2, \cdots, n \qquad (3-39)$$

第三步：计算关联系数。计算公式为：

$$r(k) = \frac{m + \xi M}{\Delta i(k) + \xi M} \qquad (3-40)$$

其中 $r(k)$ 表示关联系数，$\Delta i(k)$ 为参考序列与比较序列绝对差值，m 为绝对差值最小值，M 为绝对差值最大值。ξ 为分辨系数，本文取值 $\xi = 0.5$。

第四步：计算关联度。计算如下：

$$r = \frac{1}{n} \sum_i^n r_i(k) \qquad (3-41)$$

即关联度等于关联系数算数平均数。

测算结果如表 3-14 所示：

表 3-14　各影响因素灰色关联度

影响因素	(1)东部资本	排名	(2)东部劳动力	排名	(3)中部资本	排名	(4)中部劳动力	排名	(5)西部资本	排名	(6)西部劳动力	排名
网络普及率	0.916	1	0.942	1	0.889	1	0.931	1	0.8626	1	0.9160	1
市场化进程	0.751	2	0.741	2	0.807	2	0.827	2	0.7272	2	0.7317	2
财政支出	0.723	3	0.714	3	0.686	3	0.682	3	0.6861	3	0.6856	3
人均受教育年限	0.628	4	0.620	4	0.601	4	0.600	4	0.5526	4	0.5590	4
技术创新	0.505	5	0.498	5	0.522	5	0.522	5	0.4451	6	0.4521	6
对外开放度	0.424	6	0.418	6	0.510	6	0.510	6	0.3705	7	0.3770	7
工业化水平	0.351	7	0.347	7	0.356	7	0.357	7	0.5161	5	0.5225	5

从表 3-14 排序结果可以得出，网络普及率、市场化进程、财政支出、人均受教育年限、技术创新、对外开放度、工业化水平对于东部地区、中部地区的影响关联程度依次递减，其中与东部地区和中部地区略有不同的是，西部地区制造业和服务业间资源错配方面工业化水平高于技术创新，技术创新高于对外开放度。

网络普及率影响各地区制造业和服务业的资源错配关联程度最高，和各地区行业间资本错配指数关联程度最低值为 0.8626，和各地区行业间劳动力错配指数关联程度最低值为 0.9160。协助地区网络基础设施的普及化，行业间资本和劳动力资源错配程度会更加改进，通过改善网络普及率加速信息融合，从而优化资源配置效率。网络普及率的提高有助于制造业和服务业间资源错配程度的改善。

市场化进程对于各地区制造业和服务业间资源错配值关联度位居第二，对于各地区行业间资本错配影响关联程度最低值为 0.7272，对于各地区行业间劳动力错配影响程度最低值为 0.7317。市场化水平越高，资源流动性则越高也越自由，市场可以有效发挥供需作用引领资源向效率更高的地方流动。

地方政府财政支出影响东部、中部和西部地区资本错配关联度位居第三，影响各地区行业间资本错配关联度程度最低值为 0.686，影响各地区行业间劳动力错配关联程度最低值为 0.682。行政体制、政府政策同样会影响资源配置效率，制度偏离会引导资源向不正确的方向流动。

人均受教育年限影响东部、中部和西部地区行业间资源错配关联程度位居第四，对于各地区行业间资本错配影响程度最小值为 0.5526，对于各地区行业间劳动力错配影响程度最小值为 0.5590。劳动力受教育年限是劳动力在市场配置的关键因素，可缓解行业间资源错配。

技术创新投入对东部地区和中部地区的行业间资源错配影响程度排名第五，在西部地区技术创新投入额对于资源错配影响排名第六，对各地区行业间资本错配值关联程度最小值为 0.4451，对于各地区劳动力资源错配影响关联程度最小值为 0.4521。

对外开放度是影响东部地区、中部地区资源错配的第六重要因素，西部地区略有不同，对外开放度排名第七，对于各地区行业间资本错配影响关联程度最低值为 0.3705，对于行业间劳动力错配的影响关联程度最低值为 0.3770。

工业化水平影响东部、中部地区行业间资源错配排名第七，但是对于西部地区行业间资源错配却位居第五。各地区制造业和服务业间资本错配最低值为 0.351，行业间劳动力错配指数最低值为 0.347。

（五）研究结论和启示

采用 2000—2017 年省级面板数据，基于 HK 模型测算中国省域制造业和服务业间资源错配指标，借鉴灰色关联分析得出各影响因素的重要程度排序。得出研究结果：一是中国市场经济总体整合程度不断提高，制造业和服务业间资本错配程度普遍略高于劳动力错配指数，但是行业间劳动力错配和资本错配呈现逐渐趋同的现象。二是分区域来看制造业和服务业间资源错配，东部地区优于中部地区，中部地区优于西部地区，但是逐渐趋于同化。三是网络普及率、市场化进程、财政支出、人均受教育年限、技术创新、对外开放度、工业化水平影响各区域行业间资源错配，重要程度依次递减。

通过以上实证结果，得出以下启示：

第一，推动制造业迈向先进化、现代化，提高西部地区工业化水平。以价值链中高端产业为目标，培育扩展速度快、发展能力强的企业群体。在西部地区劳动力资源错配均优于资本资源错配的背景下，提高工业化水平可以更有效降低资本错配，缓解西部地区资源错配。与此同时，还应扶持创新产业发展，培育创新小微企业孵化基地和西部地区高新技术产业园，通过技术创新缓解工业化水平发展对于劳动力错配的影响。

第二，健全网络基础设施，推动企业信息化转型。大力拥抱 5G 网络、大数据、机器人等新技术，落实西部地区信息化建设。政府应协助解决机房供电、占地面积扩容或站址资源协调等问题，加速构建完善的网络流通体系。针对西南地区和西北地区，政府应加大网络基建投入，尤其是工业企业的财政投入，在优化劳动力配置的同时，可减缓资本错配的负面影响。

第三，重视高等素质教育，培育行业创新型人才。制定人才需求计划，健全引进高等教育人才政策，完善持续的人才培养机制，加大企业创新发展的后备军。此外，政府加大对科研机构的财政扶持，采取政策性疏导如税收减征或者财政补贴等手段，试图解决科研机构的资金不足问题。提高人才教育水平，政府加大创新财政支出，从而实现劳动力和资本在制造业和服务业间的优化配置。

　　第四，完善政府支出结构，构建产业一体化平台。政府在加大支出、放松管控的同时，还需结合技术创新等降低劳动力错配的政策，防止恶化制造业和服务业间劳动力资源错配，达到提高资源配置效率的目的。因此，西部地区在财政支出中需侧重对技术创新的投入，如协助搭建产业一体化融合产业平台，加大对高新技术企业和初创企业的财政补贴。

第四章　中国制造业国内价值链的形成与结构演变

前文梳理了价值链测算和研究的不同层面，为了深度理解中国制造业国内价值链的形成和结构演变，本章应用不同的测算方法，从不同角度进行研究，主要内容包括：中国各地区制造业分工和联系情况、中国制造业从垂直产业化到构建产业链的升级、制造业国内价值链现状以及贸易上游度视角的各地区制造业国内价值链情况。

一、中国各地区间制造业分工与联系

作为区域经济空间组织方式，区域分工是各区域在充分发挥各自优势基础上的专门化生产体系，有利于实现资源的高效配置和有效利用以及各区域生产水平的深化和生产技术的创新，从而在区域平衡发展的前提下实现国民经济发展的总体效益。

在区域垂直型分工、区域水平型分工、区域等级分工和混合型分工四种主要分工形式中，中国制造业在不同区域间的垂直分工特征突出。本研究从中国东、中、西三大区域间和六大经济区之间两个区域层次对制造业区域分工水平进行系统考察，采用克鲁格曼的行业分工指数测算国内各地区制造业分工水平（地区间产业结构差异越大则分工水平越高，反之则越低）。行业分工指数具体计算公式为：

$$S_{ik} = \sum_{j=1}^{n} \left| \frac{X_{ij}}{\sum_{j=1}^{n} X_{ij}} - \frac{X_{kj}}{\sum_{j=1}^{n} X_{kj}} \right|$$

上式中，S_{ik}为i地区与k地区之间的分工系数，X_{ij}与X_{kj}指的是i地区和k地区j产业的产值，$\sum_{j=1}^{n} X_{ij}$指的是i地区产业部门的总产值。行业分工指数是基于产业结构差异提出的，产业结构差异的背后是区域间分工的结果。一般

94

情况下，S_{ik} 越大说明两地产业结构差异越大，进而表明两区域间分工与联系水平越高，反之亦然。当两区域间产业结构完全相同时，S_{ik} 为 0；当两区域间产业结构完全不相同时，S_{ik} 则等于 2。行业分工指数可以很好地衡量两地区间的分工状况。

（一）三大经济区间制造业分工及联系

按照地理区位将中国分为东、中、西部三大区域：东部地区包括北京、天津、河北、辽宁、山东、江苏、浙江、上海、福建、广东、广西和海南共 12 个省（区、市）；中部地区包括黑龙江、吉林、内蒙古、山西、安徽、江西、湖南、湖北和河南共 9 个省（区）；西部地区包括四川、贵州、云南、陕西、甘肃、青海、宁夏、重庆和新疆共 9 个省（区、市）（西藏因数据缺失暂未纳入）。通过查阅 2007—2011 年各省（区、市）统计年鉴，获取工业产值数据和制造业产值数据，整理后见图 4-1。由图 4-1 可知，2007—2011 年中国三大经济带间制造业分工水平总体上呈现波浪形缓慢上升的特征，并在 2008—2010 年波动较大，但制造业区域分工水平整体处于较低水平。分区域看，中国东、西部制造业区域分工水平较高且稳定，但与之形成鲜明对比的是，东、中部和中、西部制造业分工水平波动很大，这与中国东、中部两大经济带地理位置邻近、产业结构相似和经济水平差距较小有密切关系。同时，2008—2010 年出现的东、中部制造业分工水平和中、西部制造业分工水平的倒 "V" 形发展，主要源于 2008 年的金融危机、世界经济低迷所导致的东部沿海原大量参与国际分工的省份将重心转回国内分工所致。

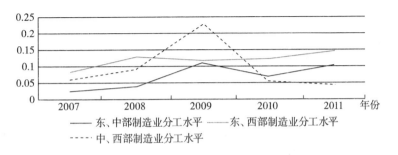

图 4-1　东、中、西部经济区间制造业区域分工水平

从上述分析可以看出，中国是基于各地区的比较优势进行制造业的分工与合作的。中国东部地区具有优越的地理位置，高质量人才、多元化资金和先进技术等要素聚集度高，市场容纳量大，国际互动频繁，在全球价值链中活跃度较高，与其他地区相比具有显著的优势。因此，中国东部地区在制造业分工中起着主导作用，主要负责附加值和技术含量高的生产环节。中国西部地区不仅受到地理位置的限制与国际交流匮乏，且在人才、资金和技术等要素方面也严重缺乏。所以，在国内制造业分工中主要以劳动、资源密集型产业为主，负责向东、中部制造业发展提供初级产品。不难发现，随着各地区产业结构差异扩大，制造业区域分工水平也会不断提升。但由于地区位置和贸易壁垒等原因，中国东、中部两个地区之间的产业结构相似度仍然较高。所以和东、西部地区的制造业分工水平相比，东、中部地区之间的制造业产业分工水平并不太显著。

（二）六大经济区间制造业分工及联系

进一步将全国各地（西藏自治区除外）划分为：直辖市（包括北京、天津和上海三市，重庆市划分到西南地区）、东北三省（包括黑龙江、吉林和辽宁）、东部沿海地区（包括河北、山东、江苏、浙江、福建、广东和海南共7省）、中部地区（包括山西、河南、安徽、湖南、湖北和广西共5省1区）、西北地区（包括内蒙古、陕西、甘肃、宁夏、青海和新疆共3省3区）和西南地区（包括广西、云南、贵州、四川和重庆共3省1区1市）等六大经济区。

在时间维度上，本书共计算了2007—2011年中国六大经济区间制造业区域分工水平。但考虑篇幅限制和分析的合理性，本书只展示2007年、2011年中国六大经济区制造业区域分工水平的具体数据。下面将结合2007年、2011年中国六大经济区制造业区域分工水平加深对中国各地区制造业分工与联系的认识。

通过对表4-1中数据的分析可以发现2007年各大经济区的制造业行业分工指数有以下几个特点：

（1）西北地区的行业分工指数（0.2433）显著高于其他地区，特别是西北地区与直辖市、中部地区和东部沿海地区之间的制造业分工程度非常显著，分别达到0.3493、0.2438和0.2342。由此可见，西北地区作为中国生产要素的提供者在中国制造业中发挥着重要作用。

（2）直辖市的行业分工指数为0.1759，这一分工水平还是很高的，高于除西北地区以外的其他所有地区。其中直辖市与西北地区和东北三省的分工程度是比较高的，尤其是与西北地区的分工水平达到全国最高为0.3493。主要原因是直辖市和西北地区、东北三省的产业结构差异突出。

（3）东北三省、东部沿海地区、中部地区和西南地区的制造业分工总体水平普遍偏低，尤其是东部沿海地区的制造业分工指数只有0.0876。此外，2007年各地区间制造业分工水平最低、联系最少的是西南地区和东部沿海地区，两地区间制造业分工指数只有0.0011。

表4－1　2007年中国六大经济区的制造业分工指数

	直辖市	东北三省	东部沿海	中部地区	西北地区	西南地区	平均
直辖市	0	0.1934	0.1151	0.1056	0.3493	0.1163	0.1759
东北三省	0.1934	0	0.0782	0.0878	0.1560	0.0771	0.1185
东部沿海	0.1151	0.0782	0	0.0095	0.2342	0.0011	0.0876
中部地区	0.1056	0.0878	0.0095	0	0.2438	0.01007	0.00915
西北地区	0.3493	0.1560	0.2342	0.2438	0	0.2331	0.2433
西南地区	0.1163	0.0771	0.0011	0.01007	0.2331	0	0.0887

2008年全球金融危机爆发对中国乃至世界都产生重大影响。金融危机过后，2011年中国六大经济区间制造业分工水平发生较大变化（如表4－2所示），具体表现在以下几点：

（1）东部沿海地区的制造业分工指数得到提升，全国平均水平达到0.1042，其与中部地区和西南地区间制造业分工水平的提高是其制造业分工平均水平上升的主要原因，制造业分工指数分别为0.0649、0.0235。

（2）除了东部沿海地区外，其他地区制造业分工平均水平都有不同程度的下降。其中西北地区下降幅度最大，2011年制造业分工平均水平为0.0782。西北地区与直辖市、中部地区和西南地区的制造业分工水平下降明显，分别低至0.2991、0.1667、0.1442，但仍高于其他地区。

（3）东北三省、东部沿海地区、中部地区和西南地区的制造业分工程度尽管有少数地区间制造业分工水平上升，但仍处于全国较低水平。

从六大经济区的角度看，西北地区、直辖市、东部沿海地区与其余地区的产业结构差异显著，制造业区域分工程度高，中部地区、西南地区和东北三省的制造业分工水平有所波动，但一直处于较低水平。

表4-2   2011年中国六大经济区的制造业分工指数

	直辖市	东北三省	东部沿海	中部地区	西北地区	西南地区	平均值
直辖市	0	0.1351	0.0664	0.1314	0.2991	0.1548	0.1574
东北三省	0.1351	0	0.0686	0.0037	0.1640	0.0198	0.0782
东部沿海	0.0664	0.0686	0	0.0649	0.2327	0.0235	0.1042
中部地区	0.1314	0.0037	0.0649	0	0.1677	0.0235	0.1042
西北地区	0.2991	0.1640	0.2327	0.1677	0	0.1442	0.0782
西南地区	0.1548	0.0198	0.0884	0.0235	0.1442	0	0.2015

从总体上看，无论基于三大经济带还是基于六大经济区，中国各地区制造业分工水平整体呈现曲折上升的趋势。基于上述对中国各地区制造业区域分工水平的定量分析，得到以下特征性事实：

（1）中国制造业基于比较优势进行区域分工，垂直型地域分工是中国制造业分工的主要形式，但这样的区域分工格局不利于中国区域协调发展。

由于中西部地区能源和矿产资源丰富，而东部地区经济基础高，劳动力素质较高，国家按照比较优势原则布局生产，形成了中西部资源开发—沿海加工制造—产品返销内地的垂直地域分工格局。从总体上来看，中国当前这种垂直型区域分工格局的形成有其客观必然性，但是在中国市场经济发展还不完善的情况下，这种分工格局会导致地区间的差距进一步扩大，从而不利于区际关系的协调。

（2）中国区域间保护主义和贸易壁垒水平较高，在制造业上重复建设问题严重，地区间产业结构趋同化较强，制造业区域分工不协调。

长期以来，中国地方政府区域利益主体意识强烈，在制造业发展上以本地利益为优先考虑，各地区间保护主义和贸易壁垒不断加强，区域产业结构的封闭性强。此外，中国各地区的有效沟通有限，所以在面对高收益的投资时，各地区一拥而上，重复建设屡次发生。低质量的重复建设不仅直接导致了地区间的产业结构趋同现象越来越严重，而且还容易造成中国制造业发展水平停滞不前。

（三）区域间分工和贸易与制造业国内价值链的关系

区域间分工通过区域间贸易实现其专业化基础上的产品价值链，以满足自身对本区域不能生产或生产成本较高产品的消费需求，从而扩大区域的再生产能力，增加区域利益。区域间分工合作是制造业国内价值链形成和发展的基础，而区域间贸易是中国制造业国内价值链高质量发展的动力。瑞典经济学家伯特尔·俄林在其代表作《区际和国际贸易》中将"区域"作为比"国家"更为一般的分析单位。他认为"不要忽视国内分区和小的地区，只有当一国由相似的分区或者'细胞'组成时，在研究大区域间的生产分工以及贸易时，才可以忽视其内部的布局"。区域贸易因而与国际贸易有着共同基础。

区域间分工与贸易促进制造业国内价值链升级的作用机制体现在以下四个方面：

（1）区域间贸易有助于发挥中国东部地区在制造业国内价值链发展中的"头雁效应"。和中、西部地区相比，东部地区嵌入全球价值链的时间长、程度深，东部地区通过长时间的国际互动，一方面积累了相对高的资金和人力资本；另一方面积极学习发达国家的先进技术和管理理念，在技术创新上取得诸多成果。但东部地区一直以来在制造业国内价值链中的活跃度不高，因此对带动中国制造业国内价值链发展有巨大潜力。而中国中、西部地区在制造业国内价值链中参与程度虽比东部高，但在制造业国内价值链的贡献率很低。中国区域间贸易的发展，可以提高东部地区国内价值链的参与能力，充分发挥其在中国制造业国内价值链发展中的头雁作用，还有助于将中国制造业国内价值链与全球价值链对接，促进中国国内国际双循环相互促进格局的形成。

（2）区域间贸易加速技术溢出效应，激发产品学习能力。产品是人力资本和知识资本等要素的载体。区域间贸易有利于各省之间互动交流，新工艺、新技术能在短时间内实现外溢,有利于中国整体生产效率快速提升,并借此实现制造业国内价值链升级。在区域间贸易发展中,中国中西部地区通过与东部地区的贸易往来,引进和使用含有先进技术和生产理念的产品,在充分激发"干中学"效应的基础上,通过产学研等模式提升吸收、消化能力,可以促进本土化生产理念的变革和生产效率的提升,还可以降低生产成本和学习成本,迅速掌握先进技术,外生性地提高产品质量。此外,在持续的区域间产业互动与贸易过程中,技术、管理等要素,在无意识地传输和现代信息网络传播的双重推动下,知识得到了共享和转移,并产生交互式创新,最终促进制造业国内价值链的创新。

(3)区域间贸易加快信息流通产生竞争效应。中国东、中、西部制造业水平差异较大,中、西部制造业是中国制造业国内价值链的最薄弱环节,因此,提高中国中、西部制造业水平是促进制造业国内价值链发展的重要环节。中国中、西部地区在制造业国内价值链中更多处于上游位置,充当为国内其他地区提供大量原材料、初级产品和中间产品的角色,中国国内市场广阔,区域间贸易加快国内相关行业间信息流动,原材料和初级产品的来源渠道多样,区域间贸易的发展会造成中、西部地区各省间原材料和初级产品的供给角色替代性很大,这样的冲击会倒逼中、西部各省提升研发能力,改善生产技术,提高生产效率,从而提高产品质量,最终推动国内制造业高质量发展。另外,行业内的标杆给同行业其他企业带来创新压力与动力,激发竞争精神,提高创新能力,从而实现价值链间高端攀升。

(4)区域间贸易有利于资源共享产生外部规模效应。中国内陆地区全球价值链参与程度较低,更多地融入国内价值链分工,而沿海地区的经济外向型水平较高,更多地依赖国外配套和国外市场,内陆地区的国内价值链分工参与度明显高于沿海地区。区域间贸易有助于加强中国各省间交流互动,发挥各自比较优势,为各省的产业合作和资源共享提供有利条件,推动形成优势互补高质量发展的区域经济布局,从而形成外部规模效应,降低生产成本,促进制造业国内价值链的升级。

二、中国制造业全产业链的系统升级：从垂直产业化到构建产业链

中国制造业的发展经历了翻天覆地的变化和快速、大规模的变革，虽然制造业产业在国内发展的过程中也取得了不少的成效，产业体系日趋强大，也有一定的市场占有率，全球化趋势也逐渐明显，但在嵌入全球价值链的进程中遭到了以发达国家领导型跨国企业为代表的低端锁定困境。中国国内的制造业企业在产业转型升级的过程中必须要突破低端锁定困境，由全球价值链的低端节点向高端节点不断攀升，在嵌入全球价值链的高端生产环节后积极参与全球价值链分工体系的治理，而突破困境进行攀升的过程是实现产业转型升级的关键。实证数据表明，劳动投入、科技投入与分工地位上升都有利于中国制造业国际竞争力的提升，其中科技投入能够通过提升分工地位进而促进制造业国际核心竞争力的形成，以科技创新为核心把控价值链条，提升制造业分工地位，增加产品国内附加值以提升产业在国际中的竞争力，进而实现制造业整体的转型升级，这是一条中国制造业在全球价值链视角下的升级思路。该思路的关键问题在于如何重构价值链条以提升分工地位而获取更高的国内附加值。

（一）中国制造业垂直专业化分工困境

中国制造业在向全球价值链高端节点攀升的过程中，面临着被全球生产组织"低端锁定"的困境，尤其表现在低技术制造行业国际分工地位的不变甚至下降。这种困境由垂直专业化这种传统的国际分工形式约束着。垂直专业化的主要特点是跨越多个国家的垂直贸易链条不断延长，每个国家只在产品生产的某些环节进行专业化分工，附加值由分工参与者分割，并且不同环节的附加值也相差甚远。中国制造业在早期以加工贸易的方式参与全球垂直专业化分工，这有利于中国产业国际竞争力的提升，但对劳动密集型或是低技术制造行业的影响并不明显。

垂直专业化分工对中国高技术制造行业的发展具有一定的促进作用，这主要源于高技术产业对技术创新要求高，制造业通过技术进步以垂直专业化的方式可以实现国际竞争力的提升和产业结构的升级，但技术门槛低的制造

行业则不能被垂直专业化方式推进发展，比如食品加工制造等。目前的中国制造业会表现出高技术制造行业通过传统的国际分工形式向全球价值链高端节点的攀升；但低技术制造行业则无法通过技术创新，而继续依靠垂直专业化分工实现价值链突破。垂直专业化分工作为传统的国际分工形式，适合中国初期融入全球价值链的粗放阶段，一旦被国际跨国生产组织在节点进行锁定后，很难进行价值链纵向的主动突破。从全球价值链地位指数（GVC‐Position Index）可以发现，中国高技术制造行业在全球价值链分工体系中的地位上升幅度最大，且还有不断提升的趋势；但是低技术制造行业的国际分工地位趋于平缓，甚至有下降态势，在全球价值链中被明显锁定。国内附加值低从一个侧面表明，该类低技术制造行业是被"低端锁定"。因此，在目前阶段中国制造业的高技术行业可以通过人力资本不断进行技术创新来垂直提升国际分工地位，但是低技术行业已经无法以垂直专业化的分工形式突破发达国家的"低端锁定"困境。中国制造业必须发掘新的升级路径以提升产业国际竞争力，培育中国外贸竞争新优势，实现制造业的产业升级。

（二）中国制造业全产业链升级构建

国际垂直分工专业化不仅对高、低技术制造行业的影响效应不同，同时对产业间和产业内的作用也不同，对促进中国产业间升级具有积极作用，对产业内升级具有阻碍作用，易于造成产业结构演进的"虚高"现象即产业间与产业内升级相背离。垂直专业化涉及中间品投入，当投入要素与产出产品之间的跨度足够大时，产业内升级则并不明显。

2008年全球经济危机以来，不少中国企业在发展模式上陷入僵局，再加上国外需求的收紧，出口的制造业企业步履维艰，生产低价值的农业企业更是雪上加霜，企业试图打通产业链条寻找转变的发展方向。

1. 全产业链及其特征

2009年，中粮集团率先提出并积极推进"全产业链（Whole Industry Chain）"发展模式。全产业链是指由田间到餐桌所涵盖的种植与采购、贸易物流、食品原料、养殖与屠宰、食品加工、分销运营、品牌推广、销售服务等多个环节构成的完整产业链系统，也即是核心企业通过资本运营的手段对上下游关联企业进行资源整合，对系统管理和关键节点进行有效把控，最终在市场终端获得关键的话语权、定价权与销售主导权，最大限度挖掘产业链附加值，实现企业与客户利益最大化的企业管理模式。如今，全产业链的管理理念已经从食品产业链向现代农业、文化产业、新能源等行业应用拓展。

中粮"全产业链"发展模式可以从两个维度来理解：单一产业价值链，体现上下游之间在产品、服务和信息等环节上的纵向一体化；多个产业空间链，是指不同产业链在渠道、营销、管理等多个环节上的横向一体化。这与传统的垂直专业化分工有着明显不同，主要体现在横向一体化维度。全产业链发展模式首先在农副食品行业得到应用，反映出中国低技术制造行业在全球生产网络中难以通过垂直分工来提升被固化了的分工地位（图 3-1 中 A 至 B 时期），必须突破纵向一体化的挤压进行水平专业化分工思路的转变。高技术制造业依然可以通过垂直专业分工（A 至 B 时期）进行全球价值链的攀升主要得益于这些行业对技术创新的需求，而技术的改进对技术依赖不敏感的制造行业影响不明显。因此，在 B 点之后，低技术制造行业可以通过产业链条整合，协同多个产业空间链，进行横向专业一体化生产，全面提升产业国际竞争力，国际分工地位得以攀升；而高技术制造行业在全产业链发展模式下的国际分工地位攀升幅度很可能要大于低技术制造行业，原因在于高技术制造业的全产业链协同生产效应要远强于低技术制造行业。

"全产业链"发展模式能够体现一个整体性资源平台，可以往下游延伸链条，甚至在附加值高的节点进行核心把握，相较垂直一体化有着上下游资源配置平衡的优点，可以解决上下游相关行业核心能力差别巨大的问题。全产业链是为同一个生产任务有目的设计的多环节、多种类、多功能有机结合的、协同运作的组织，有利于管理信息和技术创新的共享，让链条结构更加扁平化、运作效率更高，这是垂直专业化分工所无法具有的特征。全产业链从要素源头到产出终端的各个环节进行有效管理，各环节相互衔接，产业链条贯通。

2. 技术创新主导的全产业链构建

大多数发展中国家国内制造业企业的发展大都经历了以生产要素投入为

主到加大固定资产投资为主，直到现在的以技术创新为主的驱动依次动态演进的过程。以加大生产要素投入和固定资产投资投入为主的发展中国家国内企业在嵌入全球价值链高端环节的进程中都普遍会面临发达国家领导型跨国企业对此的纵向挤压。以低附加值为主的组装加工形式来参与全球价值链分工体系是发展中国家缺乏自主性企业的被动选择，实践证明也是迫切嵌入全球生产网络的唯一选择，是在发达国家领导型跨国企业打压下的非主动性被迫嵌入，结果只会是被锁定在链条的低端环节。实施创新驱动的国家发展战略有助于提升发展中国家的科技研发力量和对新产品的制造能力，进而为占据全球价值链中的高端节点奠定基础。

中国制造业可以通过加大科技投入促进技术进步，直接作用于全球价值链分工地位，提升全球价值链地位指数，进而对制造业国际竞争力起到促进效应。技术创新是实现全球价值链升级的内生基础性要素，而能够保障创新发展的组织环境是技术创新得以支撑的宏观层面因素。以创新驱动全球价值链升级的路径必须要协调技术创新、制度创新、环境创新和参与主体的自身创新相统一。依靠创新驱动进行技术变革，沿着价值链生产领域的路径向"微笑曲线"的研发设计环节攀升；依靠创新驱动进行组织重构，沿着价值链流通领域的路径向"微笑曲线"的品牌运营环节攀升。产业升级通过将企业创新作为内在驱动力，主动构建一体化的全链条战略模式，参与并主导基于全链条的水平专业化合作。

人工智能是技术创新的一个典型实例，正在向制造业多个环节进行广泛渗透。现对高技术的电子和光学仪器制造业进行基于技术创新的全产业链构建说明。构建全产业链战略模式必须要有全链条的水平专业合作思想，其中的技术创新是全链构建的核心要素。在产品研发方面，制造企业利用人工智能和机器学习模块，理解消费终端需求并掌握研发设计所需的多种生产要素性能，在系统的智能化指引下，精准、快速地由人工智能系统自主设计出可选方案。在生产制造方面，制造企业要基于人工智能系统进行大批量、可定制、规范化的电子和光学仪器产品，在生产组装环节实时监控并做好大数据的分析，降低制造产品的不合格率。在市场营销方面，制造企业通过智能展示，并基于机器学习模型对消费终端的购买习惯和产品性能进行深度学习，形成全面的大数据图谱，有利于在营销环节对市场的个性化销售。在产品服务方面，制造企业依靠人工智能技术进行智能化辅助的售后服务，为消费终端提供技术支持，以便更好地进行品牌运营。

制造业全产业链的构建必须以一种核心要素为主导，贯穿该行业各个价值环节，形成链条主轴（如图4－2所示），主轴辐射范围取决于该行业现有的产业规模、技术强度、产业关联等因素。科技投入会提升全球价值链地位指数，进而影响制造业在全球的国际竞争力，可见技术创新可以作为全链条的主链核心要素，并渗透到各个环节子链，通过核心要素对全链条进行强有力的把控，在各个环节子链上或各个价值环节上与全球其他伙伴展开水平竞争合作，即在产品研发、生产制造、市场营销、产品服务等多环节上都有多国的深度合作，而不是传统的某国仅被锁定在某个单一环节。

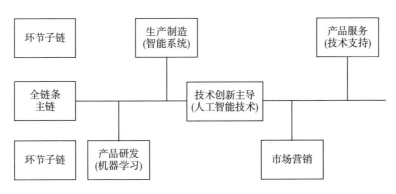

图4－2　以技术创新为主导的全产业链构建

3. 制造业国内附加值率提升的全产业链机制

以技术创新为主导的全产业链构建是制造业升级路径的关键问题，在全产业链构建后需要培育并整体放入世界经济体系对接全球价值链，实质上是一种整合上下游关联企业资源的产业链"打包外放"过程。这种嵌入全球生产网络的新形式具有抱团优势，本土跨国企业不易被发达国家的主导跨国企业在价值链上进行主动分割，而是会形成同质价值链之间的对抗，而发达国家主导的垂直化分工注重高价值的生产环节，对全产业链的思维缺乏实践，这在一定程度上会抑制先进国家对落后国家在价值链上的"低端锁定"。

全产业链构建是中国制造业实现水平化分工转变的具体形式之一，直接打破垂直化分工带来的诸多弊端。实证数据也表明，无逻辑、无目的地盲目开放不利于中国制造业在全球经济中的竞争力提升。由此看来，制造业整体以全产业链构建的思路外放到全球价值链分工体系中应该成为一种嵌入全球生产网络的新路径，至少是一次有益的探索。"全产业链"模式对于弱化"低端锁定"困境有着很强的理论逻辑，国内成熟的全产业链应有自身的生态体系，包括上下游相关企业和关联产业，在企业微观层面体现为一种"产业共同体"。组建全产业链生态体系的所有企业单元应为本土领导型企业，紧抓主链核心要素，整体把控环节子链。

一些发展中国家的国际实践经验表明，发展中国家的国内企业会首先凭借在本土市场上较为成熟的拓展经验，在国内形成一定市场范围的竞争优势或核心能力，然后进入空间范围相对更大的区际性或全球性的价值链分工体系之中，分工地位发展趋势表现为国内—区际—全球的梯度演进特征，这些在本土市场中较为成熟的企业即为本土领导型企业，所处行业的国内市场完善过程也即上述重点探讨的全产业链生态系统构建。在突破全球价值链纵向挤压困境的过程中，产业结构也是在不断地进行优化升级。基于国内价值链的发展中国家制造业企业一般都经历了这样一个发展过程：国内制造业企业首先通过自身的优势聚焦于所处本土市场的份额开拓，经过资本积累和生产发展，能够占据国内价值链的高端环节并攫取相对较高的附加价值之后，再以此为基础建立起自身主导的产业分工体系，紧接着加大开放力度并深入全球生产网络，把业务扩展到周边国家或有相似发展阶段特征的海外市场，逐步建立起可以主导的区际价值链分工体系，在一定市场空间中把握产业整体价值，最后国内的制造业企业在建立好的区际价值链固有位置向外对接全球价值链，直接实现价值链高端环节的阶梯性软嵌入。这是一种迂回的价值链攀升和产业升级路径。

面对国际跨国公司对中国制造业的纵向挤压，中国制造业企业应把自身的国情与优势相结合来大力发展国内本土价值链，实质上即是构建中国制造业的"全产业链"生态系统。构建这一全产业链新思路的最大优势在于产业内分工的协同发展，目的是服务于所在行业的国内附加值率，国内附加值率的提升直接有利于中国制造业国际竞争力的增强。在以技术进步为主导的全产业链体系内，参与主链与子链的所有企业具有很强的行业关联效应，上下游供应紧密，在该体系内拥有完整的中间品生产与再投入，这些中间品是由参与全产业链水平分工合作的国内外企业共同生产，因此生产的最终产品国内附加值率必将会高于传统垂直分工体系中的本土附加值率。全产业链打包外放全球生产网络使得国外企业参与水平分工合作与最终产品对准全球市场成为可能。

三、中国制造业国内价值链现状

国内价值链（NVC）和全球价值链（GVC）的发展是相辅相成的，全球价值链理论是国内价值链理论发展的重要基础，而相较于全球价值链的研究与理论发展，国内价值链研究及相关理论仍在发展和形成之中。

（一）指标选取与模型构建

借鉴 Koopman et al.（2010）等提出的全球价值链测算框架从中国制造业参与国内价值链的程度、分工地位及竞争力水平三个方面分析中国制造业国内价值链现状。具体测算方法如下：

假设中国有 M 个地区，每个地区有 N 个行业，形成 $M \times N$ 个阶矩阵。利用中国非竞争型区域间投入产出表则有：

$$VBX = \begin{bmatrix} V_1 & 0 & 0 & \cdots & 0 \\ 0 & V_2 & 0 & \cdots & 0 \\ 0 & 0 & V_3 & \cdots & 0 \\ \vdots & \vdots & \vdots & & \vdots \\ 0 & 0 & 0 & \cdots & V_n \end{bmatrix} \begin{bmatrix} B_{11} & B_{12} & B_{13} & \cdots & B_{1n} \\ B_{21} & B_{22} & B_{23} & \cdots & B_{2n} \\ B_{31} & B_{32} & B_{33} & \cdots & B_{3n} \\ \vdots & \vdots & \vdots & & \vdots \\ B_{n1} & B_{n2} & B_{n3} & \cdots & B_{nn} \end{bmatrix} \begin{bmatrix} X_1 & 0 & 0 & \cdots & 0 \\ 0 & X_2 & 0 & \cdots & 0 \\ 0 & 0 & X_3 & \cdots & 0 \\ \vdots & \vdots & \vdots & & \vdots \\ 0 & 0 & 0 & \cdots & X_n \end{bmatrix}$$

$$= \begin{bmatrix} V_1 B_{11} X_1 & V_1 B_{12} X_2 & V_1 B_{13} X_3 & \cdots & V_1 B_{1n} X_n \\ V_2 B_{21} X_1 & V_2 B_{22} X_2 & V_2 B_{23} X_3 & \cdots & V_2 B_{2n} X_n \\ V_3 B_{31} X_1 & V_3 B_{32} X_2 & V_3 B_{33} X_3 & \cdots & V_3 B_{3n} X_n \\ \vdots & \vdots & \vdots & & \vdots \\ V_n B_{n1} X_1 & V_n B_{n2} X_2 & V_n B_{n3} X_3 & \cdots & V_n B_{nn} X_n \end{bmatrix}$$

VBX 是总流出增加值分解矩阵，包括了分省域及分行业的总流出增加值分解结果。在公式中，矩阵 V 是 $MN \times MN$ 的对角矩阵，表示各省份不同行业的直接增加值系数矩阵。矩阵 $B = (I - A)^{-1}$，是 $MN \times MN$ 的里昂惕夫逆矩阵。其中，矩阵 A 是 $MN \times MN$ 的直接消耗系数矩阵。矩阵 X 是 $MN \times MN$ 的总流出矩阵，包括中间投入和最终需求。

2010 年，Koopman 等人基于增加值贸易分解框架构建了衡量一国某产业在全球价值链中参与程度、参与地位和竞争力水平的三大指数。将这三个指数应用于国内价值链研究中，构造了某省特定产业的国内价值链参与指数、国内价值链地位指数和竞争力水平。

1. 国内价值链参与指数（NVC 参与指数）

从增加值贸易视角衡量某省特定产业参与国内价值链的程度，将公式构建如下：

$$NVC - Participation_{in} = \frac{IV_{in}}{E_{in}} + \frac{FV_{in}}{E_{in}}$$

其中，n 表示省域，i 表示产业，$NVC - Participation_{in}$ 表示 n 省 i 产业在国内价值链中的参与程度；IV_{in} 表示 n 省 i 产业间接增加值出口，简单说，就是国内其他省域出口中包含的 n 省 i 产业的增加值；FV_{in} 表示 n 省 i 产业出口中包含的国内其他省域增加值；E_{in} 表示 n 省 i 产业总出口。NVC 参与指数越大，一国某产业参与国内价值链的程度也就越高。

2. 国内价值链地位指数（NVC 地位指数）

即使两个国家在全球价值链中的参与程度相差无几，但两个国家在全球价值链的分工地位上可能会大相径庭。因此，Koopman 等人又进一步构建了反映一国在全球价值链中分工地位的指数——GVC 地位指数，具体指一国的间接增加值出口与国外增加值出口的差距。衡量某省特定产业在国内价值链的分工地位的公式如下：

$$NVC - Position_{in} = ln\left(1 + \frac{IV_{in}}{E_{in}}\right) - ln\left(1 + \frac{FV_{in}}{E_{in}}\right)$$

一般来说，NVC 地位指数越大，一省某产业在全球价值链中的分工地位也就越高。若一省某产业向国内其他省域出口产品的间接增加值高于省外增加值，表明该省某产业在国内价值链中处于更多地为其他省域提供中间品的地位，即国内价值链的上游地位，反之则处于下游地位。

3. 基于附加值贸易的产业竞争力指数

传统显示性比较优势指数是指一国某产品出口额占其出口总额的份额与世界出口总额中该类产品出口额所占份额的比率，但传统显示性比较优势指数包含了国外附加值，会存在竞争力被高估的问题。基于附加值贸易的竞争力指数是利用增加值贸易核算法测算一国某产业的竞争力，是指国内一省制造业产品对中国其他省域的增加值出口额占该省向国内其他省域增加值出口总额的份额与国内所有省域间制造业产品增加值出口占国内所有省域间贸易增加值出口总额的份额的比率，公式如下：

$$RCA_{in} = \frac{TV_{in}}{\sum_{i=1}^{m} TV_{in}} \Bigg/ \frac{\sum_{n=1}^{q} TV_{in}}{\sum_{i=1}^{m} \sum_{n=1}^{q} TV_{in}}$$

一般情况下，若 $RCA > 1$，表示国内某省特定行业的竞争力较强；$RCA < 1$，表示国内某省特定产业的竞争力较弱。其中，TV_{in} 表示 n 省第 i 个行业向中国其他省域出口中的省内增加值；分子表示 n 省第 i 个行业向中国其他省域出口中的省内增加值占 n 省 m 个行业的省内增加值之和的比重；分母表示全国 q 个省域第 i 个行业的出口增加值之和占全国 q 个省域 m 个行业的出口增加值之和的比重。

研究样本所涉及数据主要来源于国务院发展研究中心与国家统计局合作编制的 2007 年、2010 年、2012 年中国 30 个省（区、市）间投入产出表。由于研究对象是制造业，所以只选取中国 30 个省份间投入产出表中的 16 个制造业部门，包括食品制造及烟草加工业、纺织业、纺织服装鞋帽皮革羽绒及其制品业、木材加工及家具制造业、造纸印刷及文教体育用品制造业、石油加工及炼焦和核燃料加工业、化学工业、非金属矿物制品业、金属冶炼及压延加工业、金属制品业、通用和专用设备制造业、交通运输设备制造业、电气机械及器材制造业、通信设备和计算机及其他电子设备制造业、仪器仪表及其他制造业。

（二）中国制造业国内价值链结构分析

对中国制造业国内价值链的系统和全面分析需体现指标结构和地区结构两个维度。

1. 指标结构维度的国内价值链分析

表4-3给出了中国30个省（区、市）制造业参与国内价值链的程度、地位指数和基于附加值贸易的RCA指数的测算结果。

表4-3　2007—2012年制造业国内价值链相关指数

省（区、市）	2007 年			2010 年			2012 年		
	NVC 参与程度	NVC 地位指数	RCA 指数	NVC 参与程度	NVC 地位指数	RCA 指数	NVC 参与程度	NVC 地位指数	RCA 指数
东部地区									
北京市	0.12	-0.02	0.47	0.12	-0.04	0.23	0.23	-0.07	0.44
天津市	0.14	0.00	1.25	0.13	0.02	0.90	0.12	0.00	1.07
河北省	0.19	0.03	1.17	0.19	0.08	1.05	0.14	0.06	0.89
辽宁省	0.15	0.01	1.06	0.11	0.00	1.15	0.12	0.00	1.03
上海市	0.11	0.00	1.08	0.11	-0.04	0.85	0.19	-0.02	1.03
江苏省	0.10	-0.01	1.59	0.11	-0.01	1.66	0.15	-0.02	1.65
浙江省	0.14	-0.05	1.48	0.14	-0.04	1.40	0.16	-0.03	1.39
福建省	0.11	-0.01	1.25	0.19	-0.09	0.72	0.12	0.04	1.22
山东省	0.05	0.00	1.19	0.04	-0.01	1.40	0.03	0.01	1.36
广东省	0.12	-0.03	1.31	0.13	-0.03	1.28	0.10	-0.01	1.40
海南省	0.08	0.05	0.34	0.08	0.04	0.32	0.18	-0.03	0.26
中部地区									
安徽省	0.17	0.00	0.91	0.16	-0.01	1.76	0.23	-0.03	1.18

山西省	0.13	0.05	0.91	0.17	0.12	0.62	0.11	−0.06	0.31
内蒙古自治区	0.22	0.12	0.60	0.20	0.13	0.50	0.21	0.10	0.64
江西省	0.09	0.02	0.97	0.08	0.04	1.03	0.14	0.00	1.13
吉林省	0.22	−0.01	1.29	0.16	−0.02	1.12	0.13	0.05	1.13
河南省	0.12	0.03	1.09	0.11	0.03	1.26	0.16	0.02	1.21
湖北省	0.05	0.00	0.99	0.05	0.02	0.88	0.06	0.01	1.13

续表

省（区、市）	2007 年			2010 年			2012 年		
	NVC 参与程度	NVC 地位指数	RCA 指数	NVC 参与程度	NVC 地位指数	RCA 指数	NVC 参与程度	NVC 地位指数	RCA 指数
湖南省	0.12	0.02	0.87	0.11	0.03	1.04	0.15	0.03	0.98
黑龙江省	0.16	0.02	0.31	0.11	0.00	0.40	0.17	0.01	0.38
广西壮族自治区	0.15	0.03	0.87	0.12	0.01	0.62	0.13	0.00	0.86
西部地区									
重庆市	0.15	−0.05	1.33	0.13	0.02	1.23	0.21	−0.04	1.33
四川省	0.09	0.01	0.73	0.08	0.02	0.90	0.08	−0.02	0.84
贵州省	0.23	0.05	0.55	0.23	0.10	0.45	0.20	0.03	0.33
云南省	0.22	0.11	1.13	0.20	0.09	0.59	0.22	0.07	0.52
陕西省	0.23	0.01	0.74	0.18	0.04	0.69	0.22	0.01	0.62
甘肃省	0.19	0.13	0.70	0.19	0.13	0.57	0.18	0.02	0.43
青海省	0.25	0.13	0.71	0.29	0.21	0.48	0.10	0.00	0.37
宁夏回族自治区	0.20	0.06	0.70	0.16	0.07	0.44	0.19	0.02	0.40
新疆维吾尔自治区	0.18	0.07	0.18	0.11	0.04	0.25	0.14	0.01	0.30

（1）各省（区、市）制造业参与国内价值链程度分析。

首先，制造业活跃中心出现由北方逐渐向南方转移的趋势。从表4-3来看，2007—2010 年，中国北方各省份制造业 NVC 参与指数都较南方各省份更高，平均高出 10 个百分点。此外，2007—2012 年东北三省制造业参与国内价值链程度逐渐下降，在排名中逐渐向中偏下位置移动，这与东北三省产业结构的变化有很大关系。

其次，大多数西部省份制造业 NVC 参与程度高于东部沿海各省。在 30 个省制造业 NVC 参与指数的排名中，2007—2012 年，西部地区除西藏外的 11 个省份在前 10 名中每年平均占据 6 个席位。而东部沿海各省份制造业 NVC 参与指数却普遍不高。这在一定程度上说明了国内区域间贸易和国际贸易对中国东、中、西部地区各省份重要性的差异。长期以来，国际贸易主要集聚沿海港口地区。改革开放以来，中国东部沿海各省份制造业参与国际贸易的程度往往高于内陆各省份，而在国内贸易的参与度上没有内陆地区深入，这也在一定程度上造成中国沿海各省份更容易受到国际冲击的弱点。

（2）各省份制造业参与国内价值链分工地位分析。

大多中西部地区的省份位于国内价值链的上游位置，东部沿海省份正好相反。大多中西部地区的省份位于国内价值链的上游地位，为中国国内其他省份提供大量制造业中间品。2007—2010年，青海、内蒙古和甘肃长期为国内其他省域提供大量制造业中间品，占据国内30%左右的市场份额。但2010年以后，大量南方沿海省份开始参与制造业的上游环节。但这一现象是暂时的，主要由于2008年金融危机，国内外经济环境低迷，大量南方沿海省份的重心由国外贸易转向国内贸易。浙江、福建和北京分别是2007年、2010年和2012年在制造业国内价值链下游环节分工地位最高的，也是在区域间贸易中获利最大的，地位指数分别为 -0.05、-0.09 和 -0.07。

（3）各省份制造业竞争力水平分析。

首先，西部地区各省的制造业竞争力水平普遍低于东、中部地区。从测算结果来看，江苏省、广东省、浙江省和安徽省的制造业竞争力水平在中国长期占据高位，在国内市场乃至国际市场都有很强的竞争力，2012年其制造业竞争力水平分别为1.65、1.40、1.39、1.18。但黑龙江、山西和新疆等北方地区的制造业竞争力水平普遍偏低，2012年其制造业竞争力水平只有0.38、0.31、0.30。国内制造业竞争力水平参差不齐是造成中国制造业大而不强的重要原因。

其次，三大增长极地区及其周边地区的制造业竞争力水平普遍较高。从空间上看，京津冀、长三角和珠三角及其周边地区的制造业竞争力水平都比较高。京津冀及其周边的华北地区其他省份的制造业竞争力都较强，其中天津最为突出，2007年达到1.25；在长三角及其周边地区中江苏省和浙江省的制造业竞争力很突出，江苏省在2007年和2010年的制造业竞争力水平都占据全国第一，竞争力指数分别为1.59和1.66；珠三角及其周边地区制造业竞争力水平最突出的就是广东省，2007—2012年其指数从1.31

上升至 1.40。

2. 地区结构维度的国内价值链分析

利用 2002 年、2007 年和 2012 年三年的中国 30 个省（区、市）区域间投入产出表，借鉴 Koopman et al.（2014）提出的出口增加值分解框架，将中国各省份出口增加值分解为本省份增加值、国内其他省份增加值、本省进口增加值和国内其他省份进口增加值，对省份出口增加值异质性进行考察。

表 4 - 4　中国省级区域间投入产出表（G 省份 N 产业）

投入＼产出		中间投入				最终使用				出口	总产出
		省份 1	省份 2	…	省份 G	省份 1	省份 2	…	省份 G		
中间投入	省份 1	X_{11}	X_{12}	…	X_{1G}	Y_{11}	Y_{12}	…	Y_{1G}	E_1	X_1
	省份 2	X_{21}	X_{22}	…	X_{2G}	Y_{21}	Y_{22}	…	Y_{2G}	E_2	X_2
	…	…	…	…	…	…	…	…	…	…	…
	省份 G	XG_1	XG_2	…	XG_G	YG_1	YG_2	…	YG_G	E_G	X_G
进口		IM_1	IM_2	…	IM_G						
增加值		VA_1	VA_2	…	VA_G						
总投入		X^T	X^T	…	X^T						

其中，X_{ij} 是一个 $N \times N$ 的矩阵（$i=1,2,\cdots,G$；$j=1,2,\cdots,G$），表示省份 i 的产出被省份 j 使用的中间品需求矩阵，该矩阵的元素分别对应省份 i 各产业被省份 j 各产业作为中间品使用的数额。Y_{ij}、E_i 和 X_i 是 $N \times 1$ 的矩阵，分别表示省份 i 各产业被省份 j 作为最终需求的向量、省份 i 的出口向量、省份 i 的总产出向量，X_i^T 是 X_i 的转置矩阵。IM_i、VA_i 分别是 $1 \times N$ 矩阵，表示进口和直接增加值矩阵。

由表 4 - 4 的横向关系可得：

$$\begin{bmatrix} X_1 \\ X_2 \\ \vdots \\ X_G \end{bmatrix} = \begin{bmatrix} A_{11} & A_{12} & \cdots & A_{1G} \\ A_{21} & A_{22} & \cdots & A_{2G} \\ \vdots & \vdots & \ddots & \vdots \\ A_{G1} & A_{G2} & \cdots & A_{GG} \end{bmatrix} \begin{bmatrix} X_1 \\ X_2 \\ \vdots \\ X_G \end{bmatrix} + \begin{bmatrix} Y_{11} + \sum_{i \neq 1}^{G} Y_{1i} + E_1 \\ Y_{22} + \sum_{i \neq 2}^{G} Y_{2i} + E_2 \\ \vdots \\ Y_{GG} + \sum_{i \neq G}^{G} Y_{Gi} + E_G \end{bmatrix}$$

$$\begin{bmatrix} X_1 \\ X_2 \\ \vdots \\ X_G \end{bmatrix} = \begin{bmatrix} I - A_{11} & I - A_{12} & \cdots & I - A_{1G} \\ I - A_{21} & I - A_{22} & \cdots & I - A_{2G} \\ \vdots & \vdots & \ddots & \vdots \\ I - A_{G1} & I - A_{G2} & \cdots & I - A_{GG} \end{bmatrix}^{-1} \begin{bmatrix} Y_{11} + \sum_{i \neq 1}^{G} Y_{1i} + E_1 \\ Y_{22} + \sum_{i \neq 2}^{G} Y_{2i} + E_2 \\ \vdots \\ Y_{GG} + \sum_{i \neq G}^{G} Y_{Gi} + E_G \end{bmatrix}$$

$$= \begin{bmatrix} B_{11} & B_{12} & \cdots & B_{1G} \\ B_{21} & B_{22} & \cdots & B_{2G} \\ \vdots & \vdots & \ddots & \vdots \\ B_{G1} & B_{G2} & \cdots & B_{GG} \end{bmatrix} \begin{bmatrix} Y_{11} + \sum_{i \neq 1}^{G} Y_{1i} + E_1 \\ Y_{22} + \sum_{i \neq 2}^{G} Y_{2i} + E_2 \\ \vdots \\ Y_{GG} + \sum_{i \neq G}^{G} Y_{Gi} + E_G \end{bmatrix}$$

其中 B 为里昂惕夫逆矩阵，该矩阵衡量每一单位最终产品所需要的中间产品数量。可得各省总投入等于中间投入、进口和本地增加值三个部分之和。

设直接增加值系数矩阵为 V，进口系数矩阵为 M，V、M 表示为：

$$V = \begin{bmatrix} V_1 & 0 & \cdots & 0 \\ 0 & V_2 & \cdots & 0 \\ \vdots & \vdots & \ddots & \vdots \\ 0 & 0 & \cdots & V_G \end{bmatrix}, M = \begin{bmatrix} M_1 & 0 & \cdots & 0 \\ 0 & M_2 & \cdots & 0 \\ \vdots & \vdots & \ddots & \vdots \\ 0 & 0 & \cdots & M_G \end{bmatrix}$$

其中，V_i是一个 $N \times N$ 矩阵，$V_i = VA_i/X_i$，$M_i = IM_i/X_i$，将 V、M 分别乘以里昂惕夫逆矩阵 B 可以得到国内增加值份额矩阵和国外增加值份额矩阵 VB、MB：

$$VB = \begin{bmatrix} V_1 & 0 & \cdots & 0 \\ 0 & V_2 & \cdots & 0 \\ \vdots & \vdots & \ddots & \vdots \\ 0 & 0 & \cdots & V_G \end{bmatrix}\begin{bmatrix} B_{11} & B_{12} & \cdots & B_{1G} \\ B_{21} & B_{22} & \cdots & B_{2G} \\ \vdots & \vdots & \ddots & \vdots \\ B_{G1} & B_{G2} & \cdots & B_{GG} \end{bmatrix} = \begin{bmatrix} V_1 B_{11} & V_1 B_{12} & \cdots & V_1 B_{1G} \\ V_2 B_{21} & V_2 B_{22} & \cdots & V_2 B_{2G} \\ \vdots & \vdots & \ddots & \vdots \\ V_G B_{G1} & V_G B_{G2} & \cdots & V_G B_{GG} \end{bmatrix}$$

$$MB = \begin{bmatrix} M_1 & 0 & \cdots & 0 \\ 0 & M_2 & \cdots & 0 \\ \vdots & \vdots & \ddots & \vdots \\ 0 & 0 & \cdots & M_G \end{bmatrix}\begin{bmatrix} B_{11} & B_{12} & \cdots & B_{1G} \\ B_{21} & B_{22} & \cdots & B_{2G} \\ \vdots & \vdots & \ddots & \vdots \\ B_{G1} & B_{G2} & \cdots & B_{GG} \end{bmatrix} = \begin{bmatrix} M_1 B_{11} & M_1 B_{12} & \cdots & M_1 B_{1G} \\ M_2 B_{21} & M_2 B_{22} & \cdots & M_2 B_{2G} \\ \vdots & \vdots & \ddots & \vdots \\ M_G B_{G1} & M_G B_{G2} & \cdots & M_G B_{GG} \end{bmatrix}$$

各省组成的出口矩阵表示为：

$$E = \begin{bmatrix} E_1 & 0 & \cdots & 0 \\ 0 & E_2 & \cdots & 0 \\ \vdots & \vdots & \ddots & \vdots \\ 0 & 0 & \cdots & E_G \end{bmatrix},$$

根据 VB 和 MB 以及 E 对各省出口增加值进行分解得：

$$VBE = \begin{bmatrix} V_1 B_{11} E_1 & V_1 B_{12} E_2 & \cdots & V_1 B_{1G} E_G \\ V_2 B_{21} E_1 & V_2 B_{22} E_2 & \cdots & V_2 B_{2G} E_G \\ \vdots & \vdots & \ddots & \vdots \\ V_G B_{G1} E_1 & V_G B_{G2} E_2 & \cdots & V_G B_{GG} E_G \end{bmatrix}$$

$$MBE = \begin{bmatrix} M_1B_{11}E_1 & M_1B_{12}E_2 & \cdots & M_1B_{1G}E_G \\ M_2B_{21}E_1 & M_2B_{22}E_2 & \cdots & M_2B_{2G}E_G \\ \vdots & \vdots & \ddots & \vdots \\ M_GB_{G1}E_1 & M_GB_{G2}E_2 & \cdots & M_GB_{GG}E_G \end{bmatrix}$$

VBE 和 MBE 都是 $G \times G$ 矩阵，其中 VBE 主对角线元素表示省份 i 出口中蕴含的本地增加值，VBE 第 i 行第 j 列的元素 $V_iB_{ij}E_j$ 表示省份 j 的出口中蕴含的省份 i 的增加值，即除主对角线元素外，各列元素为国内其他省份的本地增加值。则可以求出省份 i 出口中蕴含的本地增加值

$$DVA_i = V_iB_{ii}E_i,(i = 1,2\cdots,G)$$

省份 i 出口中蕴含的外省增加值为

$$PVA_i = \sum_{j \neq i}^{G} V_jB_{ji}E_i$$

省份 i 的增加值出口额为

$$VAX_i = \sum_{j=1}^{G} V_iB_{ij}E_j$$

MBE 第 i 行第 j 列的元素 $M_iB_{ij}E_j$ 表示省份 j 的出口中蕴含的省份 i 进口的增加值，则省份 i 出口中蕴含的进口增加值（国外增加值）为

$$FVA_i = \sum_{j=1}^{G} M_jB_{ji}E_i$$

由以上公式可得：省份 i 出口增加值的来源可以分解为本地增加值（DVA_i）、来自其他省份的增加值（PVA_i）和来自国外的增加值（FVA_i）三部分。在对各省份出口增加值分解的基础上，考察 DVA_i、PVA_i 和 FVA_i 分别占总出口的比重

$$DVR_i = \frac{DVA_i}{E_i}, PVR_i = \frac{PVA_i}{E_i}, FVR = \frac{FVA_i}{E_i}，其中 DVR_i + PVR_i + FVR_i = 1。$$

苏庆义（2016）将进口分解为纯进口和回流增加值，由于此处计算的回流增加值占总出口的份额较小，所以并未对此进行细分。

省级增加值分解结果显示：相较于竞争型投入产出模型，非竞争型投入产出模型对中间投入的来源做出了划分，因此本书立足于省际数据，采

用一国内部区域间非竞争型投入产出表，通过构建非竞争型投入产出模型得出地区间出口增加值的分解框架。本书在非竞争型投入产出模型下，着重探讨中国各省（区、市）出口增加值来源。目前中国的区域间非竞争型投入产出表主要有两个来源：一是国家信息中心编制的 30 省（区、市）的区域间非竞争型投入产出表，该表每 5 年提供一次；二是中国科学院区域可持续发展分析与模拟重点实验室编制的中国 30 省（区、市）30 部门地区间投入产出表。本书使用了 2002 年、2007 年以及 2012 年中国区域间投入产出表，其中，2002 年由中国科学院虚拟经济与数据科学研究中心编制，2007 年和 2012 年由中国科学院区域可持续发展分析与模拟重点实验室编制。对于各省（区、市）来说，出口增加值来源于其自身增加值、其他省（区、市）增加值和国外增加值。表 4-5、表 4-6 和表 4-7 分别列出了 30 省（区、市）2002 年、2007 年和 2012 年出口增加值来源以及占总值出口的份额。

表 4-5 显示了 30 个省（区、市）2002 年出口增加值来源及其占总值出口的份额。通过对各省（区、市）内增加值、其他省（区、市）增加值以及国外增加值数据的分析显示，2002 年一省（区、市）出口中的增加值主要由本省（区、市）的生产要素所产生。省（区、市）内增加值占比达到总值出口的一半以上。其中，新疆维吾尔自治区增加值占比达 0.87，最低的天津市增加值占比也达到 0.57。中西部省（区、市）DVR 普遍高于东部省（区、市），说明中西部相较于东部来说更多地使用本地的生产要素。PVA 表示来自其他省（区、市）的增加值，其主要通过省（区、市）之间的中间品来实现，PVR 越高，说明省际之间的交流越密切。其中，天津市、浙江省、云南省和宁夏回族自治区的 PVR 达到 0.20 以上。

表 4-5　2002 年各省（区、市）出口增加值来源及占总值出口的份额

省（区、市）	总值出口（亿元）	出口增加值来源（亿元）			出口增加值来源占总值出口比重		
		DVA	PVA	FVA	DVR	PVR	FVR
北京市	937.71	704.36	130.26	103.10	0.75	0.14	0.11
天津市	1051.08	596.09	308.52	146.47	0.57	0.29	0.14
河北省	415.63	293.69	65.64	56.30	0.71	0.16	0.14
山西省	203.58	152.47	32.56	18.55	0.75	0.16	0.09

省（区、市）	总值出口（亿元）	出口增加值来源（亿元）			出口增加值来源占总值出口比重		
		DVA	PVA	FVA	DVR	PVR	FVR
内蒙古自治区	116.85	86.55	13.62	16.67	0.74	0.12	0.14
辽宁省	1727.19	1385.83	233.82	107.54	0.80	0.14	0.06
吉林省	160.20	131.55	1.95	26.70	0.82	0.01	0.17
黑龙江省	277.47	212.35	27.24	37.88	0.77	0.10	0.14
上海市	3153.11	1920.82	575.94	656.35	0.61	0.18	0.21
江苏省	3128.93	2403.30	488.46	237.17	0.77	0.16	0.08
浙江省	3700.35	2722.68	726.57	251.10	0.74	0.20	0.07
安徽省	340.42	221.81	62.71	55.90	0.65	0.18	0.16
福建省	1630.62	1411.57	125.07	93.97	0.87	0.08	0.06
江西省	131.14	95.65	17.03	18.46	0.73	0.13	0.14
山东省	1900.58	1425.61	319.75	155.22	0.75	0.17	0.08
河南省	254.81	199.68	38.79	16.34	0.78	0.15	0.06
湖北省	245.86	205.28	8.76	31.82	0.83	0.04	0.13
湖南省	198.27	159.20	8.33	30.74	0.80	0.04	0.16
广东省	7049.70	5663.82	482.70	903.17	0.80	0.07	0.13
广西壮族自治区	176.69	123.56	8.32	44.81	0.70	0.05	0.25
海南省	51.91	40.13	1.22	10.56	0.77	0.02	0.20
重庆市	161.48	129.26	6.97	25.26	0.80	0.04	0.16
四川省	331.48	276.83	1.17	53.49	0.84	0.00	0.16
贵州省	61.20	47.40	3.12	10.67	0.77	0.05	0.17
云南省	134.50	101.10	29.71	3.69	0.75	0.22	0.03
陕西省	148.12	97.21	27.07	23.85	0.66	0.18	0.16
甘肃省	64.76	46.13	10.43	8.20	0.71	0.16	0.13
青海省	12.00	9.92	1.14	0.94	0.83	0.09	0.08
宁夏回族自治区	24.18	15.28	5.65	3.25	0.63	0.23	0.13
新疆维吾尔自治区	234.34	204.42	24.40	5.52	0.87	0.10	0.02

注：由于数据缺失，西藏自治区未列在其中。

表4-6显示了2007年各省（区、市）增加值来源。相较于2002年，各

省（区、市）内增加值来源占比普遍降低，省（区、市）外增加值占比和国外增加值占比有所提高。说明各省（区、市）相较于2002年更多地使用了来自外省（区、市）和国外的生产要素，省际之间的交流越来越密切。但来自本省（区、市）生产要素所生产的增加值占比仍然最高，除了天津市、上海市和广东省，其余省份的本地增加值占比都达到0.50以上，山西省、内蒙古自治区、山东省、河南省和湖北省的DVR高达0.70以上。上海市与广东省本地增加值占比下降，降幅达20%，主要是由于较多地使用了国外生产要素。

表4-6 2007年各省（区、市）出口增加值来源及占总值出口的份额

省（区、市）	总值出口（亿元）	出口增加值来源（亿元）			出口增加值来源占总值出口比重		
		DVA	PVA	FVA	DVR	PVR	FVR
北京市	3769.64	1935.42	587.84	1246.38	0.51	0.16	0.33
天津市	3003.07	1346.67	877.76	778.65	0.45	0.29	0.26
河北省	1591.11	907.31	441.04	242.76	0.57	0.28	0.15
山西省	601.21	432.72	75.18	93.31	0.72	0.13	0.16
内蒙古自治区	261.92	187.52	43.15	31.25	0.72	0.16	0.12
辽宁省	2932.40	1784.79	523.52	624.09	0.61	0.18	0.21
吉林省	345.56	194.48	106.07	45.02	0.56	0.31	0.13
黑龙江省	602.72	400.29	124.18	78.24	0.66	0.21	0.13
上海市	11315.45	4837.24	1967.61	4510.60	0.43	0.17	0.40
江苏省	14804.85	7873.53	2234.79	4696.53	0.53	0.15	0.32
浙江省	10440.20	5417.03	2527.72	2495.45	0.52	0.24	0.24
安徽省	700.07	380.03	192.97	127.07	0.54	0.28	0.18
福建省	4100.02	2553.80	722.50	823.72	0.62	0.18	0.20
江西省	416.95	280.05	76.31	60.59	0.67	0.18	0.15
山东省	6934.91	5139.95	791.90	1003.07	0.74	0.11	0.14
河南省	855.36	609.67	137.44	108.24	0.71	0.16	0.13
湖北省	668.28	500.06	81.30	86.92	0.75	0.12	0.13
湖南省	525.44	339.11	91.61	94.72	0.65	0.17	0.18
广东省	27965.61	11372.59	4469.55	12123.46	0.41	0.16	0.43
广西壮族自治区	498.16	330.37	90.36	77.43	0.66	0.18	0.16
海南省	221.90	132.55	27.55	61.81	0.60	0.12	0.28
重庆市	352.04	190.46	90.55	71.04	0.54	0.26	0.20

省（区、市）	总值出口（亿元）	出口增加值来源（亿元）			出口增加值来源占总值出口比重		
		DVA	PVA	FVA	DVR	PVR	FVR
四川省	644.33	450.05	80.32	113.96	0.70	0.12	0.18
贵州省	144.17	81.85	36.57	25.75	0.57	0.25	0.18
云南省	354.63	237.93	66.40	50.29	0.67	0.19	0.14
陕西省	426.43	259.66	106.68	60.09	0.61	0.25	0.14
甘肃省	432.74	301.69	81.30	49.75	0.70	0.19	0.11
青海省	54.15	33.06	14.46	6.63	0.61	0.27	0.12
宁夏回族自治区	80.10	51.32	18.41	10.37	0.64	0.23	0.13
新疆维吾尔自治区	499.06	310.39	123.89	64.77	0.62	0.25	0.13

2012 年各省（区、市）出口增加值来源分析数据如表 4-7 所示。湖北省、湖南省内增加值占比高达 0.80 以上，河北省、山西省、内蒙古自治区、吉林省、河南省、四川省、贵州省、陕西省、青海省 DVR 均超过了 0.70。相较于 2007 年，DVA 值存在普遍增加，来自外省（区、市）的出口增加值有所降低。说明总体上各省（区、市）较多地使用了来自本省（区、市）的生产要素。

表 4-7 2012 年各省（区、市）出口增加值来源及占总值出口的份额

省（区、市）	总值出口（亿元）	出口增加值来源（亿元）			出口增加值来源占总值出口比重		
		DVA	PVA	FVA	DVR	PVR	FVR
北京市	6458.94	3767.43	1162.94	1528.57	0.58	0.18	0.24
天津市	3465.82	1930.04	554.00	981.78	0.56	0.16	0.28
河北省	1973.63	1393.12	348.05	232.45	0.71	0.18	0.12
山西省	695.45	507.68	133.91	53.86	0.73	0.19	0.08
内蒙古自治区	635.77	469.02	118.23	48.51	0.74	0.19	0.08
辽宁省	3633.77	2417.73	657.21	558.83	0.67	0.18	0.15
吉林省	501.87	380.12	84.90	36.85	0.76	0.17	0.07
黑龙江省	908.23	555.45	237.34	115.43	0.61	0.26	0.13
上海市	14959.92	6075.01	3018.73	5866.17	0.41	0.20	0.39
江苏省	21448.74	13056.87	3488.13	4903.74	0.61	0.16	0.23
浙江省	14713.22	9436.11	2914.83	2362.29	0.64	0.20	0.16

续表

省（区、市）	总值出口（亿元）	出口增加值来源（亿元）			出口增加值来源占总值出口比重		
		DVA	PVA	FVA	DVR	PVR	FVR
安徽省	1794.84	1156.08	497.70	141.06	0.64	0.28	0.08
福建省	6310.74	4249.00	961.49	1100.26	0.67	0.15	0.17
江西省	1572.89	1090.16	351.37	131.36	0.69	0.22	0.08
山东省	8160.20	5724.55	1002.10	1433.54	0.70	0.12	0.18
河南省	1823.67	1303.51	362.85	157.31	0.71	0.20	0.09
湖北省	1490.76	1231.95	179.08	79.73	0.83	0.12	0.05
湖南省	968.79	785.25	136.66	46.87	0.81	0.14	0.05
广东省	35145.53	17580.76	3666.84	13897.92	0.50	0.10	0.40
广西壮族自治区	1031.75	693.91	181.67	156.17	0.67	0.18	0.15
海南省	278.95	147.76	71.20	59.99	0.53	0.26	0.22
重庆市	2358.26	1454.09	560.48	343.69	0.62	0.24	0.15
四川省	2540.83	1951.45	316.88	272.51	0.77	0.12	0.11
贵州省	465.69	354.50	86.44	24.76	0.76	0.19	0.05
云南省	732.46	502.56	162.38	67.51	0.69	0.22	0.09
陕西省	697.62	505.73	146.92	44.96	0.72	0.21	0.06
甘肃省	242.55	161.71	61.33	19.50	0.67	0.25	0.06
青海省	67.99	54.41	11.43	2.15	0.80	0.17	0.03
宁夏回族自治区	121.89	83.70	32.81	5.39	0.69	0.27	0.04
新疆维吾尔自治区	1225.41	739.59	315.85	169.97	0.60	0.26	0.14

3年数据的比较分析表明，各省（区、市）出口增加值主要来源于本地生产要素，但来自外省（区、市）的出口增加值和国外增加值占比有所提高，说明各省（区、市）贸易和经济增长的重心仍在内部，但开始向国内其他地区和国外转移。各省（区、市）之间以及各省（区、市）与国外之间的生产联系较之前更为密切。

四、贸易上游度视角的国内价值链到全球价值链

考察中国国内价值链的最终目的是在以国内各区域间协同发展为主要内容加强国内大循环的基础上高质量融入全球价值链，因此，建立起二者之间

的联系必要且重要。从区域贸易到国际贸易，基于同一基础但呈现不同状态，贸易上游度视角的分析至关重要。

（一）地区整体上游度对比分析

根据 2007 年、2012 年和 2017 年地区投入产出表，从国家和分地区层面测算整体上游度如图 4-3 所示。纵向来看，考察期内，中国整体上游度总体呈现先上升后下降的趋势，中国全球价值链嵌入前期向上游环节移动，趋向于中间投入的专业化生产，2012 年以后，开始向最终消费端移动。中国不同地区经济发展水平、产业结构等具有较大差别，对比东部、中部和西部地区上游度水平具有实际的必要性。由图 4-3 可知，东部地区整体上游度水平呈现持续下降趋势，不断向产业链最终消费端移动。中部地区整体上游度持续增加，全球价值链嵌入程度不断提高。西部地区整体上游度数值先上升后下降。在此基础上，对比西北和东北地区整体上游度，相比于西北地区整体上游度数值先上升后下降的趋势，东北地区整体上游度持续下降。横向比较来看，相比国家总体和其他地区，东部地区整体上游度水平较高，更大程度嵌入全球价值链，中部地区上游度水平较低，西部地区全球价值链嵌入程度则处于最低水平，同时东北地区相较于西北地区亦具有较高上游度。中国各地区参与全球价值链程度具有较大差别，如何推进较落后地区通过比较优势更大程度参与国际竞争和促进价值链升级，是中国经济持续发展和产业结构优化升级需攻克的难关。

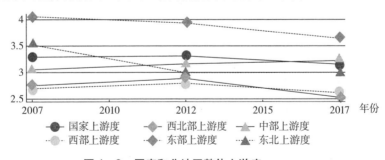

图 4-3 国家和分地区整体上游度

（二）地区产业上游度对比分析

在上文整体上游度测度的基础上，进一步对中国及各个地区产业上游度进行测度，如表4-8所示，纵向来看，考察期内，中国第二产业上游度水平在价值链中处于较高位置，且呈现不断下降趋势；2007年和2012年，第三产业上游度水平次之，且上游度数值由2.80增长为2.92，2017年下降为2.69。第一产业上游度在2007年和2012年，低于第二和第三产业水平，专业化分工程度较低，但处于不断提升趋势，并在2017年超过第三产业。不同地区来看，相似的是，东、中、西以及西北地区第二产业上游度水平均处于较高水平。不同的是，东部地区在考察期内第一产业上游度最低，第三产业上游度处于中间位置，且总体上三个产业沿着价值链向下游环节移动。中部地区第三产业上游度水平最低，第一产业上游度处于中间位置，且三个产业均沿着产业链向上游环节移动。西部地区三个产业由2007年的2.24、2.82和2.37，增长为2012年的2.42、2.85和2.46，又下降为2017年的2.42、2.70和2.34。西北地区三个产业上游度水平具有与西部地区相似的变化趋势。东北地区上游度第二产业最高，总体呈下降趋势；第一产业次之，且不断上升，并于2012年超过第二产业；第三产业最低，具有一定的提升。横向比较来看，东部地区第二、第三产业上游度均高于其他地区，全球价值链嵌入程度最高。中部地区次之，西部地区最低。而东北地区第一产业上游度值相比其他地区更高。

总而言之，中国整体第二产业参与全球价值链程度更深，且呈现沿产业链向下移动的趋势，第一产业上游度水平整体上升，第三产业下降。东部地区各个产业相比其他地区具有较高上游度，且均向产业链下游环节转移；中部地区次之，且上游度水平均持续上升，西部地区最低，除第一产业外，第二、三产业上游度水平均降低。东北地区嵌入价值链特点在于第一产业由下游环节持续向上游环节移动，即农作物等产品更多作为中间品投入产业链。

表4-8　国家和各地区产业上游度

地区	2007年			2012年			2017年			2007—2017年变化率		
	第一产业	第二产业	第三产业	第一产业	第二产业	第三产业	第一产业	第二产业	第三产业	第一产业	第二产业	第三产业
国家	2.72	3.40	2.80	2.84	3.39	2.92	2.80	3.29	2.69	2.74%	-3.07%	-4.07%

续表

地区	2007 年			2012 年			2017 年			2007—2017 年变化率		
	第一产业	第二产业	第三产业	第一产业	第二产业	第三产业	第一产业	第二产业	第三产业	第一产业	第二产业	第三产业
东部	3.09	4.19	3.40	3.05	4.05	3.51	2.83	3.85	2.97	-8.69%	-8.02%	-12.53%
中部	2.88	3.11	2.57	3.12	3.20	2.75	3.27	3.33	2.78	13.72%	7.25%	8.03%
西部	2.24	2.82	2.37	2.42	2.85	2.46	2.42	2.70	2.34	8.30%	-4.00%	-1.48%
西北	2.36	2.90	2.29	2.45	2.93	2.56	2.44	2.63	2.29	3.69%	-9.30%	-0.07%
东北	3.08	3.62	2.48	3.41	3.04	2.54	3.60	3.10	2.56	16.80%	-14.42%	3.19%

随着中国对外贸易高速发展，伴着"世界工厂"的称号，制造业成了中国的支柱产业。因此，探讨制造业以及制造业和其他产业上游度的差别显得尤为重要。本书在加权平均产业整体上游度的基础上对第二产业再次细化为采选业、生产和供应业及制造业，对其上游度测算的结果如表 4-9 所示。首先，纵向来看，中国采选业上游度水平有所下降，但仍明显高于其他行业。生产和供应业次之，且向上游环节移动，增长率达 3.83%。制造业相对较低，总体具有小幅度增加，增长率为 0.31%。其中，中技术制造业上游度水平较高，低技术制造业次之，高技术制造业最低。中低技术制造业均向链条下游环节移动，高技术制造业上游度数值增加。东中西部及西北、东北地区采选业上游度水平均最高，生产和供应业次之，制造业上游度最低，且除了中部地区，其他地区采选业、制造业上游度数值均降低，东部、东北地区生产和供应业上游度数值下降，其他地区则相反。且东部地区第二产业各部门上游度值均高于其他地区。

分技术制造业来看，2007 年，东部地区中技术制造业上游度水平最高，低技术制造业次之，均向链条下游环节移动，高技术制造业最低，向链条上游环节变动。2012 年，东部地区高技术制造业上游度水平上升，超过低技术制造业。中部地区 2007 年和 2012 年中技术制造业上游度最高，低技术制造业次之，高技术制造业最低，2017 年高技术制造业上游度超过低技术制造业。中部地区各技术制造业上游度均提高，其中高技术制造业上游度增长率最高，中技术制造业最低。西部地区低技术和高技术制造业上游度提高，且高技术制造业上游度增长率更高，中技术制造业上游度水平降低。不同于西部地区，考察期内西北地区中技术制造业上游度最高、低技术制造业次之，高技术制造业最低，且均呈现下降趋势。东北地区总的来看，中技术制造业上游度水平最高、高技术制造业次之、低技术制造业最低，且中高技术制造业上游度呈现下降趋势。

横向来看，重点关注制造业，东部地区第二产业各部门上游度在很大程度上高于其他地区，其中高技术制造业更加明显，中部地区次之，西部地区最低。中东西部高技术上游度均有所提高，但中部地区增长率最高，西部地区次之，东部地区最低。

表 4 - 9　国家和各地区第二产业各部门上游度

	年份	国家	东部	中部	西部	西北	东北
采选业		4.83	5.53	4.55	4.33	4.61	5.10
生产和供应业		3.75	4.49	3.51	3.17	2.98	4.03
制造业		3.31	4.12	3.02	2.71	2.75	3.56
低技术制造业	2007	2.86	3.70	2.59	2.22	2.35	2.61
中技术制造业		3.87	4.59	3.69	3.29	3.39	4.08
高技术制造业		2.77	3.58	2.48	2.17	2.05	3.51
采选业		5.02	5.74	4.72	4.53	4.70	4.67
生产和供应业		4.00	4.65	3.80	3.48	3.55	3.67
制造业		3.33	4.08	3.07	2.76	2.68	3.16
低技术制造业	2012	2.95	3.61	2.89	2.34	2.38	2.96
中技术制造业		3.86	4.50	3.76	3.31	3.30	3.68
高技术制造业		2.78	4.50	2.35	2.23	1.85	2.68

	年份	国家	东部	中部	西部	西北	东北
采选业		4.68	5.24	4.70	4.11	4.17	4.19
生产和供应业		3.89	4.19	3.92	3.57	3.65	3.39
制造业	2017	3.32	3.91	3.36	2.70	2.56	3.19
低技术制造业		2.84	3.30	3.04	2.24	2.14	2.79
中技术制造业		3.69	4.27	3.78	3.05	3.03	3.37
高技术制造业		3.06	3.68	3.10	2.43	1.98	3.17
采选业		-3.03%	-5.19%	3.31%	-5.12%	-9.50%	-17.94%
生产和供应业		3.83%	-6.68%	11.53%	12.53%	22.55%	-15.72%
制造业	2007—2017 变化率	0.31%	-5.14%	11.29%	-0.29%	-7.12%	-10.56%
低技术制造业		-0.62%	-10.81%	17.37%	1.08%	-8.76%	6.92%
中技术制造业		-4.68%	-6.96%	2.36%	-7.23%	-10.59%	-17.55%
高技术制造业		10.57%	2.62%	25.15%	11.56%	-3.42%	-9.66%

（三）地区行业上游度对比分析

上文从整体和产业层面对中国不同地区上游度做了一定的对比分析，为了更加细化地了解中国各地区全球价值链嵌入状况，从行业层面进一步进行对比研究，如表 4 - 10 所示。

1. 行业上游度对比分析

在考察期内，中国上游度平均值由 2.9 增加到 3，表明中国具有逐步向全球价值链上游环节移动的趋势。就行业而言，38 个行业上游度在三个阶段分别落于 [1.05, 4.97]、[1.08, 5.27] 和 [1.08, 5.39] 区间内。中国各行业在价值链上的分工位置差异不断扩大，生产分散化程度进一步加剧的趋势。

分地区来看，在考察期内，东部地区上游度平均值由 3.48 降低到 3.32，表明东部地区行业具有逐步向全球价值链下游环节移动的趋势。就行业而言，行业上游度在三个阶段分别落于 [1.05, 5.8]、 [1.1, 6.48] 和 [1.1, 6.48] 区间内，可知东部地区上游度跨度小幅增加，而同时表现出的东部地区行业上游度标准差由 2007 年的 1.18 增长为 2017 年的 1.25。中部地区上游度平均值由 2.75 上升到 3.07，表明中部地区行业逐步向全球价值链上游环节移动。行业上游度分别落于 [1.07, 4.78]、 [1.04, 4.86] 和 [1.07, 5.07] 区间内, 区间跨度有一定增加, 地区行业上游度标准差并没有显著差异。西部地区上游度平均值由 2.54 增加到 2.56, 具有逐步向全球价值链上游环节移动的趋势。行业上游度在三个阶段分别落于 [1.02, 4.5]、 [1.05, 4.72] 和 [1.04, 4.35] 区间内, 可知西部地区上游度跨度小幅下降, 而同时表现出的西部地区行业上游度标准差没有显著变化。

西北地区上游度平均值由 2.58 减小到 2.46, 具有逐步向全球价值链下游环节移动的趋势。行业上游度三个阶段分别落于 [1.03, 5.02]、 [1.01, 5.25] 和 [1.01, 4.48] 区间内, 可知西北地区上游度跨度小幅下降, 而同时表现出西北地区行业上游度标准差没有显著变化。东北地区上游度平均值由 2.96 下降到 2.83, 具有逐步向全球价值链下游环节移动的趋势。行业上游度在三个阶段分别落于 [1.01, 5.26]、 [1.06, 4.85] 和 [1.05, 4.98] 区间内, 可知东北地区上游度跨度小幅下降, 而同时表现出东北地区行业上游度标准差由 2017 年的 1.11 降低到 2017 年的 0.95, 呈现出地区各行业在价值链上的分工位置差异具有减小趋势和生产分散化程度缓解的趋势。

2. 制造业行业上游度对比分析

由上文分析可知, 采选业、生产和供应业较制造业具有明显更高的上游度水平, 第三产业由于其行业特征, 通常直接向市场提供最终产品, 如表 4-10 所示。制造业分类相对细化, 且存在明显的差异性, 亦是参与全球价值链的重要产业, 因此本书主要对比分析地区制造业细化行业嵌入全球价值链的差异和变化。

整体来看, 中国制造业行业上游度水平较高的为石油及炼焦产品和核燃料加工业、化学工业、造纸印刷和文教体育用品制造业、金属冶炼和压延加工品、金属制品业等, 上游度水平较低的行业为食品和烟草业、通用和专用设备制造业、纺织服装鞋帽皮革羽绒及其制品业、电气机械和器材制造业、非金属矿物制品业等。考察期内, 金属制品业、纺织业、食品和烟草业、通信设备和计算机及其他电子设备制造业、电气机械和器材制造业、通用和专用设备制造业等行业上游度水平提高, 其中提升最明显的是通信设备和计算机及其他电子设备制造业。其他行业上游度水平降低，降低幅度最大的是纺织服装鞋帽皮革羽绒及其制品业。

分地区来看，首先，东部地区制造业上游度水平较高的行业为化学工业、石油及炼焦产品和核燃料加工业、纺织品业、造纸印刷和文教体育用品制造业、金属冶炼和压延加工品等，上游度水平较低的行业为食品和烟草业、通用和专用设备制造业、纺织服装鞋帽皮革羽绒及其制品业、非金属矿物制品业、交通运输设备制造业。考察期内，化学工业、交通运输设备制造业、石油及炼焦产品和核燃料加工业、造纸印刷和文教体育用品制造业、纺织品业、纺织服装鞋帽皮革羽绒及其制品业、仪器仪表制造业等行业上游度水平降低，其中降低最明显的是纺织服装鞋帽皮革羽绒及其制品业。其他行业上游度水平提升、提高幅度最大的是通用和专用设备制造业。其次，中部地区上游度水平较高的行业为化学工业、石油及炼焦产品和核燃料加工业、金属冶炼和压延加工业、纺织品业等，上游度水平较低的行业为电气机械和器材制造业、食品和烟草业、通用和专用设备制造业、通信设备和计算机及其他电子设备、纺织服装鞋帽皮革羽绒及其制品业等，同时，除了非金属矿物制品业和仪器仪表制造业行业上游度水平降低外，其他行业上游度水平均提升，其中提高幅度最大的是金属制品业。最后，西部地区上游度水平较高的行业为石油及炼焦产品和核燃料加工业、金属冶炼和压延加工品、化学工业、造纸印刷和文教体育用品制造业等，上游度水平较低的行业为通信设备和计算机及其他电子设备、电气机械和器材制造业、食品和烟草业、通用和专用设备制造业、纺织服装鞋帽皮革羽绒及其制品业。考察期内，化学工业、交通运输设备制造业、石油及炼焦产品和核燃料加工业、金属冶炼和压延加工品、造纸印刷和文教体育用品制造业、木材加工品和家具制造业、仪器仪表制造业、纺织服装鞋帽皮革羽绒及其制品业行业上游度水平降低，其中降低最明显的是交通运输设备制造业。其他行业上游度水平提升，提高幅度最大的是通信设备和计算机及其他电子设备。

进一步区分西北和东北地区，西北地区上游度水平较高的行业为石油及炼焦产品和核燃料加工业、金属冶炼和压延加工品、化学工业、造纸印刷和文教体育用品制造业等，上游度水平较低的行业为电气机械和器材制造业、食品和烟草业、通信设备和计算机及其他电子设备、通用和专用设备制造业、纺织服装鞋帽皮革羽绒及其制品业。考察期内，除金属制品业、纺织品业、通信设备和计算机及其他电子设备之外，其他行业上游度水平均降低，其中降低最明显的是纺织服装鞋帽皮革羽绒及其制品业。东北地区上游度水平较高的行业为化学工业、金属制品业、交通运输设备制造业、石油及炼焦产品和核燃料加工业、金属冶炼和压延加工品等，上游度水平较低的行业为非金属矿物制品业、电气机械和器材制造业、仪器仪表制造业、通用和专用设备制造业、纺织服装鞋帽皮革羽绒及其制品业，考察期内，金属制品业、其他制造产品和废品废料、食品和烟草业、通信设备和计算机及其他电子设备等行业上游度水平提高，其中提升最明显的是纺织服装鞋帽皮革羽绒及其制品业。其他行业上游度水平均下降，降低幅度最大的是交通运输设备制造业。

表4－10 国家和各地区行业上游度

行业	全国				东部				中部				西部				西北				东北			
	2007年	2012年	2017年	变化率(%)	2007年	2012年	2017年	变化率(%)	2007年	2012年	2017年	变化率(%)	2007年	2012年	2017年	变化率(%)	2007年	2012年	2017年	变化率(%)	2007年	2012年	2017年	变化率(%)
交通运输、仓储和邮政	3.4	3.6	3.5	4.00	4.1	4.3	4	-1.20	3.2	3.5	3.7	17.00	2.9	3	2.9	0.90	2.9	3.1	2.9	1.20	3.3	3.3	3.3	0.80
交通运输设备	3	2.4	2.8	-5.40	3.4	2.8	3.3	-3.20	3	2.2	3.2	5.70	2.6	2	2.1	-17.60	2.4	1.5	1.9	-19.20	5.1	3	3.6	-28.60
仪器仪表	3	3	2.8	-7.70	3.6	3.6	3.3	-8.10	2.6	2.3	2.6	-3.10	2.7	2.9	2.4	-10.60	2.8	2.8	2.1	-24.40	2.9	3.2	2.3	-20.00
住宿和餐饮	2.4	2.6	2.3	-4.70	2.9	2.9	2.5	-12.90	2.3	2.6	2.5	8.10	2.1	2.2	2	-3.60	2.1	2.3	1.8	-14.50	2.2	2.4	2.2	0.00
信息传输、软件和信息技术服务	2.3	2.4	2	-12.70	2.7	2.6	1.8	-32.90	2	2.4	2.3	12.50	2	2.2	1.9	-4.20	2.1	2.3	1.8	-13.00	1.9	2.2	1.6	-18.50
公共管理、社会保障和社会组织	1	1.1	1.2	16.40	1.1	1.2	1.3	24.70	1.1	1.2	1.3	20.00	1	1	1.1	5.10	1	1.1	1.1	4.30	1	1.1	1.3	30.30
其他制造产品和废品废料	3.7	4.2	4	8.50	4.3	4.6	4.3	0.30	3.5	4.1	4.4	27.00	3.2	3.7	3.3	4.80	3.2	3.9	3.1	-3.60	3.3	3.9	3.6	7.20
农林牧渔产品和服务	2.7	2.8	2.8	2.70	3.1	3.1	2.8	-8.70	2.9	3.1	3.3	13.70	2.2	2.4	2.4	8.30	2.4	2.5	2.4	3.70	3.1	3.4	3.6	16.80
化学产品	4.1	4.1	3.9	-5.20	5	4.9	4.4	-12.40	3.9	3.9	4.2	7.90	3.3	3.4	3.1	-5.50	3.4	3.4	3.1	-10.30	4.3	3.9	4	-8.00
卫生和社会工作	1.6	1.1	1.1	-34.40	1.6	1.2	1.1	-32.40	1.7	1	1.1	-33.10	1.7	1.2	1	-37.40	2	1.2	1.1	-48.70	1.8	1.2	1.1	-41.10
居民服务、修理和其他服务	2.7	2.7	2.7	-0.10	2.9	2.9	2.7	-4.80	2.6	2.6	3	15.60	2.5	2.5	2.3	-6.20	2.6	2.7	2.4	-8.60	2.5	2.8	3	18.70
建筑	1.1	1.1	1.1	-2.30	1.2	1.1	1.1	-3.40	1.1	1.1	1.1	-4.20	1	1.1	1.1	0.40	1	1	1	0.50	1.1	1.1	1.1	0.80
房地产	1.6	1.7	2	19.10	1.8	1.8	1.9	5.60	1.6	1.8	2.2	36.00	1.5	1.5	1.8	21.80	1.6	1.5	1.9	15.80	1.6	2	2.4	49.90

续表

行业	全国 2007年	2012年	2017年	变化率(%)	东部 2007年	2012年	2017年	变化率(%)	中部 2007年	2012年	2017年	变化率(%)	西部 2007年	2012年	2017年	变化率(%)	西北 2007年	2012年	2017年	变化率(%)	东北 2007年	2012年	2017年	变化率(%)
批发和零售	3	3.2	3.2	7.10	3.6	3.7	3.7	3.10	2.8	2.9	3.3	19.50	2.5	2.8	2.6	2.80	2.2	2.8	2.4	10.10	2.2	2.7	3	32.00
教育	1.2	1.3	1.3	1.60	1.3	1.3	1.3	3.10	1.3	1.3	1.3	3.80	1.2	1.2	1.2	-1.60	1.2	1.2	1.1	-6.70	1.2	1.4	1.3	5.90
文化、体育和娱乐	2	1.8	1.8	-11.80	2.3	2.1	1.9	-16.20	2.1	1.8	2	-2.70	1.8	1.6	1.5	-13.80	1.8	1.5	1.4	-26.30	2	2.3	2	2.10
木材加工品和家具	2.8	2.8	2.7	-0.60	3.3	3.3	3.3	0.30	2.7	2.7	2.8	1.70	2.2	2.3	2.1	-4.10	2.2	2.2	1.7	-19.50	2.9	3	2.7	-5.70
水的生产和供应	2.8	3.1	2.9	3.90	3.3	3.5	3.1	-8.60	2.7	3	3.1	16.90	2.4	2.8	2.6	10.80	2.6	3.1	2.5	-4.10	3.1	3.3	2.9	-6.10
煤炭采选产品	4.7	5.3	4.8	2.20	5.3	6.2	5.2	-2.10	4.4	4.8	4.8	9.20	4.3	4.7	4.4	2.30	4.3	4.8	4.4	2.40	4.8	4.5	4.3	-11.60
燃气生产和供应	2.8	3	3.4	18.70	3.8	3.4	3.8	0.80	2.2	2.7	3.2	46.80	2.3	2.8	3	28.30	2.3	3.2	3.1	33.30	2.6	2.8	3.2	25.10
电力、热力的生产和供应	4.2	4.4	4.2	0.90	4.8	5.1	4.6	-3.00	3.7	4	4.1	12.10	3.9	3.9	3.8	-2.00	4.1	3.9	3.9	-5.30	4.1	3.8	3.6	-13.10
电气机械和器材	2.6	2.6	2.9	13.00	3.2	3.3	3.4	7.70	2.4	2.4	2.9	19.90	2	2.1	2.4	15.10	2.1	1.9	2	-3.70	3.1	2.6	2.4	-20.00
石油及炼焦产品和核燃料加工品	4.3	4.3	3.8	-9.50	4.9	4.9	4.4	-10.50	3.9	4.2	4	2.40	3.8	3.9	3.1	-17.10	4	4.2	3.1	-21.30	4.3	4.1	3.5	-17.40
石油和天然气开采产品	5	5.1	4.6	-7.60	5.8	5.9	5.3	-8.70	4.5	4.6	4.2	-7.70	4.5	4.7	4.2	-6.20	5	5.3	4.2	-15.70	5	4.8	4.5	-10.70
科学研究和技术服务	2.4	1.9	1.7	-29.50	3	2.1	1.9	-36.50	2.2	1.7	1.7	-21.10	2	1.9	1.5	-25.60	2	1.6	1.4	-28.70	2.2	1.9	1.7	-24.70
租赁和商务服务	3.2	3.6	3.6	11.30	3.9	4.1	3.9	-0.60	2.8	3.4	3.8	34.80	2.8	3.3	3.1	11.00	2.7	3.5	3.1	10.10	3.2	3.7	3.6	12.10
纺织品	3.5	3.3	3.6	2.60	4.8	4.4	4.2	-10.90	3.4	3.2	3.6	5.90	2.4	2.4	3	25.90	2.6	2.3	3.1	22.50	3.7	3.1	3	-19.60

续表

行业	全国 2007年	全国 2012年	全国 2017年	全国 变化率(%)	东部 2007年	东部 2012年	东部 2017年	东部 变化率(%)	中部 2007年	中部 2012年	中部 2017年	中部 变化率(%)	西部 2007年	西部 2012年	西部 2017年	西部 变化率(%)	西北 2007年	西北 2012年	西北 2017年	西北 变化率(%)	东北 2007年	东北 2012年	东北 2017年	东北 变化率(%)
纺织服装鞋帽皮革羽绒及其制品	2.3	2.2	2	−10.80	3	2.9	2.5	−18.10	1.9	1.9	2.1	12.80	1.9	1.7	1.6	−16.00	2	1.7	1.4	−28.70	1.7	1.8	1.5	−8.40
通信设备和计算机及其他电子设备	2.8	3.3	3.7	34.00	4.1	4.6	4.4	6.40	1.9	2.5	3.5	83.10	2	2.7	3.2	56.60	2	2.2	2.2	12.20	2.2	2.5	2.7	25.00
通用和专用设备制造业	2.2	2.5	2.5	13.10	2.6	3.1	3	16.80	2	2.1	2.3	14.10	1.9	2.1	2	7.20	2	1.9	1.9	−4.60	2.2	2	2	−9.40
造纸印刷和文教体育用品	3.8	3.8	3.5	−7.90	4.7	4.4	4	−14.90	3.4	3.7	3.7	6.90	3.1	3.2	2.8	−9.10	3.1	3.1	2.6	−16.40	3.5	3.6	3.2	−9.90
金属冶炼和压延加工品	3.8	3.7	3.8	−1.60	4.4	4.2	4.4	0.60	3.7	3.8	3.8	2.90	3.4	3.2	3.2	−8.00	3.4	3.1	3.2	−6.90	4.2	3.7	3.4	−17.60
金属制品	3.2	3.8	3.9	24.10	4	4.4	4.5	11.80	2.9	3.5	4	39.40	2.5	3.5	3.3	31.00	2.5	3.5	3.2	26.70	3.5	3.7	3.8	6.00
金属矿采选产品	4.9	5.4	5.4	9.50	5.5	6.5	6.7	22.60	4.8	4.9	5.1	6.00	4.5	4.4	4.3	−3.60	4.6	4.3	4.5	−2.30	5.3	4.8	5	−5.40
金融	3.3	3.5	3.3	−2.10	3.9	3.8	3.3	−16.30	3	3.3	3.6	22.20	3	3.4	3	−1.20	2.9	3.6	3.1	3.70	3	3.3	3.3	9.50
非金属矿和其他矿采选产品	3.3	3.5	3.3	1.70	3.8	3.8	3.5	−6.90	3.3	3.6	3.4	5.60	2.8	3.2	3.1	9.90	2.7	3.2	3.1	17.00	3.3	3.4	2.8	−14.60
非金属矿物制品	2.8	2.7	2.7	−5.70	2.8	3	2.8	−0.40	2.9	2.7	2.8	−2.10	2.4	2.4	2.4	0.40	2.5	2.3	2.3	−6.00	2.8	2.6	2.5	−10.80
食品和烟草	2.2	2.5	2.4	6.50	2.5	2.8	2.5	−12.50	2.2	2.8	2.8	24.00	2	2.1	2	0.80	2.1	2.1	1.9	−7.50	2.5	3	2.9	18.10
未加权平均值	2.9	3	3	1.10	3.5	3.5	3.3	−4.70	2.7	2.9	3.1	11.80	2.5	2.7	2.6	0.70	2.6	2.7	2.5	−5.00	3	2.9	2.8	−4.30
标准差	1	1.1	1	6.30	1.2	1.3	1.2	5.80	0.9	0.9	1	10.70	0.9	1	0.9	1.20	0.9	1.1	0.9	1.20	1.1	1	0.9	−14.20

第五章 中国制造业全球价值链地位变迁

自 20 世纪 90 年代开始，中国制造业凭借规模和成本优势，通过承接全球价值链中的劳动密集型产业，不断参与全球价值链的分工。中国在加入全球价值链的过程中获益匪浅，全球价值链参与程度也越来越高，逐步实现了经济的跨越式发展，并迅速成为全球性的制造业大国。然而，在以利益分配为核心的全球价值链中，发达国家利用自身的技术优势及市场规模优势，对发展中国家进行纵向压榨，获得了大部分的分工和贸易利得，中国也不例外地受到了一定的影响。本章基于前文中全球价值链测算方式，对中国制造业全球价值链地位变迁进行实证分析，主要内容包括中国制造业全球价值链分工地位核算、影响因素以及制造业全球价值链地位变迁对中国经济增长的影响，并深入分析中国制造业全球价值链参与情况。

一、中国制造业全球价值链分工地位及其核算

21 世纪的前十年，中国制造业对外依赖程度进一步提高，但在嵌入全球价值链分工体系时被"低端锁定"，参与全球利益分割的程度低。随着制造业大规模外流和世界经济服务化趋势加快，中国经济的供给侧结构性改革迫在眉睫。而研判国内制造产业在全球价值链分工体系中的参与方式和位置对于中国经济结构性改革和融入全球治理有着重大意义。

（一）中国制造业总出口附加值分解

制造业的产业升级问题应纳入世界经济的范畴，解析在全球生产网络中的分工位置和在全球价值链中的附加值来源。基于总出口附加值的解析是研究一国制造业嵌入全球价值链位置的重要视角。通过对全球价值链参与（GVC – Participation）指数、全球价值链地位（GVC – Position）指数、国内附

加值比较优势（RCA – DVA）指数的分析来研判中国制造业嵌入全球价值链的方式和历史演进。

1. 总出口附加值分解

Koopman et al.（2010）把总出口分解为国内附加值、从国外返回的国内附加值以及国外附加值（国内附加值和国外附加值部分继续细分为最终产品和中间品投入）三个大部分，以明确出口附加值的来源与去向。而 TiVA 数据库则把从国外返回的国内附加值部分划入国内附加值部分，国内附加值部分由国内直接附加值、国内间接附加值和从国外返回的国内附加值三个小部分组成，国外附加值单列。综合 Koopman 等人的研究和 TiVA 数据库，确定总出口附加值的分解框架（如表 5 – 1 所示）：

$$EXGR = DVA + FVA = (DVA - DIR + DVA - FX + RIM) + FVA =$$
$$(DIR - FNL + DIR - INT) + (FX - FNL + FX - INT) + RIM +$$
$$(FVA - FNL + FVA - INT)$$

$$(5 – 1)$$

表 5 – 1　总出口附加值分解

总出口（$EXGR$）					
国内附加值部分（DVA）				国外附加值部分（FVA）	
被进口国直接吸收的部分（$DVA – DIR$）		被第三国间接吸收的部分（$DVA – FX$）	从国外返回的	最终产品（$FVA – FNL$）	中间品（$FVA – INT$）
最终产品（$DIR – FNL$）	被进口国用来生产最终产品的中间品投入（$DIR – INT$）	被第三国用来生产最终产品的中间品投入（$FX – FNL$） 被第三国用来生产中间品的中间品投入（$FX – INT$）	国内附加值（RIM）		

注：根据 Koopman 等（2010）研究与 TiVA 数据库整理而得。

2. 数据来源及分类

附加值贸易（Trade in Value Added，TiVA）数据库由 OECD – WTO 联合发布，旨在更好地追踪全球生产网络和供应链。TiVA 数据库包含一系列衡量国际贸易流量和最终需求的附加值指标。该数据库来源于 OECD 国际投入产出（ICIO）数据库，共收录了 63 个国家。其中，1995—2011 年的相关数据来自 TiVA 数据库 2016 版，2012—2014 年相关数据来自 TiVA Nowcast，并以最新的 TiVA 基准年（2011 年）进行估计预测。

参考 OECD 对制造业的研发密度的研究分类，本书选取 TiVA 数据库中 12 大门类制造业行业，并将其划分为低技术（LL）、中低技术（ML）、中高技术（MH）和高技术（HH）四个技术层次（如表 5 - 2 所示）。其中低技术制造业包括食品、饮料及烟草业，纺织品、皮革及制鞋业，纸、木材制品及印刷业和其他制造业及回收加工业四个行业，大多具有劳动密集型特征；中低技术制造业包括石油加工及炼焦业、橡胶塑料制品业、非金属矿制品业、金属制品业四个行业，大多具有资源密集型特征；中高技术制造业包括化学及化工业、机械设备制造业、运输设备制造业三个行业；高技术制造业则为电子和光学仪器制造业。

表 5 - 2　制造业产业代码、名称及技术分类

分类代码	产业名称	技术分类
C15T16	食品、饮料及烟草业	低技术
C17T19	纺织品、皮革及制鞋业	低技术
C20T22	纸、木材制品及印刷业	低技术
C23	石油加工及炼焦业	中低技术
C24	化学及化工业	中高技术
C25	橡胶塑料制品业	中低技术
C26	非金属矿制品业	中低技术
C27T28	金属制品业	中低技术
C29	机械设备制造业	中高技术
C30T33	电子和光学仪器制造业	高技术
C34T35	运输设备制造业	中高技术
C36T37	其他制造业及回收加工业	低技术

（二）中国制造业嵌入全球价值链的分工参与程度及嵌入位置

1. 中国制造业嵌入全球价值链的分工参与程度

基于对总出口附加值的分解，Koopman et al.（2010）提出了"GVC 参与

指数（GVC – Participation Index）"，GVC 参与指数被定义为总出口中间接附加值和包含的国外附加值二者之和所占比重

$$GVC – Participation_{ir} = \frac{IV_{ir}}{E_{ir}} + \frac{FV_{ir}}{E_{ir}} \qquad (5-2)$$

IV_{ir} 表示 r 国 i 产业的间接附加值出口，即 r 国 i 产业出口到别国的中间品贸易额；FV_{ir} 表示 r 国 i 产业最终产品出口中所包含的外国进口中间品价值；E_{ir} 表示 r 国 i 产业以附加值来计算的出口额。其中，$\frac{IV_{ir}}{E_{ir}}$ 表示 r 国 i 产业总出口中间接附加值所占比重，为 GVC 前向参与（Forward Participation）指数，$\frac{FV_{ir}}{E_{ir}}$ 表示 r 国 i 产业总出口中包含的国外附加值所占比重，为 GVC 后向参与（Backward Participation）指数，通常也被作为出口中的国外附加值率或垂直专业化率（VSS）；二者之和即为 GVC 参与指数，表示一国参与全球价值链分工体系的程度。

IV 选取 TiVA 数据库中总出口包含的国内中间品间接附加值部分（IDC）和返回国内的国内附加值出口部分（RIM）之和来近似替代间接附加值，FV 选取 TiVA 数据库中总出口包含的国外附加值出口部分（FVA），E 选取 TiVA 数据库中的总出口（EXGR），单位现价百万美元，时间跨度为 1995—2014 年。

（1）中国制造业总体 GVC 参与指数分析。

中国制造业总体 GVC 参与指数基本保持在 0.74 之上，参与全球价值链分工体系的程度较深。在 2011 年之前，中国制造业深入全球生产网络，参与国际分工，并且在 GVC 参与指数上表现出不断深化的上升趋势。20 世纪 90 年代后半期，国内进行了大规模的国有企业重组改革，导致制造业出口中的国内间接附加值率（前向参与指数）随之小幅下降，尽管国外附加值率（后向参与指数）在增长，但由于出口导向型外贸战略伊始，增长并不明显，两方面的双重因素共同导致了 20 世纪末中国制造业参与全球价值链分工体系的程度减弱。随着中国加入 WTO 和经济全球化的推动，制造业出口中的国外附加值率增长先于国内间接附加值率的增长，国有企业结构的调整为 21 世纪之初

的国内间接附加值增长打下了坚实的基础。2003—2009 年，中国制造业总体的前向参与指数由 0.2447 持续上升到 0.4002，相反，后向参与指数则由 0.5114 持续下降到 0.3911（如图 5-1 所示）。该时期，中国制造业的参与程度并没有出现下滑趋势，这主要得益于国内贡献的间接附加值率增长，而中国制造业也在该阶段出现了由全球价值链下游位置向上游位置攀升的初步势头。但从 2011 年到 2012 年，中国制造业总体的 GVC 参与指数出现大幅下滑，由于世界市场的持续低迷，后向参与指数不断下降，又因为国内产业结构的再次调整，前向参与指数也出现小幅降低。两次供给侧方面的产业结构改革都显著影响了中国制造业参与全球生产网络的分工程度，前向参与变化是第一次（1995—1997 年）下降的主要原因，后向参与变化则是第二次（2012—2014 年）下降的主要原因。

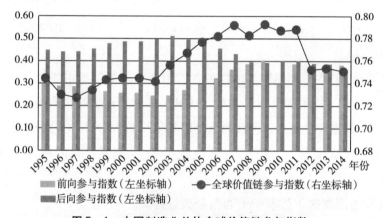

图 5-1　中国制造业总体全球价值链参与指数

中国加工贸易和一般贸易的国外附加值率呈现收敛趋势，制造业在 2003 年以后也表现出后向参与指数的明显下降，中国制造业总体对国外产品和服务的依赖性在一定程度上逐步减弱。随着中国开放市场，吸引大批外资参与中国生产，中国制造业的国内间接附加值增长明显，前向参与全球价值链的势头得到显现。目前的中国更加注重在国内增加制造业出口的附加值。

（2）中国制造业分行业 GVC 参与指数分析。

从中国制造业分行业数据来看，电子和光学仪器制造业、石油加工及炼焦业、化学及化工业参与全球生产分工的程度较深，GVC 参与指数于 2014 年分别为0.8090、0.8078、0.7933。但石油加工及炼焦业作为中低技术制造业，依靠大量的本国间接附加值或国外附加值，也即依靠国内大量的能源资源投入或大批进口国外相关中间品来进行生产，参与全球价值链分工体系的程度在持续下降。相反，中高技术的化学及化工业与高技术的电子和光学仪器制造业表现出参与度整体上升的趋势，但从2012年开始出现微幅下降，这主要是由于来自国外的附加值率下降。有研究表明，机械运输设备、电子和光学仪器设备制造业的国内附加值率年均增长速度由2000年的43%上升到了2014年的90%，而有色金属冶炼行业则呈现出下降的趋势。中国制造业已经在技术含量较高的行业开始以前向参与的方式深入全球生产网络，直接表现为该行业的国内间接附加值率上升，国外附加值率下降，以国内的生产来满足国内中间品的投入，减少对国外的依赖。非金属矿制品业却表现出极低的国际参与程度，多是因为国外附加值率很低，中国在玻璃、陶瓷、石材这些方面多是自给自足，即使出口这类产品，隐含的国内间接附加值也不高。

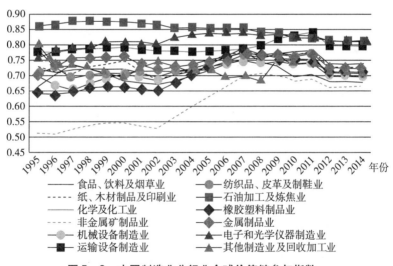

图5-2　中国制造业分行业全球价值链参与指数

其余行业的GVC参与指数多集中在0.65～0.75，其中的低技术制造业并没有很高的参与程度，这类行业多是以劳动密集型产业为主，依靠劳动力优势承接国际转移，参与分工的能力有限。而中高技术制造业整体要略高于中低技术制造业。总体来看，中国制造业依据技术层次，表现为全球价值链参与程度按技术含量由高向低的递减。

（3）制造业全球价值链参与程度的国际比较。

中国在 1995 年、2001 年、2008 年、2011 年的 GVC 参与指数排名分别为第 2 位（0.7443）、第 4 位（0.7445）、第 2 位（0.7826）、第 3 位（0.7874），在全球中拥有极高的生产参与程度，东南亚的一些国家和中国香港也有着极高的排名，开放力度很大。而世界发达经济体，如美国、英国、德国、日本等连续多年在 GVC 参与指数中的排位都很不理想。原因在于这些国家在某些领域或行业拥有绝对高的生产分工地位，充分发挥着国际比较优势，但制造业总体并不明显，比如日本的高技术层次的电子和光学仪器制造业。中国和一些新兴发展中国家则表现出制造业各行业的 GVC 参与指数都相对较高的分工参与特征。而发达国家经历过"相对粗放集中"的参与后会充分突出本国优势制造产业。

表 5 – 3　2014 年制造业全球价值链参与指数排名前 30 位国家（地区）

排名	国家（地区）	全球价值链参与指数	排名	国家（地区）	全球价值链参与指数
1	中国香港	0.7938	16	哥斯达黎加	0.7302
2	越南	0.7858	17	巴西	0.7273
3	马来西亚	0.7804	18	南非	0.7253
4	斯洛伐克共和国	0.7702	19	新加坡	0.7246
5	冰岛	0.7688	20	波兰	0.7241
6	荷兰	0.7677	21	葡萄牙	0.7179
7	保加利亚	0.7517	22	立陶宛	0.7130
8	中国	0.7511	23	泰国	0.7118
9	捷克共和国	0.7481	24	爱沙尼亚	0.7087
10	比利时	0.7470	25	韩国	0.7037
11	匈牙利	0.7454	26	土耳其	0.7024
12	印度	0.7416	27	墨西哥	0.7016
13	法国	0.7401	28	突尼斯	0.7004
14	芬兰	0.7348	29	阿根廷	0.6975
15	挪威	0.7303	30	中国台湾	0.6973

发达资本主义国家虽然在全球生产网络中占据主导位置，但从时间序列来看，其全球价值链参与指数相对较低、排名靠后。1995—2014 年，美国和

德国的 GVC 地位指数最大值分别为 0.6172 和 0.6386，最小值分别为 0.5607
和 0.5745。而新兴发展中国家近年来则表现出较高的全球价值链参与指数，
如中国、印度和巴西，1995—2014 年的 GVC 参与指数的平均数分别为
0.7271、0.7146 和 0.6900。究其原因，多是新兴发展中国家拥有巨大的市场
和生产要素禀赋，在嵌入全球生产网络中多承担加工组装的角色，必然伴随
着巨大的货物吞吐量，国内间接附加值和来源于国外的附加值高于发达国家，
而发达国家则控制关键节点就可以主导整个产业链，产品的国内直接附加值
占比较大。2011 年，中国的国内附加值（直接与间接）仅占总出口的
12.5%，而作为全球制造强国的美国和德国的指标分别为 18.6% 和 18.9%。
因此参与程度并不能反映一国在全球生产网络的制高点位置。

2. 中国制造业在全球价值链中的嵌入位置

基于全球价值链参与指数的分析，我们只能依据出口附加值来判断一国
制造业参与全球生产网络的程度和演进变迁，却无法准确判断该国制造业在
全球价值链中的嵌入位置与国际竞争力。

在 Daudin（2009）对一国出口产品全部价值按照 GVC 进行"附加值"分
解的基础上，Koopman et al.（2010）提出测算一国某产业在 GVC 所处国际分
工地位的具体指标——GVC 地位指数（GVC – Position Index）。

$$GVC - Position_{ir} = \ln(1 + \frac{IV_{ir}}{E_{ir}}) - \ln(1 + \frac{FV_{ir}}{E_{ir}}) \qquad (5-3)$$

$GVC - Position_{ir}$ 表示 r 国 i 产业在全球价值链分工中的位置。IV_{ir} 表示 r 国 i
产业的间接附加值出口，即 r 国 i 产业出口到别国的中间品贸易额；FV_{ir} 表示 r
国 i 产业最终产品出口中所包含的外国进口中间品价值；E_{ir} 表示 r 国 i 产业以
附加值来计算的出口额。该指标数值越大，表示一国或地区的某一产业越靠
近全球价值链分工体系的上游位置；数值越小，表示一国或地区的某一产业
越靠近全球价值链分工体系的下游位置。

（1）中国制造业总体 GVC 地位指数分析。

由于中国出口中的国内间接附加值率先降后升而国外附加值率先升后降，
中国制造业 GVC 地位指数呈现"V"形或"L"形发展趋势。整体来看，中

国制造业 GVC 地位可分为三个发展阶段。第一阶段为 1995—2003 年，中国制造业 GVC 地位指数持续下滑，到 2003 年降到最低点 - 0.1942，该时期是中国实施出口导向型战略的初期，以"大进大出、两头在外"的组装加工贸易方式为主，直接表现为制造业出口中的国内附加值率不断降低，而国外附加值率持续上升，中国参与全球生产网络的程度加深，但分工地位却不断向低附加值的下游转移。第二阶段为 2004—2009 年，中国在承接大量劳动密集型和资源密集型产业后开始国内产业结构的调整，并在全球化进程加快的浪潮下，持续深入全球生产分工，减少对国外附加值的依赖，增加国内附加值，中国制造业整体呈现向全球价值链上游位置的攀升。截至 2009 年，中国制造业 GVC 地位指数表现出标准的"V"形发展趋势。第三阶段为 2009 年以后，随着世界金融危机的爆发，经济疲软波及全球，进出口贸易受阻严重，中国制造业的出口附加值率下降，其中国外附加值率的下降幅度大于国内间接附加值，中国制造业参与全球生产网络的程度被迫削弱，但在"休养生息"的同时仍表现出微弱的全球生产分工地位的上升，2014 年中国制造业 GVC 地位指数继 2009 年（0.0065）再创新高，测算值为 0.0114。由图 5 - 3 不难发现，中国制造业 GVC 地位指数呈现出"右偏 V"形（右长尾）的发展态势，近年来的供给侧结构性改革不会阻碍制造业的转型和国际分工细化的大趋势；相反，在一段时期的结构调整之后，中国制造业在全球生产网络中的分工位置将会得到提升，价值链攀升的动力也将更加强劲。

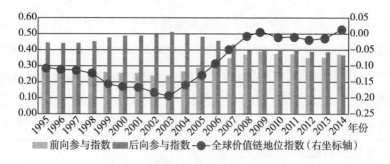

图 5 - 3 中国制造业总体全球价值链地位指数

（2）中国制造业分行业 GVC 地位指数分析。

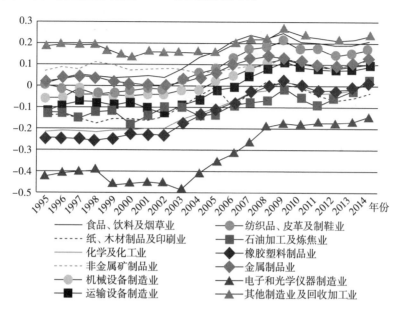

图 5-4 中国制造业分行业全球价值链地位指数

从图 5-4 中国制造业分行业的 GVC 地位指数来看，1995—2014 年中国制造业在全球价值链中的国际分工地位表现出向上游转移的特征。1995—2002 年，该时期是中国实施出口导向型经济发展的战略初期，工业化水平低，低技术制造业的 GVC 地位指数高于中低技术、中高技术和高技术制造业，价值链上下游位置依据技术含量分割明显，主要出口的产品为原材料和耗费大量劳动力与资源的部分中间品，附加值极低。2003—2009 年，中国已经加入 WTO，对外开放力度持续加大，参与全球生产网络的程度不断加深，制造业各行业的 GVC 地位指数出现了显著的攀升，制造业的国内间接附加值增长速度大幅超过来自国外附加值的增长，中国制造业在价值链中逐步缓慢向上游转移，机械设备制造和运输设备制造行业在该阶段从下游向上游攀升的趋势显著，但以电子和光学仪器制造为代表的高技术制造业仍处于下游位置，高端环节攀升动力不足。2010年以后，由于国际金融危机的负面影响，全球市场疲软，中国产业急需进行调整转型以应对不景气的国际市场，中国制造业基本确定了以低技术行业占领全球价值链相对上游位置、高技术行业努力攀升的格局。

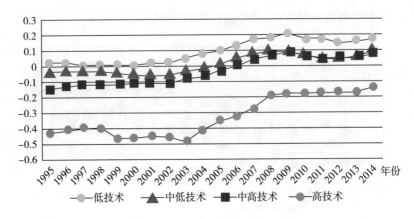

图 5-5　中国制造业分技术全球价值链地位指数

　　中国制造业各行业在国际分工格局中的地位明显，以劳动密集型行业为代表的低技术制造业的 GVC 地位指数始终最高。按照技术等级分类，低技术、中低技术、中高技术和高技术制造业的 GVC 地位指数表现出显著的水平差异，越是技术含量低的制造行业，其参与全球价值链的地位指数就越高，而以电子信息和光学仪器为代表的高技术制造行业的 GVC 地位指数始终小于 0，即国内间接附加值比重小于国外附加值比重，技术复杂度越高的产业对进口投入的依赖性就越强。进入 21 世纪以后，除高技术以外的三类制造业都表现出明显的 GVC 地位指数攀升，加入 WTO 并积极参与全球化是其主要原因，出口导向型的外贸战略使得国内丰富的劳动力资源得到充分发挥。而 2003 年以后，高技术制造业 GVC 地位指数迅速上升，这主要得益于中国对科技创新以及高端人才的重视，但国内附加值部分仍然来源于人力资本；但在近年来表现出疲软的态势，可能是由于全球经济不景气和中国目前并没有形成较为成熟的科技创新机制所导致的，再加上供给侧结构性改革使得产业转型的表现更加不明显，甚至出现停滞现象。中国高技术制造业的 GVC 地位指数出现了"先降后升"的变化特征，且明显为负，这表明了中国高技术制造业位于 GVC 相对下游位置，即主要通过进口大量中间品参与全球价值链组装加工低端环节。

　　综合行业分解和技术分类的研究可知：中国制造业在 20 世纪 90 年代依

靠丰富的自然资源和廉价的劳动力直接嵌入全球价值链的低附加值节点，以加工组装环节为突破口，承接发达国家的产业转移，主要表现为低技术制造业的 GVC 地位指数略高于其他制造业行业。进入 21 世纪，中国制造业在原有的全球价值链节点上进行攀升，通过"干中学"不断提升国内附加值，特别是间接附加值部分，深入参与全球生产网络。目前，中国正在进行供给侧结构性调整，以劳动力和原材料为贡献来源的低技术制造业的价值链地位攀升有限，且同其他行业相比已处于较高位置，在该轮改革中，以中高技术和高技术制造业为代表的研发创新和品牌运营将会是接下来持续嵌入全球价值链高端环节的发力点。

（3）制造业全球价值链地位的国际比较。

从表 5-4 可以看出，中国制造业在全球的分工地位并不高，"金砖五国"中只有中国被挤出 20 名之外，2014 年排名第 23 位，GVC 地位指数仅为 0.0114，远低于第一名的印度尼西亚（0.2994）。美国、日本、意大利是世界制造业强国，位于前 20 位，国际分工程度与全球价值链地位理应很高，但排名并不理想；英国、德国制造业 GVC 地位指数甚至低于中国水平。相反，印度尼西亚、巴西、印度、沙特阿拉伯和俄罗斯却名列前 10 位，这些国家的制造业占据极高的全球价值链地位。从 2014 年的截面数据来看，GVC 地位指数靠前的国家分为两大类，一类是西方传统发达国家与新兴经济体，这些国家依靠先进的技术和管理经验强势占据全球生产网络的高端节点；另一类是自然资源禀赋充裕的国家，这些经济体依靠初级产品的上游投入（自然资源在制造业生产过程中作为一种极为重要的要素投入）来增加国内间接附加值，同时这些国家从事资源密集型制造业又会挤出一定的国外附加值，这是由资源密集型产品的特征决定的。大部分亚洲发展中国家（中国、越南、泰国、南亚一些地区），还有墨西哥以及后来加入欧盟的一些国家通常会使用大量的进口品来生产出口的最终产品，然而大部分发达国家和出口自然资源的国家（俄罗斯、印度尼西亚）在很大程度上生产出口的中间品。东亚国家生产的那些被国外进口者直接吸收的中间品表现出非常低的国内附加值。相反，这些国家生产的再出口给第三国的中间品却表现出大量的国内附加值，尽管这部分附加值在国内附加值中占比较小，但是在出口的国内附加值中却占据着大量的份额，因此这些东亚国家被称为亚洲新兴工业化国家。

表 5 - 4　2014 年制造业全球价值链地位指数排名前 30 位国家（地区）

排名	国家（地区）	全球价值链地位指数	排名	国家（地区）	全球价值链地位指数
1	印度尼西亚	0.2994	16	土耳其	0.0608
2	巴西	0.2863	17	意大利	0.0572
3	印度	0.2839	18	智利	0.0541
4	阿根廷	0.2657	19	罗马尼亚	0.0254
5	新西兰	0.2215	20	法国	0.0250
6	沙特阿拉伯	0.2098	21	丹麦	0.0217
7	俄罗斯联邦	0.2096	22	克罗地亚	0.0183
8	秘鲁	0.1969	23	中国	0.0114
9	哥伦比亚	0.1846	24	以色列	0.0046
10	美国	0.1343	25	菲律宾	- 0.0059
11	澳大利亚	0.1300	26	德国	- 0.0084
12	日本	0.1217	27	哥斯达黎加	- 0.0166
13	南非	0.0923	28	英国	- 0.0169
14	瑞士	0.0707	29	冰岛	- 0.0279
15	挪威	0.0693	30	奥地利	- 0.0411

综上所述，依靠先进的技术与管理经验和从事资源型制造品都可以使得一国制造业在全球价值链中向上游位置转移。前者是通过技术升级来转型产业，是一种可持续的常规路径；后者则是通过自然资源来生产用于下游加工的中间品，同样使得出口产品表现为上游位置的特征，但是以牺牲环境换取的虚高国内间接附加值，是伪的价值链攀升，是一种不可持续的发展方式。1995 年，中国制造业 GVC 指数排名第 56 位，到 2008 年升至第 24 位，表现出上升的趋势。中国对资源密集型集中的中低技术制造业管制严格，从事资源型初级制造品对于中国制造业 GVC 地位的攀升影响并不明显，更多是基于技术创新和管理经验变革所带来的国际生产分工演进，但目前中国制造业出口中仍隐含了大量的国外附加值。

（三）中国制造业在全球价值链中的国内附加值竞争力

传统的显性比较优势（Revealed Comparative Advantage，RCA）指数是指一国部门的出口占总出口的比重相对于全球该部门出口在全球总出口中比重的比较值。从全球价值链分工视角来看，传统的 RCA 指数并没有反映出部门出口中的国内间接附加值和国外附加值部分。基于传统总值核算法测度的制造业 RCA 指数与基于贸易附加值核算的 RCA 指数大相径庭，在细分产业并研究产业国际竞争力时容易产生统计意义上的"幻想"。价值链分割程度较高的行业，传统总值核算法对贸易数据的扭曲与失真更为严重，电子与光学仪器制造业的总值贸易与附加值贸易的背离程度高达 260.35%。因此，王直、魏尚进和祝坤福（2015）提出了一种测度国内和国际生产分工的显性比较优势新指标（RCA – Value Added）。本书借鉴 RCA – Value Added 指数并定义新的RCA 指数以包含一国部门出口的间接附加值并剔除国外附加值部分

$$RCA - DVA_i^r = \frac{(DDV_i^r + IDV_i^r + RIM_i^r) / \sum_i^n (DDV_i^r + IDV_i^r + RIM_i^r)}{\sum_r^G (DDV_i^r + IDV_i^r + RIM_i^r) / \sum_r^G \sum_i^n (DDV_i^r + IDV_i^r + RIM_i^r)}$$

$$= \frac{DVA_i^r / \sum_i^n DVA_i^r}{\sum_r^G DVA_i^r / \sum_r^G \sum_i^n DVA_i^r} \tag{5 - 4}$$

$RCA - DVA_i^r$ 表示一国某部门国内附加值占该国出口中总的国内附加值相对于全球出口中的该部门附加值占全球出口中总的国内附加值的比较值。若 $RCA - DVA_i^r > 1$，表示该国该部门具有显性比较优势；$RCA - DVA_i^r < 1$，表示该国该部门不具有显性比较优势。

低技术制造业在国际市场上具有极强的国内附加值竞争力，但竞争能力的下降态势明显。低技术制造业以劳动和资源密集型产业为主，科技含量极低。新世纪之交，中国依靠廉价的低技能劳动力和丰富的自然资源承接了大量低附加值制造产业，这些产业的国内附加值大多来源于简单的人工劳力和低价的初级资源。随着中国劳动力优势的逐步丧失和环境规制力度的加大，这类产业的国际竞争力极其有限。

中低技术制造业的国内附加值竞争力一直围绕着 1.0 较为平稳地波动，

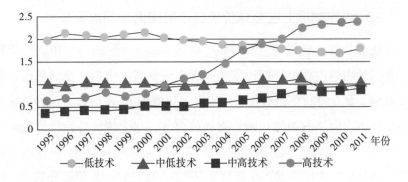

图5-6 中国制造业分技术的国内附加值竞争力指数

其中大多是一些依靠一国能源资源发展的中低端制造业，如炼焦与石油开采、金属制品等，人力资本投入和科学技术创新在短期内对该类产业的影响极小。中国幅员辽阔、物产丰富，拥有较为充裕的资源禀赋，但人均拥有量又不是那么高，因此，该类产业的国内附加值在全球市场上表现为一定的竞争力优势，大多产品以初级产品和中间品的形式呈现。

中高技术和高技术制造业表现出明显的国内附加值竞争力上升趋势，其中以电子信息与光学仪器制造为代表的高技术产业优势更为凸显。在2001年中国加入WTO后，低技术与高技术制造业在国内附加值方面的国际竞争力表现出截然相反的走势，而这些国内附加值的增长依然来源于国内丰富的劳动力，很可能是由于低技术制造业的要素市场日趋饱和而转移了少部分加工组装活动到高技术制造业，随着城镇化进程加快和工人技能的提升，更多的劳动力参与到高技术制造生产中，但贡献国内附加值的本质源头依然是加工组装环节。截至2011年，高技术制造业的国内附加值竞争力为2.38，在国际市场表现出极强的竞争优势，高于同期的低技术（1.78）、中低技术（0.96）和中高技术（0.91）制造业指标。

基于对国内附加值（DVA）的国际竞争力分析，低技术和高技术制造业表现出极强的国际竞争优势，但下降和上升趋势不同，国内要素投入已经开始从技术含量低的产业向技术含量高的产业转移，制造业整体仍对处于全球价值链上游高端节点的研发设计和下游高端节点的品牌运营把控不足。而中高技术制造业的国内附加值竞争力也在上升，尤其是以通用设备和交通运输设备为代表的产业在国际上逐渐表现出竞争优势。中国应在供给侧结构性改革中把中高技术产业和高技术产业作为制造业转型升级的突破口，在增加国际竞争力的同时快速占据全球价值链的高附加值环节。

基于以上对总出口附加值的分解，中国制造业在全球价值链上的分工位置和升级状态得以解析。针对中国制造业在全球生产网络中所处的境况，作出以下总结：

从制造业整体来看，中国制造业整体参与全球价值链分工体系的程度较深，并表现出深入全球生产网络的趋势在不断上升；在 2009 年之前，中国制造业出口中的国外附加值率高于国内附加值率，从事低价值环节的组装加工，近年来国内附加值逐步成为中国制造业总出口价值来源的主体部分；中国制造业 GVC 地位指数呈现"右偏 V"形发展趋势，经历过粗放嵌入全球生产网络的阶段，国际分工地位表现出向上游攀升的特征，正反转提升其国际分工地位。

从分行业来看，中低技术制造行业参与全球价值链分工体系的趋势在下降，相反，中高技术则表现出上升趋势，中国制造业已经在技术含量较高的行业开始以前向参与的方式深入全球生产网络，而低技术制造业并没有表现出很高的参与程度；目前，中国低技术制造业的国际分工地位相对于高技术制造行业较高，但技术含量越高，在这 20 年间的国际分工地位攀升幅度越大，高技术制造行业在全球价值链中的攀升越为强劲，这多源于技术进步。

从国际比较来看，中国制造业全球价值链参与程度位居世界前列，开放程度之大，这是发达国家在早期价值链攀升中普遍具有的表现，但经历粗放参与后要突出本国优势产业；中国制造业在全球价值链中的分工地位还相对很低，与位居前列的参与程度相差甚远，中国制造业在不断开放并融入全球生产网络的过程中，获取的附加价值相对较少，中间投入品多来自国外，不过这种境况正在改善但进度较为缓慢。

从国内附加值竞争力来看，高技术制造业的国内附加值竞争力提升显著，中高技术制造行业次之，低技术制造行业的指标虽然普遍较高，但呈下降趋势。

中国制造业的发展已经经历了翻天覆地的变化和快速、大规模的变革，虽然制造业产业在国内发展的过程中也取得了不少的成效，产业体系日趋强大，也有一定的市场占有率，全球化趋势也逐渐明显，但在嵌入全球价值链的进程中遭到了以发达国家领导型跨国企业为代表的低端锁定困境。中国国内的制造业企业在产业转型升级的过程中必须要突破低端锁定困境，由全球价值链的低端节点向高端节点不断攀升，在嵌入全球价值链的高端生产环节后积极参与全球价值链分工体系的治理，而突破困境进行攀升的过程是实现产业转型升级的关键。

二、中国制造业升级影响因素——出口附加值分解视角

制造业全球价值链地位转变的前提是产业结构升级。而全球价值链视角下的制造业转型升级有着其特有的内在逻辑，需要在制造业出口附加值分解的基础上揭示国际分工效应和知识溢出效应对制造业全球价值链升级的重要影响。

（一）模型设定

基于全球价值链视角下制造业升级的作用机制梳理，中国制造业升级影响因素的计量检验方程设定如下：

$$Upgrading_{i,t} = \beta_0 + \beta_1 \ln Capital_{i,t} + \beta_2 \ln Labor_{i,t} + \beta_3 \ln A_{i,t} + \beta_4 Position_{i,t} +$$
$$\beta_5 Participation_{i,t} + u_i + \gamma_t + \varepsilon_{i,t} \qquad (5-5)$$

$$Upgrading_{i,t} = \beta_0 + \beta_1 \ln Capital_{i,t} + \beta_2 \ln Labor_{i,t} + \beta_3 \ln A_{i,t} + \beta_4 Position_{i,t} +$$
$$\beta_5 Participation_{i,t} + \beta_6 Position_{i,t} \ln A_{i,t} + \beta_7 Position_{i,t} \ln Labor_{i,t} +$$
$$\beta_8 Position_{i,t} \ln Capital_{i,t} + u_i + \lambda_t + \varepsilon_{i,t} \qquad (5-6)$$

式中 i 是行业代码，t 表示时间；$Upgrading$ 为被解释变量，反映制造业升级，$Capital$ 与 $Labor$ 为控制变量，分别反映资本与劳动，A 表示技术进步，$Position$ 表示全球价值链地位指数，$Participation$ 表示全球价值链参与指数；β_0 为截距项，u_i 表示不可观测的行业个体效应，γ_t 表示时间效应，$\varepsilon_{i,t}$ 表示随个体与时间变动而改变的扰动项。

（二）变量选取与数据说明

（1）制造业升级指标（$Upgrading$）。

选用上述基于国内附加值的显性比较优势指数（$RCA-DVA$）作为计量估计的被解释变量，反映中国制造业的升级状况，一般认为 $RCA-DVA$ 指数在

变大，制造业在升级。

（2）资本投入（*Capital*）。采用规模以上工业企业的固定资产原价来对方程进行控制，并以 2005 年为基期的中国固定资产价格指数进行数据平减。

（3）劳动投入（*Labor*）。采用规模以上工业企业的平均用工人数来对方程进行控制。

（4）技术进步（*A*）。采用规模以上工业企业 R&D 经费内部支出，并以 2005 年为基期的中国工业品出厂价格指数进行数据平减。

（5）全球价值链分工程度（*Position & Participation*）。采用上述基于出口附加值分解的 GVC 地位指数与 GVC 参与指数纳入方程中进行计量估计。

研究对象为分行业的规模以上工业企业，资本投入、劳动投入、技术进步、价格指数数据分别来自 2006—2015 年的《中国工业经济统计年鉴》《中国科技统计年鉴》以及《中国统计年鉴》。由于 TiVA 数据库对产业的划分标准与中国工业行业分类标准不同，统计口径有所出入，以 TiVA 数据库对产业的分类为准，并进行对接处理，将制造业行业分为 11 大类。

（三）实证检验

从经济理论的角度看，随机效应模型比较少见，即不可观测的随机误差通常会对解释变量有一定影响。对于模型选择的检验，首先进行全样本（ALL）BP – LM 检验，检验 P 值为 0.0000［chibar2（01）= 271.68］，故强烈拒绝原假设，选择随机效应模型；其次进行 Hausman 检验，其检验 P 值为 0.0926［chi2（5）= 9.44］，认为应该选择固定效应模型。综上，本文在制造业相关实证估计中采用固定效应模型进行计量检验。

1. 初始检验

首先对模型方程（5 – 5）进行初始检验。表 5 – 5 中第（1）列是针对制造业全样本（ALL）的固定效应估计结果，第（2）列是针对制造业全样本的随机效应估计结果；第（3）列到第（5）列依次是针对低技术制造业（LT）、中低技术制造业（MLT）和中高与高技术制造业（MHTHT）的估计结果。固定效应与随机效应的估计结果相差不大，但固定效应的设定能够允许解释变量与扰动项相关，限制条件更宽松，更符合数据实际。考虑到行业与时间的差异，在全样本（ALL）回归中，劳动投入、科技投入与全球价值链地位指数的系数显著为正，而资本投入和全球价值链参与指数的系数显著为负。由此可见，中国制造业的固定资产投入相对过剩，边际报酬递减效应显现，单方面增加资本投入数量不利于中国制造业的国际竞争力提升；一味地加大开放力度，提升国际分工参与度也不利于国际竞争力的提升，而很可能会陷入"低端锁定"的困境。相反，劳动投入、科技投入和全球价值链分工地位的改善将会显著地提升中国制造业在全球的国际竞争力，这些因素的改变将有利于中国制造业的产业升级。

资本投入、全球价值链地位指数与参与指数的增加对低技术制造业的升级有着显著的负向影响，劳动投入和科技投入则明显提升其国际竞争力。低技术制造业需要大量的劳动投入进行生产，开放程度的加深不利于这些产业走向世界是由于国内廉价劳工的人口优势在消失，也反映出近年中国低附加值的加工组装制造业外迁东南亚地区。科技投入对中低和中高与高技术制造业的升级有明显的促进作用，国际分工地位的提升对中高与高技术制造业有着较为显著的正向推动，而低技术制造业正与此相反，对技术进步依赖较强的行业需要在开放的大环境下不断提升分工地位，获取更多的国内附加值率，有利于该行业的国际竞争力提升和整体升级。

表5－5　初始检验

$RCA-DVA$	(1)	(2)	(3)	(4)	(5)
	ALL	ALL	LT	MLT	MHTHT
ln$Capital$	-0.291 ***	-0.297 ***	-2.514 ***	-0.245 *	-0.438 ***
	(-3.65)	(-3.65)	(-4.90)	(-1.89)	(-3.76)
ln$Labor$	0.275 *	0.37 **	4.019 ***	-0.234	0.911 ***
	(1.82)	(2.48)	(28.72)	(-0.52)	(4.76)
ln$A$	0.218 ***	0.204 ***	0.761 **	0.322 ***	0.198 ***
	(4.13)	(3.84)	(2.16)	(3.21)	(3.19)
$Position$	1.404 ***	1.268 ***	-2.918 ***	0.818	1.03 *
	(3.78)	(3.40)	(-4.66)	(0.89)	(2.63)

RCA – DVA	(1)	(2)	(3)	(4)	(5)
	ALL	ALL	LT	MLT	MHTHT
Participation	−2.656***	−2.734***	−6.235**	−1.904**	−1.454***
	(−4.67)	(−4.72)	(−2.2)	(−2.21)	(−3.41)
Constant	3.182**	2.777**	0.425	4.651***	−0.573
	(3.81)	(3.20)	(0.15)	(2.27)	(−0.58)
Within/Overall – R²	0.568	0.566	0.978	0.414	0.946
Sector	Fixed	Random	Random	Fixed	Fixed
Year	Fixed	Random	Random	Fixed	Fixed
N	1210	1210	330	440	440

注：*、**和***分别表示在10%、5%和1%的水平上显著；系数下的（　）内为 t − 统计量或 z − 统计量；计量检验使用 Stata SE 12.0 软件。以下表中同。

2. 全球价值链视角下的计量检验

在全球价值链视角下，加入资本投入、劳动投入、科技投入与全球价值链地位指数的交互项以后进行再次回归估计，重新考察全球价值链分工地位与产业国际竞争力之间的关系，分析各因素如何影响制造业升级（如表5−6所示）。

表 5 − 6　全球价值链视角下的计量检验

RCA – DVA	(1)	(2)	(3)	(4)	(5)
	ALL	ALL	LT	MLT	MHTHT
lnCapital	−0.334***	−0.399***	−7.5*	−0.189	−0.108
	(−3.45)	(−3.28)	(−2.03)	(−0.78)	(−0.94)
lnLabor	0.355**	0.856***	0.977	−0.669	0.429**
	(2.11)	(4.74)	(0.87)	(−1.15)	(2.44)
lnA	0.238**	0.201***	4.993**	0.332*	0.099*
	(3.82)	(2.66)	(2.12)	(1.98)	(1.84)
Position	4.527*	2.739	0.04	−12.776	10.404***
	(1.92)	(0.84)	(0.10)	(−1.40)	(5.11)
Participation	−2.369***	−3.223***	−55.436	−1.973	−1.838***
	(−3.84)	(−3.91)	(−1.71)	(−1.22)	(−4.81)
Position × lnA	0.143**	−0.361	−6.43*	0.657	0.542*
	(2.18)	(−0.71)	(−2.08)	(0.55)	(1.85)

RCA – DVA	(1) ALL	(2) ALL	(3) LT	(4) MLT	(5) MHTHT
Position × lnLabor	− 0. 53	0. 454	− 1. 128	5. 308	1. 194 **
	(− 0. 66)	(0. 41)	(− 0. 80)	(1. 41)	(2. 26)
Position × lnCapital	− 0. 086	− 0. 382	9. 6 *	− 2. 191	− 2. 121 ***
	(− 1. 13)	(− 0. 45)	(2. 01)	(− 0. 99)	(− 4. 48)
Constant	2. 785 ***	1. 094	44. 46 *	6. 541 **	0. 287
	(3. 10)	(1. 05)	(1. 82)	(2. 63)	(0. 36)
Within/Overall – R^2	0. 577	0. 401	0. 717	0. 461	0. 974
Sector	Fixed	Random	Fixed	Fixed	Fixed
Year	Fixed	Random	Fixed	Fixed	Fixed
N	1210	1210	330	440	440

针对中国制造业全样本（ALL）的估计，结果表明科技投入（lnA）作用于全球价值链分工地位（Position）的交互项系数为正，且能够较为显著地提升制造业国际竞争力，推动制造业升级。科技投入加大有利于制造业向高附加值的研发设计环节攀升，出口中的国内附加值率也随之增加，这直接提升该行业在全球价值链中的分工地位，进而提升其在全球生产网络中的国际竞争力，推动其产业升级。中高与高技术制造业也表现出类似的作用路径。但是低技术制造业在该交互项的系数显著为负，数值偏大，这可能是由于低技术制造业对技术创新依赖性不强。科技投入变量对中高技术与高技术制造业的影响没有预期那么显著，且科技投入对国际竞争力提升的系数值偏小，很可能是由于中国该类制造业受到"低端锁定"而弱化了科技投入在中高与高技术制造业中的影响所导致的。但毋庸置疑的是，科技投入的增加会对所有不同技术层次的制造业产生显著的促进效应。表5－6第（5）列的结果还表明中高与高技术制造业依靠加大资本投入而推动的分工地位上升已经不能有效提升其国际竞争力，而依靠劳动投入则相反，这里的劳动投入更多的是基于技术创新的人力资本建设。

三、中国制造业全球价值链地位影响因素

在国际分工不断细化、全球价值链转向价值网络的背景下，制造业的国际地位及其影响因素成为研究焦点。学界对制造业全球价值链影响因素的研究可归纳为整体和行业两个层面。

整体层面，规模经济、制度因素及 *FDI* 被广为关注。胡昭玲（2013）研究发现，改善制度质量和融资条件、增加研发投入以及规模经济和 *FDI* 均有利于提升一国在全球价值链中的分工地位。于津平和邓娟（2014）发现参与垂直专业化分工有利于提高国内产品技术含量从而提升价值链地位。刘海云和毛海欧（2015）分别利用面板回归和门槛回归方法研究技术创新、交易费用、人力资本、外商直接投资以及公共产品对国际分工地位的影响，结果表明只有当人力资本达到一定水平后才能促进国际分工地位提升，而外商直接投资达到门槛水平后对国际分工地位的正向作用反而会消失。物质资本和人力资本的积累、金融信贷规模与创新能力的增强对于一国全球价值链分工地位具有显著的促进作用，且人力资本和物质资本的积累更有助于发展中国家国际分工地位的提升。黎峰（2016）主要从要素禀赋结构、行业出口规模、国内生产配套水平等方面展开了研究；屠年松等（2019）对中国以及东盟国家全球价值链地位及影响因素进行了测度，得出创新能力的提高、高水平的基础设施都能显著地提升中国及东盟国家的全球价值链分工地位。

行业层面的研究则多集中于技术和分工。唐海燕、张会清（2009）以 40个发展中国家的数据为依据，发现以熟练劳动力为代表的人力资本积累有助于提升其在全球价值链中的分工地位；李国学、张宇燕（2010）实证发现，健全的制度和更具兼容性的技术标准会对中国制造业在全球价值链分工中产业结构升级发挥作用；杨高举等（2013）对中国高技术产业和企业的数据进行了实证研究，发现国内的技术创新及物质资本、人力资本等要素的协同性提升，对中国高技术产业的全球分工地位起到关键性的作用，而 *FDI* 的溢出效应则相对有限。马风涛（2015）的研究表明，制造业的劳动生产率、研发强度、熟练劳动力的相对投入比例有助于推动价值链升级。黄灿、林桂军（2017）研究发展中国家分工地位的影响因素，发现自然资源丰裕度、外商直

接投资和研发投入与发展中国家制造业整体的 *GVC* 分工地位之间存在显著的正相关关系。戴翔等（2018）测算2004—2014年中国行业层面的全球价值链分工地位指数并研究了对外直接投资对其的影响，表明对外直接投资总体层面对中国制造业攀升全球价值链具有积极的促进作用，但对处于不同价值链分工地位或阶段的行业影响存在差异性，对位于全球价值链中端行业的促进作用要显著强于位于价值链低端和高端的行业。

（一）制造业全球价值链地位影响因素的研究

中国大量低附加值出口决定了制造业国际分工地位的低端化，施炳展（2010）进一步发现其国际分工地位与行业进步之间存在落差。陈立敏、周材荣（2016）结合58国面板数据分别从上下游测算地位指数，并将制度质量引入实证模型研究分工地位的攀升途径，发现除了创新能力等传统因素，国家规模和制度质量对上游国家的制造业攀升作用明显。张晓攀、黄卫平（2017）利用 *TiVA* 数据库对中国制造业1995年到2011年全球分工地位的演变做了横、纵两个角度的分析，得出"虽然中国制造业 *GVC* 参与度指数接近世界平均水平但仍处于全球价值链低端"的基本结论。赖伟娟等（2017）通过构建五国模型，即中国、欧盟、美国、日本和其他国家对各国制造业进行横向比较，发现中国对其他国家中间产品的依赖性大于其他国家对中国的依赖性，提高研发投入强度、增加自主创新能力是摆脱这种依赖的唯一途径。徐建伟和李金峰（2018）认为，一国制造业吸引投资的不同属性会影响其分工位置，改善国际竞争格局的有效方法是从区域、时期、来源、投资方向和比较优势等五方面细分以吸引投资。张捷、周雷（2012）用需求侧效应模型对新型国家制造业面板数据的分析表明，服务化对一国分工地位的提升作用最明显，服务化转型可加深全球参与程度。聂聆、李三妹（2014）也通过价值链高度指数强调了服务投入（及贸易开放度）的重要性。彭水军、袁凯华和韦韬（2017）从增加值贸易角度构建了 *MRIO* 模型，并用 *SDA* 法研究表明，制造业服务化会促进本国制造业增加值的提升。张咏华（2013）以"增加值贸易"从垂直专业化角度对中国制造业出口的评估证明，相比于"总值贸易"，中国中高和高技术制造业的国际分工地位更低。刘海云和毛海鸥（2015）利用门槛回归对 39 个代表性国家的研究揭露了创新具有双重效果，人力资本明显具有"先反后正"的门槛效应。王小波（2016）从融合理论视角的研究表明，产业融合度决定国际分工地位，国内产业关联度是首要驱动因素，从单纯加工向组装创造的动态演进以及内生服务化均起到了一定正向作用，而网络信息产业的兴盛因其对产业融合的积极作用而有助于提升国际分工地位。容金霞等（2016）用固定效应面板回归对 TiVA 中 54 个国家贸易附加值的处理结果表明，不同发展水平国家国际分工地位的影响因素不同，创新能力、制度环境和金融信贷对提高发达国家国际分工地位作用明显，而资本对提升发展中国家的国际分工地位作用更明显。李方一等（2017）认为空间视角下的出口贸易增加值统计更加准确，且中国出口中的价值增幅与地域因素明显相关。

　　在给出制造业升级的有效路径之前，清楚解析作用于制造业升级的影响因素至关重要。国内学者戴翔、张雨（2013）基于大量调研问卷对昆山制造业从微观层面实证研究了开放条件下本土制造业升级能力的主要因素，出口因素带来的"干中学"、外资引致的技术外溢和产业集聚效应都对制造业升级有着显著的正向推动作用。孔伟杰（2012）同样基于大样本调查问卷，在微观层面对浙江省制造业的企业创新行为和规模与企业升级之间的联系进行研究，证明发达国家的后向技术关联效应也利于企业升级。周长富、杜宇玮（2012）认为企业对外需市场依赖越小，企业越容易升级，而企业价值链升级能减少依赖性，企业价值链升级在一定程度上可以反映企业升级，特别指出创新能力提高能改变对国际市场的依赖，但长期效应才有利于价值链升级，周期较长，单纯的企业规模扩大并不能促进制造业转型，反而可能出现更深一步的依赖与锁定。戴勇（2013）对以制鞋业为代表的传统制造业进行研究，发现从 OEM 到 OBM 是该类企业普遍升级的路径，具体通过联盟或并购方式深化产业链，其中技术能力是关键策略，积极的企业家精神、充裕的资本和高技术的人才等核心资源的储备与市场整合的动态能力是行业转型升级的保障因素。但本文认为这种以并购为主要形式的传统垂直专业分工并不能高效深化产业链条。李晓露（2017）通过九大行业面板数据研究发现，研发投入、人力资本投入、工业总产值等都对提升中国制造业在 GVC 分工中的地位具有显著促进作用。

国外学者在制造业升级的影响因素方面也作出诸多贡献。*Kadarusman and Nadvi*（2013）认为提升竞争力、实现制造业转型升级的关键因素是注重产品的功能研发设计，而非降低产品价格进行市场竞争。*Agostino et al.*（2015）对意大利制造业进行了劳动生产率和全要素生产率的测算，研究发现在全球价值链中，创新能力和国际市场占有能力是影响制造业升级的决定性因素，拥有强创新和强市场份额的企业竞争力要优于其他企业。

（二）制造业全球价值链地位中规范要素的影响及其实证研究

生产力发展基础上的信息技术革命推动了多边贸易和全球化格局的形成，促使国际分工形式从垂直体系到垂直与水平并存再到全球价值网络分工的演进，理论解释也随之演变。要素禀赋、技术水平、市场规模和制度因素是中国制造业国际分工地位的重要影响因素。

研究制造业转型升级需要深入分析其内部结构，根据*OECD*划分标准（*NACE* 代码）对中国制造业进行细分（如表 5 – 7 所示）。

表 5 – 7 制造业行业细分

C15T16（文中以 C15 代）	食品、饮料和烟草业
C17T19（文中以 C17 代）	纺织品、皮革及制鞋业
C20T22（文中以 C20 代）	纸、木材制品及印刷业
C23	石油加工及炼焦业
C24	化学及化工业
C25	橡胶塑料制品业
C26	其他非金属矿制品业
C27T28（文中以 C27 代）	金属制品业
C29	机械设备制造业
C30T33（文中以 C30 代）	电子和光学仪器制造业
C34T35（文中以 C34 代）	运输设备制造业
C36T37（文中以 C36 代）	其他制造业及回收加工业

1. 变量选取

（1）行业要素禀赋：选取劳动力和资本两个要素，分别以制造业从业人

数 x_1 和制造业固定资产净值 x_2 表示。

（2）行业技术水平：以制造业研发投入（R&D）x_3 表示，数据统计时间跨度为 2005 年到 2014 年。

（3）行业市场规模：以制造业总产值 x_4 表示，数据统计时间跨度为 1995 年至 2014 年。

（4）行业制度因素：以制造业出口依存度 x_5（本文中为出口交货值在总产值中的比重）和制造业外商直接投资 x_6 表示。

2. 模型设定

本书采用更能有效处理截面数据和时间序列的面板数据回归模型对时间和主体横截面以及指标变量进行三维考量，可有效突破传统线性模型单纯体现二维平面信息的有限性。同时对解释变量和被解释变量取对数后运用 Eviews8.0 进行相关实证检验，以避免各变量间的共线性。初步模型如下：

$$\ln y_{it} = C + c_1\ln x_{1it} + c_2\ln x_{2it} + c_3\ln x_{3it} + c_4\ln x_{4it} + c_5\ln x_{5it} + c_6\ln x_{6it} + \mu_{it}$$

$$(5-7)$$

其中，y_{it}、x_{1it}、x_{2it}、x_{3it}、x_{4it}、x_{5it}、x_{6it} 分别代表 i 行业 t 年的：国际分工地位、从业人员数量、固定资产净值、研发投入、总产值、出口依存度和外商直接投资额，μ_{it} 代表随机扰动项，C 为常数。

3. 数据来源

鉴于不同年鉴中存在不同期间的数据缺失，本书综合使用了《中国工业经济统计年鉴》《中国统计年鉴》《中国科技统计年鉴》等 2005 年到 2014 年的数据并进行整合。

4. 估计结果

（1）单位根检验。

单位根检验是在分析相关变量数据平稳性的同时初步测定本文所设模型的有效性，假定原 H_0 不稳定，其结果如表 5-8 所示。

表 5-8 秩序为水平的单位根检验结果

秩序	Levin, Lin & Chu（P 值）	ADF – Fisher Chi – square（P 值）	是否通过检验
水平	-4.1073（0.0000）	21.8963（0.5210）	否
水平	-3.7732（0.0000）	32.1883（0.2197）	否
水平	-2.7678（0.9972）	10.7862（0.9981）	否
水平	-2.5887（0.4591）	19.6703（0.8189）	否
水平	2.7739（0.2177）	5.2657（0.0218）	否
水平	-0.1549（0.4582）	15.5081（0.8957）	否
水平	-2.9647（0.3971）	17.4863（0.6074）	否

表 5-8 中从上到下依次为 $\ln x_1$、$\ln x_2$、$\ln x_3$、$\ln x_4$、$\ln x_5$、$\ln x_6$ 和 $\ln u$ 的检验结果，表明同一变量在 Levin, Lin & Chu 和 ADF – Fisher Chi – square 两种检验中均未通过检验，对应的 P 值也不存在同时小于置信水平 α（0.05）的情况，存在非同阶单整，即序列非平稳。

进而进行秩序为一阶差分检验（结果如表 5-9 所示）。所有变量在两种方法下 P 值均小于 0.05，即拒绝 H_0（不稳定），可判断所有变量之间均为一阶单整，表明本书所设模型为一阶差分平稳模型。

表 5-9 秩序为一阶差分的单位根检验结果

秩序	Levin, Lin & Chu（P 值）	ADF – Fisher Chi – square（P 值）	是否通过检验
一阶差分	-8.3155（0.0000）	50.4964（0.0031）	是
一阶差分	-6.2397（0.0000）	39.7492（0.0396）	是
一阶差分	-4.0015（0.0000）	54.1823（0.0001）	是
一阶差分	-8.2398（0.0000）	45.1082（0.0010）	是
一阶差分	-5.2426（0.0000）	38.3147（0.0050）	是
一阶差分	-7.3961（0.0000）	36.1673（0.0089）	是
一阶差分	-14.6824（0.0000）	72.5751（0.0000）	是

（2）协整检验。

在一阶差分平稳基础上进行协整检验，并设定原假设 H_0 不存在，得出表 5-10：

表 5 - 10　协整检验结果

a. Pedroni 检验结果

Alternative hypothesis: common AR coefs. (within - dimension)				
			Weighted	
	Statistic	Prob.	Statistic	Prob.
Panel v - Statistic	- 2. 285839	0. 0449	- 2. 255531	0. 3780
Panel rho - Statistic	3. 852439	0. 0012	3. 642919	0. 0000
Panel PP - Statistic	- 13. 73863	0. 0000	- 8. 591653	0. 0000
Panel ADF - Statistic	- 4. 198428	0. 0000	- 0. 109241	0. 0000
Alternative hypothesis: individual AR coefs. (between - dimension)				
	Statistic	Prob.		
Group rho - Statistic	5. 179253	0. 0179		
Group PP - Statistic	- 11. 82339	0. 0000		
Group ADF - Statistic	1. 006433	0. 0000		

b. Kao 检验结果

t - Statistic	Prob.			
ADF			- 5. 042666	0. 0000

表 5 - 10 表明，Pedroni 检验和 Kao 检验中七个统计指标所对应 P 值均小于 α (0.05)，即不接受原假设而表明变量之间存在协整关系，并进一步证明模型中解释变量与被解释变量间存在长期稳定关系。

（3）影响形式的确定。

为对原假设真伪做出判断并确定模型是随机或固定，用 Hausman 检验数据辨别结果如表 5 - 11 所示。

表 5 - 11　Hausman 检验结果

Test Summary	Chi - Sq. Statistic	Chi - Sq. d. f.	Prob.
Cross - section random	13. 577048	6	0. 0347

表 5 - 11 显示，作为衡量指标的 P 值为 0. 0347，小于 α (0.05)，即不接受原假设 H_0，所设模型为固定效应模型。

（4）确定模型形式。

面板数据模型可根据模型中包括的时间、截面以及变量三个信息划分为变系数模型、变截距模型和无个体响应的不变参数模型三种形式，假设 H_1：$\beta_1 = \beta_2 = \cdots = \beta_n$，假设 H_2：$\alpha_1 = \alpha_2 = \cdots = \alpha_n$ 且 $\beta_1 = \beta_2 = \cdots = \beta_n$，并构建 F 统计量

$$F_2 = \frac{(S_3 - S_1)/[(N-1)(k+1)]}{S_1/[NT - N(k+1)]} \sim F[(N-1)(k+1), N(T-k-1)]$$

$$(5-8)$$

$$F_1 = \frac{(S_2 - S_1)/[(N-1)k]}{S_1/[NT - N(k+1)]} \sim F[(N-1)k, N(T-k-1)] \quad (5-9)$$

其中 S_1、S_2 以及 S_3 分别为可在三个模型中得出的残差平方和。在固定效应模型下，可通过 Eviews 软件的 Redundant Fixed Effects - Likelihood Ratio 直接检测模型形式，其 F 值为 38.2574，不小于对应置信区间的临界值，且与之对应 P 值（0.0004）小于 0.05，假设 H_1、假设 H_2 被拒绝，可判断面板模型为变系数模型。

因此，本文所设模型为变系数固定效应模型，即

$$\ln y_{it} = C + c_1 \ln x_{1it} + c_2 \ln x_{2it} + c_3 \ln x_{3it} + c_4 \ln x_{4it} + c_5 \ln x_{5it} + c_6 \ln x_{6it} + \mu_{it}$$

$$(5-10)$$

在模型（5-5）基础上 Eviews 数据拟合结果如表 5-12 所示。

表 5-12　模型（4）在 Eviews 中的拟合结果

Variable	C	x_1 - C15	x_1 - C17	x_1 - C20	x_1 - C23	x_1 - C24	x_1 - C25	x_1 - C26
Coefficient	0.300603	-0.05641	-0.34734	0.19841	0.087955	0.035449	0.098101	0.018022
Prob.	0.0984	0.6193	0.7834	0.6886	0.3039	0.7536	0.7172	0.8963

Variable	x_1 - C27	x_1 - C29	x_1 - C30	x_1 - C34	x_1 - C36	x_2 - C15	x_2 - C17	x_2 - C20
Coefficient	-0.009548	0.779317	-0.013984	-0.309628	0.836981	0.754313	0.614247	-0.403196
Prob.	0.9433	0.0949 *	0.9183	0.2504	0.0021 *	0.8691	0.4432	0.0743 *

Variable	x_2 - C23	x_2 - C24	x_2 - C25	x_2 - C26	x_2 - C27	x_2 - C29	x_2 - C30	x_2 - C34	x_2 - C36
Coefficient	-0.014593	0.025611	-0.135593	-0.011574	0.826983	-0.317278	0.071437	0.261358	-0.63841
Prob.	0.9217	0.8702	0.7731	0.9104	0.7033	0.3108	0.3761	0.1792	0.0053 *

续表

Variable	x_3-C15	x_3-C17	x_3-C20	x_3-C23	x_3-C24	x_3-C25	x_3-C26	x_3-C27	x_3-C29
Coefficient	-0.009651	-0.027282	-0.031433	0.000788	-0.012459	-0.01054	-0.002116	-0.00696	-0.00858
Prob.	0.3369	0.2615	0.6146	0.9757	0.5031	0.3079	0.9198	0.7148	0.6751

Variable	x_3-C30	x_3-C34	x_3-C36	x_4-C15	x_4-C17	x_4-C20	x_4-C23	x_4-C24	x_4-C25
Coefficient	0.060579	-0.08762	0.021843	-0.062331	-0.084105	0.026578	-0.136792	-0.009113	-0.03358
Prob.	0.0813*	0.0674*	0.1356	0.0786*	0.0237*	0.8631	0.3894	0.9058	0.8837

Variable	x_4-C26	x_4-C27	x_4-C29	x_4-C30	x_4-C34	x_4-C36	x_5-C15	x_5-C17	x_5-C20
Coefficient	0.00864	-0.029788	0.007058	-0.09619	0.024763	-0.00545	-0.018961	-0.035882	-0.023877
Prob.	0.9525	0.7638	0.9594	0.2609	0.1673	0.9298	0.3959	0.8872	0.7603

Variable	x_5-C23	x_5-C24	x_5-C25	x_5-C26	x_5-C27	x_5-C29	x_5-C30	x_5-C34	x_5-C36
Coefficient	-0.00436	-0.00337	-0.06663	-0.005862	0.007951	-0.238439	0.014862	0.299493	-0.49327
Prob.	0.9248	0.9455	0.2692	0.8837	0.7571	0.1903	0.9173	0.0619*	0.0033*

Variable	x_6-C15	x_6-C17	x_6-C20	x_6-C23	x_6-C24	x_6-C25	x_6-C26	x_6-C27	x_6-C29
Coefficient	0.018499	0.058943	0.083132	-0.00135	-0.04339	0.034027	-0.036181	0.000873	-0.107463
Prob.	0.6927	0.7942	0.7826	0.8087	0.4513	0.5481	0.6729	0.9884	0.4328

Variable	x_6-C30	x_6-C34	x_6-C36
Coefficient	0.021781	-0.37512	0.027739
Prob.	0.8065	0.0436	0.6943

R – squared	0.9931		F – statistic	96.8743
Adjusted R – squared	0.9877		Prob（F – statistic）	0.0000

注：*表示在显著水平为10%的情况下显著的变量。

表 5 – 12 中 R^2 为 0.9931，调整后的 R^2 为 0.9877，均接近 1；模型 F 值

96.8743 在相应的置信区间内，且 F 统计量所对应 P 值 0.0000 小于 α（ =
0.10），表明该拟合结果可信。由此可知：

第一，从业人数（ x_1 ）对 C20、C23、C24、C25、C26、C29 和 C36 影响
为正，其中 C29 和 C36 对应 P 值均小于 α（ =0.10）且回归系数绝对值
（0.779317 和 0.836981）为正且较大，证明了从业人数对这两个行业的显著
影响。说明劳动密集型制造业从业人数增加有助于生产规模扩大，在规模经
济作用下可扩大行业出口，深化参与国际间生产程度，提升国际分工地位。
从业人数对 C15、C17、C27、C30 及 C34 回归系数为负且绝对值较小，影响
微弱。可见，从业人员数量对劳动密集型行业国际分工地位有明显推动作用，
对资本和技术密集型行业国际分工地位却呈反向影响。

第二，固定资产净值（ x_2 ）对 C15、C17 和 C27 三个资本密集型行业的
系数为正且高（分别为 0.754313、0.614247 以及 0.826983），对 C24、C30 和
C34 这三个技术密集型行业的 P 值均超过 α（ =0.10），但影响并不显著。固
定资产净值对 C20、C23、C25、C26、C29 以及 C36 影响为负，其中 C20 和
C36 的绝对值相对较大（分别为 -0.403196 以及 -0.63841），且 P 值均未超
过 α（ =0.10），说明资本对这两个行业有显著的负影响。可见，固定资产净
值对大多数制造业国际分工地位的攀升是负向效果。

第三，研发投入（ x_3 ）对 C23、C30 和 C36 影响正向，其中 C30 的回归
系数虽然相对较小（0.060579），但对应的 P 值小于 α（ =0.10），说明研发
投入对该行业国际分工地位攀升效果显著。

研发投入对剩余九个行业存在反向影响（系数小于零），其中 C34 的系数
为 -0.08762，虽然绝对值相对较小，但该行业对应的 P 值小于 0.10，说明研
发投入对抑制该行业国际分工地位的提升作用较为显著。

因此，与固定资产净值类似，研发投入对大多数细分行业国际分工地位
的攀升影响为反向，说明这两个影响因素对某些行业国际分工地位的作用取
决于该行业从事的是中间品生产还是最终产品生产，前者作用反向而后者作
用正向。

第四，总产值（ x_4 ）对 C20、C26、C29 及 C34 影响正向，四个行业系

数分别为 0.026578、0.00864、0.007058 以及 0.024763，数额虽然为正但相对较小，且这些行业对应 P 值都大于 α（=0.10），证明即使有促进作用但效果也不显著。总产值对剩余八个行业的系数均为负且绝对值较小，对应的 P 值均大于 α，说明即使存在抑制作用但其效果也不显著。可见，总产值对各细分行业的影响都不显著。

第五，除了 C34，出口依存度（x_5）对剩余十一个行业均为反向影响，其中 C36 对应的 P 值小于 α，说明该行业的负面影响显著，其余十个行业对应的 P 值都大于 α，说明即使存在抑制作用，但影响不显著。

第六，外商直接投资（x_6）对 C17、C20、C26、C29 及 C34 影响为正向，但这些行业的系数都大于零且对应 P 值均大于 α，说明即使对行业攀升存在促进作用但影响并不显著。

外商直接投资对 C23、C24、C25、C27、C30 以及 C36 影响为反向，但也因为 P 值都大于 α 而作用不显著。

对以上结论进行梳理总结，如表 5 - 13 所示。

表 5 - 13　对各行业的影响及其显著性

影响因素		正向（促进）	反向（抑制）
要素条件	劳动力（从业人数）	C20、C23、C24、C25、C26、C29（显著）、C36（显著）	C15、C17、C27、C30、C34
	资本（固定资产净值）	C15、C17、C24、C27、C30、C34	C20（显著）、C23、C25、C26、C29、C36（显著）
	行业技术水平（研发投入）	C23、C30（显著）、C36	C15、C17、C20、C24、C25、C26、C29、C34（显著）
	行业规模（总产值）	C20、C26、C29、C34	C15、C17、C23、C24、C25、C27、C30、C36
行业制度因素	出口依存度	C34（显著）	C15、C17、C20、C23、C24、C25、C27、C29、C30、C36（显著）
	外商直接投资	C17、C20、C26、C29、C34	C23、C24、C25、C27、C30、C36

数据来源：作者依据 Eviews 结果和表 5 - 12 结果进一步整理得出。

（三） 各影响因素的具体表现

研究结果揭露出两个有悖于传统观点的事实：一是"提高研发投入可提升行业分工地位"。研发投入对行业国际分工地位的作用取决于该行业在分工链条中所处的位置，对于最终产品生产部门，研发投入对其分工地位的提升效果更加明显。因此，不能一味强调研发投入的绝对数量，而要根据目标行业的分工现状有的放矢。中国的电子和光学仪器制造业以最终产品生产为主，研发投入对其在国际价值链中地位提升效果显著，一方面可以通过校企联合实现科研成果转化；另一方面支持多主体、多渠道创新；同时要加强知识产权保护力度，并从法律层面强调技术对制造业国际分工地位攀升的促进作用。二是"扩大开放有利于行业地位提升"。通常，用于反映开放度的出口依存度和利用外商直接投资额两个典型因素对整体制造业国际分工地位提升的作用并不明显，且对多数细分行业还存在抑制作用。这充分说明中国制造业利用外资始终是数量和规模导向。运输设备制造业是唯一受出口依存度影响显著的行业，一方面，增加并优化对该行业的资本投入与配置以扩大行业规模，实现规模经济效应，提升行业真实利润空间；另一方面，通过增强基础设施建设并兼用相关政策优惠等方式吸引外商投资，并适当控制该行业可容纳量，及时调整多出行业合理人数的从业人员，达到行业内从业人员的高效配置，以同时强化其正向影响因素并弱化其反向影响因素。

四、中国制造业价值链地位变迁对中国经济增长的影响

国家参与全球经济的基础和前提是国内经济体系层次和水平，国内价值链质量在很大程度上决定全球价值链地位并受国际价值链影响，即全球价值链与国内价值链密不可分。因此，将二者割裂的单独研究并不足以从整体角度系统推进国家整体产业水平和质量。将从省级角度全球价值链和国内价值链相结合的研究更加必要。

（一） 各省份全球价值链参与度与国内价值链参与度分析

参考苏庆义（2016）、倪红福和夏杰长（2016）对省级层面全球价值链的分析，借鉴 Hummels et al.（2001）对价值链参与度的定义，本书将省份 i 出

口中含有国内其他地区的增加值份额定义为国内价值链（NVC），而将省份 i 出口中含有的进口增加值份额定义地区 i 的全球价值链参与程度（GVC），具体表达式为：

$$NVC_i = \left\{ \sum_{j \neq i} V_j B_{ji} E_i \right\} / E_i$$

$$GVC_i = \left\{ \sum_{j-i}^{G} M_j B_{ji} E_i \right\} / E_i$$

根据上式分别测得中国各省全球价值链参与度与国内价值链参与度（如图 5 - 7 和图 5 - 8 所示）。

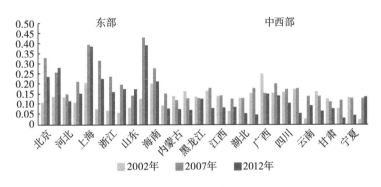

图 5 - 7　各省份全球价值链参与度

从图 5 - 7 可以看出，中国各省份全球价值链参与度整体水平不高。其中北京、天津、上海、广东四省份全球价值链参与度较高，达到 0.3 以上，其余各省份的全球价值链参与度平均在 0.15 左右。从地区差异来看，中国东部和中西部地区全球价值链参与度水平存在较大差距。东部地区全球价值链参与度明显高于中西部地区。从数据分析来看。东部地区三年全球价值链参与度平均值为 20.52%，而中西部地区仅为 12.09%，东部地区较中西部地区高出 8.43 个百分点。这说明。东部地区更多地融入了全球价值链生产网络当中。东部地区依靠其优越的地理位置与对外开放的思想理念，积极地与国外对接，促进经济贸易往来，从中获取利润。数据分析结果也与中国东部地区经济较为发达而中西部地区经济较为落后的现状相一致。

从图 5 - 8 可以看出，中国各省份国内价值链参与度整体水平较高。就地区差异来说，中西部地区国内价值链参与度平均值为 17.28%，东部地区为

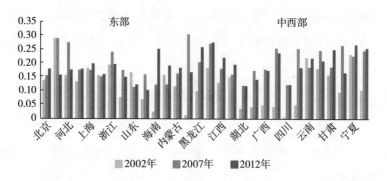

图5-8 各省份国内价值链参与度

16. 78%，中西部地区要高于东部地区。这说明中西部地区各省份创造的增加值以中间品的形式更多地流入了国内其他省份，在创造增加值的过程中，也更多地依赖于来自其他省份的生产要素。因此，中西部地区更多地融入了国内价值链生产网络当中，与国内各省份之间的联系较国外更为紧密。

（二）价值链参与度对经济增长的影响分析

1. 机理分析

价值链分工使得一种产品的生产工序被分割到不同的国家或地区进行，各地区利用自身的要素禀赋来实现利润最大化。不管是全球价值链分工，还是国内价值链分工，都会对经济增长产生一定的影响。具体来看，融入价值链分工可以通过以下几个途径影响经济增长：

第一，价值链分工可以通过投入—产出关联效应影响经济增长。全球价值链分工和国内价值链分工通过各种生产活动将国内各部门以及国外各部门紧密地联系在一起，使国内外形成了一个紧密的生产网络。在这一生产网络中，物质资本、人力资本等生产要素在各个部门之间流通传递，也使知识、技术和信息等在生产要素的流通传递过程中得以传播与扩散，各地区通过生产要素的资源整合从而促进各地区生产效率的提高，促进地区经济增长。

第二，价值链分工可以通过技术进步效应影响经济增长。全球生产技术水平快速发展，但不同国家或不同地区的技术发展水平差异巨大。美国等发达国家掌握着世界先进技术与管理经验，而发展中国家只能嵌入价值链低端从事组装加工等低附加值工序。中国东部地区经济较为发达，生产技术水平远远高于中西部地区。通过融入全球价值链与国内价值链分工，一方面使参与价值链的各地区或各企业可以接触到国外先进的生产工艺和机器设备，从而可以通过学习和模仿来获得先进技术；另一方面各地区或企业融入价值链分工将面临更大的市场竞争，这将促使企业改进生产工艺，更换机器设备，提高创新能力，从而提高劳动生产率，获得自身国际竞争力的提升，进一步促进地区经济的增长。

第三，价值链分工可以通过规模经济效应影响经济增长。一方面，融入价值链分工会使企业面临更大的市场，市场规模的扩大会促使企业挖掘生产潜力，获得规模经济效益；另一方面，价值链分工使得生产工序分割得更加细致，分工更加深化和专业化，这会使生产要素配置更加合理，从而降低生产成本，获得规模经济效益，促进地区经济增长。

2. 价值链参与度对经济增长的实证分析

（1）模型构建与变量解释。

本书主要研究全球价值链参与度与国内价值链参与度对地区经济增长的影响，因此设计如下计量模型：

$$\ln gdp_{it} = \beta_0 + \beta_1 \ln gvc_{it} + \beta_2 \ln nvc_{it} + \beta_3 \ln gvc_{it} \times \ln nvc_{it} + \sum_{n=1}^{4} \beta_n \ln X_{it} + \varepsilon_{it}$$

其中，下标 i 代表各省份，下标 t 代表时间，gdp 代表地区经济增长，采用各省份实际 GDP 来度量，gvc 表示全球价值链参与度，nvc 表示国内价值链参与度，X 为控制变量，ε 是随机扰动项。为减缓异方差问题，本文对所有变量数据作对数化处理。

本书的被解释变量是经济增长，选取各省实际 GDP 作为代理变量，核心解释变量是全球价值链参与度和国内价值链参与度，同时引入两者的交互项，检验全球价值链参与度与国内价值链参与度对经济增长的互动效应。参考已有文献，选取的控制变量主要有固定资产投资规模（inv）、各地区出口额（ex）、就业人员数量（emp）以及基础设施水平（inf）。其中基础设施水平用各省公路里程数作为代理变量。样本时期为 2002 年、2007 年以及 2012 年，涉及中国 30 个省（区、市）。以上数据，全球价值链参与度与国内价值链参与度由 2002 年、2007 年和 2012 年 30 个省（区、市）区域间非竞争型投入产出表计算得出，被解释变量和控制变量数据来源于《中国统计年鉴》。各变量的描述性统计如表 5 - 14 所示。

表 5 - 14　变量的描述性统计

变量	平均值	标准差	最小值	最大值
$\ln gdp$	8.788	1.088	5.831	10.952
$\ln gvc$	-2.033	0.571	-3.749	-0.836
$\ln nvc$	-1.91	0.685	-5.649	-1.181
$\ln gvc \times \ln nvc$	3.85	1.596	1.498	10.304
$\ln ex$	6.479	1.754	2.526	10.498
$\ln inv$	8.106	1.188	5.418	10.35
$\ln emp$	-2.185	1.017	-4.964	-0.549
$\ln inf$	11.257	0.899	8.746	12.59

（2）实证分析结果。

首先对面板数据进行固定效应回归和随机效应回归，然后进行 Hausman 检验，得到 P 值为 0.000，所以拒绝原假设，采用固定效应模型。进一步对模型进行了异方差检验，结果显示拒绝同方差的原假设，因此进行固定效应模型回归时采用了异方差稳健性估计。回归结果如表 5 - 15 所示。

表 5 - 15　全球价值链、国内价值链参与度对经济增长的整体回归结果

变量	模型（1）	模型（2）
$\ln gvc$	1.710 * (0.941)	0.043 (0.029)
$\ln nvc$	1.092 * (0.634)	0.065 * (0.032)
$\ln gvc \times \ln nvc$	0.926 ** (0.385)	0.027 ** (0.012)
$\ln ex$		0.112 *** (0.032)

变量	模型（1）	模型（2）
ln*inv*		0.598 *** （0.043）
ln*emp*		0.015 （0.026）
ln*inf*		0.050 *** （0.013）
常数项	6.794 *** （1.411）	2.514 *** （0.285）
R^2	0.828	0.977

表 5-15 显示价值链参与度对经济增长影响的回归结果。其中模型（1）只包括了全球价值链参与度（ln*gvc*）、国内价值链参与度（ln*nvc*）以及两者的交互项（ln*gvc* × ln*nvc*）。由模型（1）的回归结果来看，全球价值链参与度和国内价值链参与度的系数均为正，说明融入全球价值链分工与国内价值链分工都能够促进经济增长，两者的交互项系数为正值，说明两者在促进经济增长方面存在互补效应。并且三个解释变量均通过了显著项检验。相比较而言，全球价值链参与度的回归系数要大于国内价值链参与度的系数。模型（2）中加入了控制变量，模型的拟合优度较模型（1）有了提高，说明模型（2）比模型（1）解释性更强。就系数来看，全球价值链参与度和国内价值链参与度以及两者的交互项系数仍然为正，说明融入价值链分工对地区经济增长有促进作用。但是加入了控制变量以后，全球价值链参与度没有通过显著性检验。控制变量中，出口规模、固定资产投资、就业人员数量以及基础设施水平都能够促进经济增长，但是就业人员数量没有通过显著性检验。

由全样本检验结果可以看出，价值链参与度对中国地区经济增长存在着促进作用，无论是融入全球价值链分工还是国内价值链分工，都能够促进地区经济增长，且两者存在互补效应。但由于中国大部分省份的全球价值链参与度较低，国内价值链参与度要大于全球价值链参与度，导致国内价值链参与度对经济增长的促进作用更为明显。随着对外开放政策的实施，中国各地区利用自身比较优势积极融入全球价值链分工当中，企业会面临更大的市场，更大的市场需求会激励企业主动改善工艺技术、提升劳动生产率、促进经济增长。在这一过程中，国内企业由于接触到国外发达国家的先进技术和管理经验，可以获得技术外溢的收益。同时，通过与发达国家合作研发，可以降低研发成本，提高生产效率，获取规模收益，促进经济增长。全球价值链和国内价值链对经济增长具有互补效应，一方面，参与全球价值链可以将企业在这一过程中积累的先进技术和管理经验运用到国内价值链当中，使得参与国内价值链的企业更好地整合要素资源，降低生产成本；全球价值链的不同生产环节向国内转移，有助于打破国内区域行政性壁垒和地方保护主义，促进全国统一市场的形成，更好地为国内价值链的形成提供优势条件。另一方面，国内价值链的形成与参与可以更好地促进国内企业融入全球价值链当中，企业融入国内价值链可以促进资本、人力等资源要素积累，使分工更加深化和专业化，因而增强企业参与全球价值链的国际竞争力，为国内企业攀升全球价值链高端环节提供动力，促进国内经济增长。

（3）稳健性检验。

为充分考虑中国各省份价值链参与程度的异质性并得到更为稳健的分组回归结果，把总样本按照经济发展水平和地域整合分为东部地区和中西部地区。按照上文同样的处理方式，选择固定效应面板模型对不同区域进行分组单独回归，其结果如表 5－16 所示。

表 5－16　分地区样本回归结果

变量	东部地区	中西部地区	截面回归
lngvc	0.211 ** (0.122)	0.048 *** (0.024)	0.107 * (0.148)
lnnvc	0.122 * (0.086)	0.298 *** (0.031)	0.139 ** (0.142)
lngvc × lnnvc	0.095 ** (0.039)	0.164 *** (0.194)	0.033 ** (0.073)
lnex	0.541 *** (0.070)	0.058 *** (0.013)	0.147 *** (0.021)

变量	东部地区	中西部地区	截面回归
lninv	0.415 *** (0.076)	0.602 *** (0.034)	0.742 *** (0.035)
lnemp	−0.151 ** (0.063)	−0.001 (0.025)	0.168 *** (0.022)
lninf	−0.364 *** (0.085)	0.079 * (0.038)	−0.062 * (0.035)
常数项	6.794 *** (0.864)	1.855 *** (0.268)	2.534 *** (0.420)
R^2	0.976	0.988	0.980

表5−16中东部地区的回归结果显示,全球价值链参与度和国内价值链参与度以及两者的交互项系数为正,与总样本的回归结果一致。与总体回归结果不同的是,东部地区全球价值链参与度系数要大于国内价值链参与度系数且通过了显著性检验。说明,对于东部地区来说参与全球价值链能更好地促进地区经济增长。中西部地区的回归结果显示,全球价值链参与度与国内价值链参与度以及两者的交互项系数均为正值,且国内价值链参与度系数要大于全球价值链参与度系数,融入国内价值链更能促进地区经济增长。这也与现实情况相符合。中国地域辽阔,地区经济发展不平衡,对于东部地区来说,地理位置优势明显,且进行对外开放较早,思想较中西部先进,经济实力雄厚,凭借其自身的比较优势积极融入全球价值链当中,更有能力承接全球价值链的生产环节,吸收国外先进技术,其全球价值链参与度对经济增长的促进作用更为明显。对于中西部地区来说,地处中国内部,经济发展水平较低,基础设施建设不完善,与发达国家经济实力差距明显,承接全球价值链生产分工的能力较弱,难以完全吸收国外先进技术溢出收益,因此其全球价值链参与度的经济增长促进作用较东部小。

对比分析了不同地区的分组回归结果,将中国各省份按照经济发展水平和地域分为东部和中西部地区,并对分组结果做进一步的对比分析,充分验证了回归结果的稳健性。为进一步削弱经济波动对结果的扰动性,检验本文基本结论对不同的回归方法的稳健性，本文将 2002 年、2007 年和 2010 年作为一个整体进行截面回归，结果如表 5-16 第三列所示。结果显示，全球价值链参与度和国内价值链参与度以及两者的交互项对经济增长为促进作用，与上文的分析结果一致。

（三）结论与建议

在经济全球化和区域经济一体化的大背景下，一国表现出既参与全球价值链分工，又参与国内价值链分工的双重特征。将研究视角放在全球价值链参与度和国内价值链参与度对地区经济增长的影响上，利用 2002 年、2007 年和 2012 年中国区域间非竞争型投入产出表数据对各省增加值来源、全球价值链参与度和国内价值链参与度进行了计算和分析，又对价值链参与度与经济增长之间的关系进行了实证分析，得出以下结论：首先，各省份出口增加值主要来源于本地生产要素，但来自其他省份和国外的生产要素创造的增加值份额上升，国内价值链参与度明显高于全球价值链参与度，但存在地区差异。就全球价值链参与度来说，东部地区明显高于中西部地区。其次，通过对价值链参与度与经济增长关系的实证分析得到，不论是融入全球价值链分工还是国内价值链分工都能够促进经济增长，且两者对经济增长的互动效应表现为互补。就地域差异来看，东部地区融入全球价值链更能促进地区经济的增长，而中西部地区融入国内价值链对经济增长的促进作用更加明显。

通过对中国省级层面全球价值链和国内价值链参与度对经济增长影响的分析可以看出，融入价值链分工可以有效促进中国地区经济增长。因此，要继续坚持深化对外改革开放，鼓励企业更多地融入全球价值链分工当中。要降低进出口关税，促进多边贸易，充分利用全球价值链的分工收益和技术溢出收益，注重自身资源要素的积累，抓住机遇，融入更高的全球价值链生产环节，以获取更高的利润，促进中国经济增长。但也要注意到，中国地区经济发展不平衡，参与全球价值链和国内价值链对经济增长的促进作用有着较大差异。对东部地区，应继续鼓励融入全球价值链生产网络，获取国外先进技术经验，实现价值链的攀升，促进产业结构转型升级。对中西部地区，一方面要利用自身的比较优势积极融入全球价值链；另一方面可以将目光放到国内市场，通过承接来自东部地区的加工组装等低附加值环节，获得国内技术溢出收益，与东部地区形成良性互动，逐步缩小与东部地区的经济差距，打造国内市场一体化。东部地区与中西部地区分工协作，增强中国各地区的国际竞争力，打造国内价值链网络，实现区域经济协调发展，更好地与全球价值链实现对接，构筑内外联动的新型开放格局，实现经济转型升级，推动经济持续增长。

第六章　基于"一带一路"推进中国制造业全球价值网络高质量嵌入

一、中国与"一带一路"沿线国家制造业结构性演化

改革开放四十多年来，中国借助全球化浪潮的兴起嵌入全球价值链分工体系中成为制造业大国，但经济的长期高速发展暴露出中国制造业存在资源利用效率低、产品技术要素含量低、科技水平落后等弊端，中国经济发展面临"中等收入陷阱"和"修昔底德陷阱"两大难题。当前世界贸易格局也发生了重大改变，以欧美日等国为首的发达国家从全球化战略的坚定倡导者和执行者变成逆全球化势力的重要拥护者，而金融危机和欧债危机的发生也使国际贸易保护主义加剧。"制造业回流"和"再工业化战略"体现出发达国家对制造业尤其是实体经济的重新审视，特别是对制造业在国民经济发展过程中的功能进行认真研判。此外，受新兴经济体崛起的冲击，中国与东南亚国家、印度、拉美国家在劳动力成本、资源、政策等方面优势竞争激烈。在新的全球经济发展格局下，产品生产的国际分工得以细化和深入，产品生产的整个过程可以在世界范围内得到重新配置以确定最优生产区域。发达国家工业化进程起步早，资本、技术要素丰富，通常处于生产、研发设计的前端环节和品牌塑造及营销的终端环节，即位于"微笑曲线"的两端位置。而中国在初期嵌入全球价值链主要依靠嵌入加工组装等低附加值环节来推动国内制造业发展，并随着经济全球化的深入逐步陷入俘获型价值链底端的困境，长期下去不利于中国产业结构优化升级和制造业高质量发展。

2013 年，习近平主席提出了建设"丝绸之路经济带"和"21 世纪海上丝绸之路"的顶层合作倡议，当前"一带一路"国际经济合作已进入高质量发展阶段。"一带一路"经济带贯穿了亚欧非大陆，将以东为首的东亚经济圈和

以西为首的欧洲经济圈联通起来，并将中亚经济圈也囊括进丝绸之路经济带中。"一带一路"沿线国家大多为正处于国内经济转型升级和社会结构转型时期的发展中国家，存在地缘政治问题复杂、文化差异性很大、社会矛盾尖锐、基础设施落后且参与全球价值链程度较低等弊端，缺乏高质量且行之有效的合作平台和贸易协定。但"一带一路"沿线国家中的新兴经济体 GDP 增速较快，消费需求市场前景广阔，具有巨大的经济发展潜力。作为国家级顶层合作倡议，中国希望能够借助既有的双多边合作机制和区域合作平台，加强与"一带一路"沿线国家的互助合作。中国作为"一带一路"沿线国家中的主要大国，积极构建协作框架，让有意愿参与"一带一路"建设的沿线国家都能参与进来，这对沿线国家的经济增长也有重要的促进作用，有利于提高中国参与国际事务的话语权和国际地位。若"一带一路"倡议在经济上可行，中国将从嵌入欧美日主导的全球价值链转换为自我主导的区域价值链。"一带一路"倡议的实施，将有利于加快要素之间的自由流动，推动构建更高质量的区域合作平台，实现"一带一路"沿线国家的多元、自主、平衡与可持续发展。当前世界各国都将关注点放在高附加值生产环节，如产品研发、设计及创新，在技术变革的潮流下，围绕制造业生产模式的国际布局也在不断调整和升级。因此，如何借助"一带一路"建设发展契机，构建以中国为核心的双向嵌入全球价值链分工模式是当前时期中国打破"低端锁定"，推动制造业优化升级的关键。

随着中国和"一带一路"主要经济体融入国际垂直专业化分工程度的加深，中间产品贸易成为各主要经济体对外贸易的主导力量，即中间品贸易成为国际贸易的主流。为了考察中国与"一带一路"主要经济体制造业的结构化差异和演化趋势，下面将对中国和"一带一路"沿线国家主要经济体不同年份制造业下各细分产业的中间品进出口总额和产业比重进行数据统计分析，进一步将制造业区分为低技术制造业、中技术制造业和高技术制造业三种技术类别的产业，并分别测算中间品进出口额和占制造业总出口额比重，从而对比分技术条件下中国与"一带一路"沿线国家在制造业发展上的差异性与相应竞争优势。所用数据来源于 2018 版 OECD – TiVA 数据库，该数据库包含了从 2005 年到 2015 年各年的投入产出数据。数据库包含 64 个国家和地区，36 个产业，包括 37 个"一带一路"沿线国家，这 37 个"一带一路"沿线国家经济总量和结构均可充分代表"一带一路"沿线地区特征。

（一）按产业分中国与"一带一路"主要经济体制造业的中间品贸易

为深入分析中国与"一带一路"主要经济体之间按产业分中间品贸易发展情况，根据 OECD 中国际投入产出表划分标准，将主要经济体制造业细分为 13 个产业部门进行分析，如表 6 - 1 所示。

如表 6 - 1 所示，2005 年、2007 年、2009 年、2011 年、2013 年和 2015 年中国制造业各产业的中间品进出口贸易额呈现出不断增长的趋势。从总量来看，计算机、电子和电气设备制造业的中间产品进出口额最高，由 2005 年的 227853.3 百万美元增加到 2015 年的 673872.6 百万美元，10 年间共增长 446019.3 百万美元。计算机、电子和电气设备制造业作为中国高技术产业，其国际生产的可分割性强，与其他产业关联密切，核心技术的研发设计等高附加值环节通常被发达国家所掌握，中国作为"世界工厂"，最早正是依托外资企业将该产业加工组装环节外包而发展起来的，因此该产业的中间品进出口总额较大。中间产品进出额较高的还有基本金属及金属制品业，化学及医药产品制造业，纺织品、服装、皮革及相关产品制品业，其值分别由 2005 年的 102044.2 百万美元、75500.7 百万美元、54535.6 百万美元增加到 2015 年的 265244.6 百万美元、217523.6 百万美元和 147947.2 百万美元，共增长 163200.4 百万美元、142022.9 百万美元、93411.6 百万美元。从增长速度来看，其他制造业、机器设备的修理和安装业，其他非金属矿物制品业，交通运输设备制造业的增长速度都相对较高，年均增长速度均超过 15%。而焦炭和精炼石油产品，基本金属及金属制品业，纺织品、服装、皮革及相关产品制品业的增长速度相对较低，年均增长速度在 10% 左右。由此可见，中国高耗能、高污染的传统制造业增长速度正在放缓，技术要素含量高的中高技术产业发展速度正在不断加快。

表6-1　2005年、2007年、2009年、2011年、2013年和2015年中国制造业的中间品进出口额及结构分析

产业	进出口额(百万美元)						产业比重(%)					
	2005年	2007年	2009年	2011年	2013年	2015年	2005年	2007年	2009年	2011年	2013年	2015年
1	12123.0	19096.4	21002.0	36834.1	45198.4	45550.3	2.0	2.0	2.3	2.5	2.6	2.5
2	54535.6	73031.2	72373.7	118113.3	141131.3	147947.2	8.9	7.6	8.0	8.0	8.3	8.0
3	14516.3	19581.1	17896.5	32042.0	39156.3	44433.0	2.4	2.0	2.0	2.2	2.3	2.4
4	9494.5	14895.8	15654.3	28759.6	31617.4	34955.7	1.6	1.6	1.7	2.0	1.9	1.9
5	15502.4	23896.5	24918.9	45438.2	53528.6	36982.8	2.5	2.5	2.7	3.1	3.1	2.0
6	75500.7	115538.3	112565.3	204518.9	217490.3	217523.6	12.3	12.0	12.4	13.9	12.7	11.8
7	20732.2	31647.5	32457.1	59335.6	73578.2	73223.5	3.4	3.3	3.6	4.0	4.3	4.0
8	14290.0	21795.0	23242.0	40415.4	54114.2	66189.6	2.3	2.3	2.6	2.8	3.2	3.6
9	102044.2	185096.4	151844.8	254234.6	244014.5	265244.6	16.7	19.3	16.7	17.3	14.3	14.3
10	227853.3	338715.9	323533.6	465965.6	596458.5	673872.6	37.2	35.3	35.6	31.7	34.9	36.4
11	39445.4	68997.4	64501.4	99580.7	109605.9	126673.3	6.4	7.2	7.1	6.8	6.4	6.8
12	18380.8	34741.4	34695.0	59182.5	67089.1	80196.9	3.0	3.6	3.8	4.0	3.9	4.3
13	7913.3	12345.6	14363.4	24748.3	34058.9	37721.8	1.3	1.3	1.6	1.7	2.0	2.0
总计	612331.7	959378.5	909048	1469168.8	1707041.6	1850514.9	100	100	100	100	100	100

数据来源于OECD-TiVA数据库。

注:1表示食品、饮料制造及烟草业;2表示纺织品、服装、皮革及相关产品制业;3表示木材加工及木、竹、藤、棕、草制品业;4表示造纸及纸制品业、印刷业;5表示焦炭和精炼石油产品;6表示化学及医药产品制造业;7表示橡胶及塑料制品业;8表示其他非金属矿制品业;9表示基本金属及金属制品业;10表示计算机、电子和电气设备制造业;11表示机械设备制造业;12表示交通运输设备制造业;13表示其他制造业、机器设备的修理和安装业。

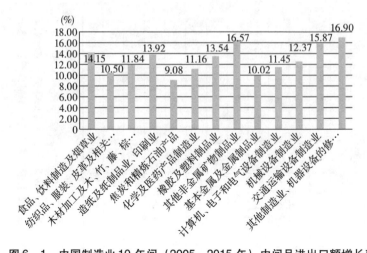

图 6 - 1　中国制造业 10 年间（2005—2015 年）中间品进出口额增长率

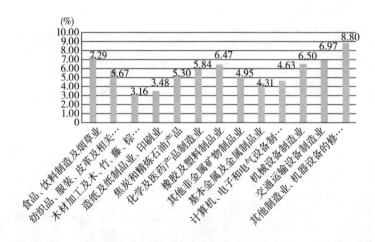

图 6 - 2　"一带一路"主要经济体制造业 10 年间（2005—2015 年）
中间品进出口额增长率

　　如表 6 - 2 所示，2005 年、2007 年、2009 年、2011 年、2013 年和 2015 年"一带一路"主要经济体之间制造业的中间品进出口贸易额也表现出不同程度的增长态势。从总量来看，计算机、电子和电气设备制造业的中间产品进出口额最高，由 2005 年的 382079.3 百万美元增长到 2015 年的 600973.0 百万美元，10 年间共增长 218893.7 百万美元。中间产品进出口额较高的还有基本金属及金属制品业、化学及医药产品制造业、交通运输设备制造业，其值分

表6-2　2005年、2007年、2009年、2011年、2013年和2015年"一带一路"主要经济体制造业的中间品进出口额及结构分析

产业	进出口额(百万美元)						产业比重(%)					
	2005年	2007年	2009年	2011年	2013年	2015年	2005年	2007年	2009年	2011年	2013年	2015年
1	78375.3	111584.0	113727.8	171334.2	176204.2	158455.6	4.4	4.4	5.2	5.1	5.2	5.2
2	91134.3	112396.1	94542.6	146895.2	157356.7	158208.7	5.1	4.5	4.3	4.4	4.6	5.2
3	39339.6	52987.5	40660.1	55033.8	56909.7	53700.2	2.2	2.1	1.9	1.6	1.7	1.8
4	52244.9	67912.7	63347.0	89588.9	84492.2	73521.8	2.9	2.7	2.9	2.7	2.5	2.4
5	138625.9	201057.6	187908.7	381601.3	420722.0	232313.8	7.7	8.0	8.6	11.4	12.4	7.7
6	240585.8	334852.3	292384.3	482876.2	483168.0	424317.3	13.4	13.3	13.4	14.4	14.2	14.0
7	87985.4	121520.1	109562.2	167965.8	174547.5	164658.2	4.9	4.8	5.0	5.0	5.1	5.4
8	48141.6	67005.4	57216.0	80286.2	81805.0	78046.4	2.7	2.7	2.6	2.4	2.4	2.6
9	366183.1	594995.7	439211.9	718297.7	654932.1	558457.8	20.5	23.7	20.1	21.5	19.3	18.5
10	382079.3	471555.9	435220.2	569861.0	589889.0	600973.0	21.3	18.7	19.9	17.0	17.4	19.9
11	101719.1	139615.0	148997.6	180912.0	196526.0	190853.5	5.7	5.6	6.8	5.4	5.8	6.3
12	137530.8	203648.6	164103.1	251489.3	258007.2	269828.8	7.7	8.1	7.5	7.5	7.6	8.9
13	26429.0	36220.3	38139.4	48140.5	56143.8	61424.2	1.5	1.4	1.7	1.4	1.7	2.0
总计	1790374.1	2515351.2	2185020.9	3344282.1	3390703.4	3024759.3	100	100	100	100	100	100

数据来源于OECD-TiVA数据库。

注:1表示食品、饮品、烟草业;2表示纺织品、服装、皮革及相关产品制造业;3表示木材加工及木、竹、藤、棕、草制品业;4表示造纸及纸制品业、印刷业;5表示焦炭和精炼石油产品;6表示化学及医药产品制造业;7表示橡胶及塑料制品业;8表示其他非金属矿物制品业;9表示基本金属及金属制品业;10表示计算机、电子和电气设备制造业;11表示机械设备制造业;12表示交通运输设备制造业;13表示其他制造业、机器设备的修理和安装。

别由 2005 年的 366183.1 百万美元、240585.8 百万美元、137530.8 百万美元增加到 2015 年的 558457.8 百万美元、424317.3 百万美元、269828.8 百万美元，分别增长 192274.7 百万美元、183731.5 百万美元、132298 百万美元。从增长速度来看，如图 6-2 所示，其他制造业、机器设备的修理和安装业，食品、饮料制造及烟草业的增长速度相对较高，年均增长速度均高于 7%。而木材加工及木、竹、藤、棕、草制品业，造纸及纸制品业、印刷业，基本金属及金属制品业，计算机、电子和电气设备制造业的增长速度相对较低，年均增长速度低于 5%。由此可见，传统制造产业增长速度相对较慢，说明了"一带一路"主要经济体国内制造业发展开始注重质量与效益，高污染、高耗能产业正在逐步被中高技术水平的产业发展所替代；另外，由于"一带一路"主要经济体大多为经济发展水平较低的发展中国家和正处于经济发展战略转型期的新兴经济体，受制于自身技术创新能力影响，以计算机、电子设备为主的高技术含量产业发展速度也相对较慢。

通过上述部分对有关中国与"一带一路"主要经济体制造业按产业分中间品贸易发展情况的分析可知，中国制造业下各细分产业年均增长率普遍高于 10%，而"一带一路"主要经济体制造业各产业年均增长率普遍低于 10%，这说明制造业作为中国国民经济发展的重要支柱依然是中国对外贸易发展的重要竞争优势。区分制造业下各产业发展状况可以发现，中国与"一带一路"经济体在计算机、电子和电气设备产业上的中间品进出口总额最高，这说明中国与"一带一路"经济体作为发展中国家，在过去十几年的发展中，依托国内廉价的劳动力成本优势，承包了大量来自发达国家有关中、高技术产业的加工组装环节的转移。此外，中国和"一带一路"主要经济体的传统制造产业的年均增长率都出现了不同程度的放缓趋势，说明各国中间品进出口贸易都越来越依赖于产业链较长、技术含量较高的产业，传统劳动力密集型和资源密集型产业正在逐渐被高新技术产业的发展所替代。但中国中高技术产业的发展受惠于"科教兴国""人才强国"等创新驱动发展战略和自身综合竞争实力的稳步提升，增长速度要显著高于"一带一路"主要经济体，这说明中国在中高技术产业发展方面相对于"一带一路"沿线经济体而言具有比较优势。

（二）按技术类别分中国与"一带一路"主要经济体制造业的中间品贸易

为对比分技术条件下中国与"一带一路"沿线国家在制造业发展上的差异与相应的竞争优势，根据 Foster－McGregor 等的分类方法，按照技术密集程度高低将 OECD－TiVA 数据库 13 个制造业产业划分为低技术、中技术和高技术三个类别（如表6－3 所示）。

表6－3　OECD 制造业产业代码、名称及技术分类

产业代码	产业名称	技术类别
D10T12	食品、饮料制造及烟草业	低技术
D13T15	纺织品、服装、皮革及相关产品制品业	低技术
D16	木材加工及木、竹、藤、棕、草制品业	低技术
D17T18	造纸及纸制品业、印刷业	中技术
D19	焦炭和精炼石油产品	中技术
D20T21	化学及医药产品制造业	高技术
D22	橡胶及塑料制品业	中技术
D23	其他非金属矿物制品业	低技术
D24T25	基本金属及金属制品业	低技术
D26T27	计算机、电子和电气设备制造业	高技术
D28	机械设备制造业	高技术
D29T30	交通运输设备制造业	高技术
D31T33	其他制造业、机器设备的修理和安装业	低技术

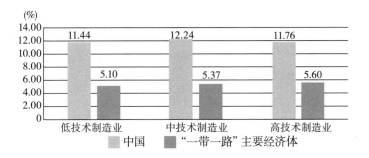

图6-3　中国与"一带一路"主要经济体制造业的中间品

进出口额 10 年间（2005—2015 年）增长率

表6-4 2005年、2007年、2009年、2011年、2013年和2015年

中国制造业的中间品进出口额及其占比

产业	指标	2005年	2007年	2009年	2011年	2013年	2015年
制造业	中间产品进出口额（百万美元）	612331.7	959378.5	909048	1469168.8	1707041.6	1850514.9
	占所有产业比重（%）	73.8	75.2	70.9	67.4	68.1	72.8
低技术制造业	中间产品进出口额（百万美元）	205422.4	330945.7	300722.4	506387.7	557673.6	607086.5
	占制造业比重（%）	33.5	34.5	33.1	34.5	32.7	32.8
中技术制造业	中间产品进出口额（百万美元）	45729.1	70439.8	73030.3	133533.4	158724.2	145162
	占制造业比重（%）	7.5	7.3	8	9.1	9.3	7.8
高技术制造业	中间产品进出口额（百万美元）	361180.2	557993	535295.3	829247.7	990643.8	1098266.4
	占制造业比重（%）	59	58.2	58.9	56.4	58	59.3

数据来源于 OECD - TiVA 数据库。

表6-5 2005年、2007年、2009年、2011年、2013年和2015年

"一带一路"主要经济体制造业的中间品进出口额及其占比

产业	指标	2005年	2007年	2009年	2011年	2013年	2015年
制造业	中间产品进出口额（百万美元）	1790374.1	2515351.2	2185020.9	3344282.1	3390703.4	3024759.3
	占所有产业比重（%）	55.2	55.0	53.1	53.8	53.9	57.3
低技术制造业	中间产品进出口额（百万美元）	649602.9	975189.0	783497.8	1219987.6	1183351.5	1068292.9
	占制造业比重（%）	36.3	38.8	35.9	36.5	34.9	35.3
中技术制造业	中间产品进出口额（百万美元）	278856.2	390490.4	360817.9	639156.0	679761.7	470493.8
	占制造业比重（%）	15.6	15.5	16.5	19.1	20.0	15.6
高技术制造业	中间产品进出口额（百万美元）	861915.0	1149671.8	1040705.2	1485138.5	1527590.2	1485972.6
	占制造业比重（%）	48.1	45.7	47.6	44.4	45.1	49.1

数据来源于 OECD - TiVA 数据库。

由表6-4和表6-5可知，2005年、2007年、2009年、2011年、2013

年和 2015 年"一带一路"主要经济体和中国的不同类别制造业（低技术制造业、中技术制造业和高技术制造业）的中间品进出口贸易额均呈现出相似的不断增长的趋势。总体来看，中国制造业的中间品进出口额由 2005 年的 612331.7 百万美元增长到 2015 年的 1850514.9 百万美元，10 年年均增长量高达 123818.32 百万美元，年均增长速度为 11.69%；"一带一路"主要经济体制造业的中间品进出口额由 2005 年的 1790374.1 百万美元增长到 2015 年的 3024759.3 百万美元，10 年年均增长量高达 123438.52 百万美元，年均增长速度为 5.38%。由此可见，尽管"一带一路"主要经济体制造业进出口贸易总额规模较大，但其增长速度要显著低于中国。这一方面说明中国工业基础相较"一带一路"主要经济体而言更为雄厚，制造业竞争新优势正在不断培育中，高水平的工业现代化正在稳步实现。制造业作为工业的主体，已经成为中国对外贸易的主力军，也是中国吸引外商直接投资的重要领域。另一方面也说明中国制造业在发展过程中比"一带一路"主要经济体具有更为强大的优越性。此外，中国完善的基础设施建设、政策制度保障、稳定和谐的营商环境、健全的产业配套体系等良好的软硬环境为中国制造业的发展提供了强力支持。

从分技术类别来看，尽管中国与"一带一路"主要经济体不同类别制造业进出口贸易总额呈现上升趋势，但是所占总产业进出口额比重却呈现出复杂变化趋势。"一带一路"主要经济体和中国都是高技术制造业所占制造业总体比重最高，中技术制造业所占比重最低。中国的高技术制造业中间产品占制造业进出口总额比重要显著高于"一带一路"主要经济体，2005—2015 年所占比例均高于 50%，说明中国相比"一带一路"主要经济体，在高技术制造业领域具有竞争优势。中国和"一带一路"主要经济体低技术制造业的中间产品进出口额比重都呈现出一定程度的下降趋势，而中、高技术制造业的中间产品进出口额比重呈现上升趋势。从增长速度来看，如图 6-3 所示，中国和"一带一路"主要经济体技术类别相对较高的制造业中间产品进出口额 10 年间增长速度较快，低技术制造业 10 年间增长速度较为缓慢，这意味着中国与"一带一路"主要经济体制造业的中间品进出口贸易越来越依赖于产业链较长的、技术含量较高的产业。

（三）中国与"一带一路"主要经济体制造业的基本结构性特征

中国与"一带一路"主要经济体在计算机、电子和电气设备等高技术行业的中间品进出口额总值最高，这与其在全球价值链体系中传统的国际分工地位是密不可分的，产品的研发与设计环节依然被发达国家所掌握，中国与"一带一路"主要经济体主要依靠承包产品的加工组装等低附加值环节嵌入全球价值链分工体系；中国与"一带一路"主要经济体传统的高耗能、高污染制造业增长速度正在放缓，技术要素含量高的中高技术产业发展速度正在不断加快，但是中国的增长速度要显著高于"一带一路"主要经济体，说明中国在中、高技术产业发展方面相对于"一带一路"主要经济体而言具有比较优势。通过将制造业进出口总额所占比重按技术（低技术制造业、中技术制造业和高技术制造业）分类比较来看，都是高技术行业所占比重最高且发展速度较快，低技术行业次之，中技术行业最低，这一方面说明了中国与"一带一路"主要经济体制造业的中间品进出口贸易越来越依赖于产业链较长的、技术含量较高的产业，但低技术行业中间品进出口贸易总额占制造业比重高于中技术行业也说明了中国与"一带一路"主要经济体在关键与核心技术等方面的不足，提高自主创新能力依旧任重道远。

二、中国制造业在"一带一路"价值链中的地位评价

目前全球经济发展进入瓶颈期，贸易保护主义愈加严重，新冠肺炎疫情发展常态化，世界经济走势难以预料。"一带一路"倡议的提出顺应经济全球化的历史潮流，顺应全球治理体系变革的时代要求。"一带一路"倡议借用古代"丝绸之路"的历史符号，高举和平发展的旗帜，主动发展与沿线国家的经济合作伙伴关系，打造政治互信、经济融合、文化包容的利益共同体、命运共同体和责任共同体。在全球生产、贸易和投资格局正在酝酿深刻调整，亚欧国家都面临经济转型升级，需要进一步激发域内发展活力与合作潜力之时，"一带一路"倡议构想的提出，契合沿线国家的共同需求，为沿线国家优势互补、开放发展开启了新的机遇之窗。根据中国"一带一路"官方网站数

据，2013 年至 2018 年，中国与"一带一路"沿线国家货物贸易额超 6 万亿美元，占外贸总额比从 25% 上升至 27.5%；中国对"一带一路"沿线国家直接投资额高达 900 亿美元。在"一带一路"倡议下，中国参与生产分工网络的程度愈加深入，当前全球价值链（Global Value Chain, GVC）不稳定性加强，以中国作为链主的"一带一路"区域价值链（Regional Value Chain, RVC）对中国发展的重要性不言而喻。

制造业是一个国家生产能力和国民经济的基础和支柱，是立国之本、兴国之器、强国之基，体现社会生产力的发展水平。一个国家没有强大的制造能力，就没有国家和民族的强盛。打造具有国际竞争力的制造业，是中国提升综合国力、保障国家安全、建设世界强国的必由之路。国家统计局统计数据表明，中国经济的增长主要依赖于制造业的成长，制造业的增加值在国内生产总值中一直维持在 40% 以上，中国财政收入的一半来自制造业。2015 年 5 月，国务院发布《中国制造 2025》明确提出通过"三步走"实现制造强国的战略目标：第一步，到 2025 年迈入制造强国行列；第二步，到 2035 年中国制造业整体达到世界制造强国阵营中等水平；第三步，到新中国成立一百年时，综合实力进入世界制造强国前列。"一带一路"参与国因经济发展水平、比较优势和要素禀赋等原因，制造业嵌入"一带一路"价值链地位各不相同，地位高低代表获益能力高低，解析中国制造业在"一带一路"价值链中的分工地位及演变趋势，不仅有利于中国从制造大国走向制造强国，对于中国更好发挥"一带一路"链主身份，引领参与国共同发展也有重大意义。

学术界对全球价值链进行了全面且深入的研究，但对于"一带一路"价值链或区域价值链的关注并不多。2020 年新冠肺炎疫情在世界各国不同步地暴发，全球产业链、价值链的中断使各国加强了对区域价值链的重视。由于地理、经济、政治和文化的紧密性，中国学者研究有关亚太地区价值链和"一带一路"区域价值链的居多。欧定余、田野、张磊（2020）提出在全球新冠肺炎疫情常态化和经济放缓的背景下，中日韩联合构筑东北亚区域价值链不仅能有效应对疫情冲击，更有助于经济的进一步发展。崔日明、李丹（2020）以中国和东盟在新冠肺炎疫情背景下经贸合作逆势增长为依据，提出进一步推动中国—东盟区域价值链的构建。熊彬、范亚亚、李容（2020）则在增加值贸易框架下测算了东亚各国制造业在东亚区域价值链的分工地位，其中中国以简单价值链参与形式嵌入东亚价值链。张志明、李健敏（2020）利用增加值贸易核算法分析了中国嵌入亚太价值链的地位指数，发现中国嵌入亚太价值链的分工地位相对较低，工人技能结构优化、人均资本水平提升和产出规模扩大有助于提升中国参与亚太价值链生产网络分工地位。戢仕铭（2021）利用增加值贸易数据和贸易网络分析法探讨了亚洲区域价值链整体结构和参与度在疫情前后的变化。欧定余、侯思瑶（2021）以双循环新发展格局为背景分析了东亚区域价值链在促进中国经济高质量发展中的支持作用。

有关"一带一路"区域价值链的相关文献主要聚焦于强调"一带一路"价值链的中间作用及如何构建以中国为主导的"一带一路"区域价值链。吴博（2020）通过实证分析发现"一带一路"区域价值链和中国国内价值链相互作用促进中国产业结构转型升级。彭冬冬、林珏（2021）基于2000—2015年64个"一带一路"沿线国家间的数据发现，深化"一带一路"沿线自由贸易协定对区域价值链合作具有显著提升效应。张卫华、温雪、梁运文（2021）发现在"一带一路"价值链中，与中国引力较大的国家主要是位于"一带一路"前端的东盟和俄罗斯。李焱、高雅雪、黄庆波（2020）利用 RVCpar、VSS 和 GVC 地位指数等指标分析"一带一路"沿线国家对区域价值链的关联程度与中国主导"一带一路"区域价值链的能力，还从新雁群模式、多支点多层次分工体系、发挥中国主导国枢纽作用等方面为"一带一路"区域价值链的发展提供有效方案。

通过对上述文献的梳理可以发现，有关区域价值链的研究在新冠肺炎疫情暴发后也相继涌出，现有研究都一致肯定区域价值链对中国高质量发展的积极作用，肯定中国以"一带一路"价值链为依托实现全球价值链的攀升，但对中国制造业嵌入"一带一路"区域价值链地位测算及分析相对较少。因此，在前人研究的基础上，基于增加值贸易框架从参与程度和分工地位两个角度分析中国制造业及细分行业嵌入"一带一路"区域价值链的地位演变，有利于全面认识中国制造业在"一带一路"区域价值链中的发展情况，为中国制造业优化升级提供参考，也有助于促进"一带一路"沿线国家的共同发展。

（一）"一带一路"价值链地位核算

在全球价值链的快速发展下，生产环节也不断被细分、在世界范围内进行分配，全球生产呈现"碎片化"格局。中间品的多次跨境交易对核算经济体参与国际生产及贸易的利得提出新的挑战。准确衡量一国在全球价值链中的分工地位对分析全球价值链的利益分配及升级重构起着至关重要的作用。Hummels et al.（2001）提出的"垂直专业化指数（share of vertical specialization, VSS）是衡量经济体在全球价值链中的分工地位良好的开端，垂直专业化指数是用进口的中间产品所创造的贸易额占总出口额的比例来衡量的，该指数越大一国在全球价值链中的分工地位越高。但由于垂直专业化指数有两大极为严格的假设，测算结果往往与现实有所出入。Hausman et al.（2007）提出用出口技术复杂度（EXPY）来衡量一国在全球价值链中的分工地位。该指标主要通过出口产品技术含量间接考察一国分工地位。由于中间产品多次跨境情况的存在，该指标常常会高估以加工贸易为主的发展中国家的分工地位。

Koopman et al.（2010）基于对贸易增加值分解提出的 KPWW 测算框架是对全球价值链理论的重大突破。他们在贸易增加值核算体系下构建了全球价值链参与指数和地位指数，这两大指数可以准确衡量一国某产业在全球价值链中的参与程度和分工地位，有效解决中间产品的多次跨国流动所引起的高估问题。因此，该指数得到了国内外学者们的广泛认同和应用，用这一方法解析中国制造业嵌入"一带一路"价值链的地位演变，具体如下：

1. 价值链参与指数

价值链参与指数用来衡量一国某产业在价值链中的参与程度，表现为一国出口中间接增加值和国外增加值的总和占总出口的比重：

$$RVC - Participation_{in} = \frac{IV_{in}}{E_{in}} + \frac{FV_{in}}{E_{in}}$$

其中，$RVC - Participation_{in}$ 表示 n 国 i 产业在"一带一路"价值链中的参

与程度，IV_{in}表示 n 国 i 产业间接增加值出口，即"一带一路"其他国家出口中包含的 n 国 i 产业的增加值；FV_{in}表示 n 国 i 产业出口中包含的"一带一路"其他国家的增加值；E_{in}表示 n 国 i 产业总出口；IV_{in}/E_{in}是 n 国 i 产业总出口中间接增加值所占比重，即 n 国 i 产业在"一带一路"价值链中的前向参与率；FV_{in}/E_{in}是 n 国 i 产业总出口中国外增加值所占比重，即 n 国 i 产业在"一带一路"价值链中的后向参与率。RVC 参与指数越大，一国某产业参与"一带一路"价值链的程度也就越高。

2. 价值链地位指数

由于即使两个国家在价值链中的参与程度相差无几，但两个国家在价值链的分工地位上可能会大相径庭。因此，Koopman et al.（2010）构建了反映一国在价值链中地位指数，具体指一国的间接增加值出口与国外增加值出口的差距：

$$RVC - Position_{in} = ln\left(1 + \frac{IV_{in}}{E_{in}}\right) - ln\left(1 + \frac{FV_{in}}{E_{in}}\right)$$

一般来说，$RVC - Postion_{in}$表示 n 国 i 产业在"一带一路"价值链中的分工地位，RVC 地位指数越大，一国某产业在"一带一路"价值链中的分工地位越高，获益能力也就越强。若一国某产业向"一带一路"其他国家出口产品的间接增加值高于国外增加值，表明该国某产业在"一带一路"价值链中处于更多地为"一带一路"其他国家提供中间品的地位，即"一带一路"价值链的上游地位，反之则处于下游地位。

3. 数据来源及产业分类

OECD 国际投入产出（ICIO）数据库包含由 OECD – WTO 联合发布的增加值贸易数据库（Trade in Value Added，TiVA）。TiVA 数据库收录了全球 63 个国家一系列基于增加值贸易核算法分解的国际贸易增加值指标。参考黄光灿（2018）的研究，选取 TiVA 数据库中 2005—2015 年中国 12 类制造业行业数据，并将其划分为低技术（LL）、中低技术（ML）、中高技术（MH）和高技术（HH）四个层次分析中国制造业嵌入"一带一路"价值链的分工地位，如表 6 – 6 所示。

表6-6 制造业产业代码、名称及技术分类

分类代码	产业名称	技术分类
C15T16	食品、饮料及烟草业	低技术
C17T19	纺织品、皮革及制鞋业	低技术
C20T22	纸、木材制品及印刷业	低技术
C23	石油加工及炼焦业	中低技术
C24	化学及化工业	中低技术
C25	橡胶塑料制品业	中低技术
C26	非金属矿制品业	中低技术
C27T28	金属制品业	中低技术
C29	机械设备制造业	中高技术
C30T33	电子和光学仪器制造业	高技术
C34T35	运输设备制造业	中高技术
C36T37	其他制造业及回收加工业	低技术

（二）中国制造业嵌入"一带一路"价值链分工参与程度

1. 中国制造业总体嵌入"一带一路"价值链参与指数分析

如图6-4所示，中国制造业总体嵌入"一带一路"价值链参与指数整体呈下降趋势。从2005年的0.616下降至2015年的0.417，但基本保持在0.4以上，参与"一带一路"价值链的程度适中。在2008年全球金融危机之前，中国制造业嵌入"一带一路"价值链程度总体保持在0.5以上，但表现出明显的下降趋势；2008年之后，中国制造业嵌入"一带一路"价值链参与指数趋于稳定，整体仍趋于下降。与参与指数趋势一致的还有后向参与率（国外"一带一路"国家增加值率），2005年至2015年整体呈现下降趋势。改革开放初期，由于中国技术、资金等要素的匮乏，中国制造业出口中的国外"一带一路"增加值增长速度远远高于国内增加值的增长。2005年中国制造业出口中后向参与率为0.441，前向参与率仅为0.175。2005年至2008年，在中国对外战略和金融危机的影响下，中国制造业出口中国外"一带一路"国家增加值率下降幅度明显，2008年为0.299，国内增加值率也稍受影响。2008年之后，中国制造业出口中国外"一带一路"国家增加值率和国内增加值率

除了微小波动外整体保持稳定，但国外"一带一路"国家增加值率仍普遍高于国内增加值率。因此，在中国早期对外出口导向战略下，制造业总体嵌入"一带一路"价值链参与程度主要依靠后向参与率。

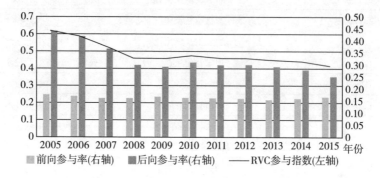

图6-4　中国制造业总体嵌入"一带一路"价值链参与指数

2. 中国制造业分行业嵌入"一带一路"价值链参与指数分析

从中国制造业分行业数据看，石油加工及炼焦业，电子和光学仪器制造业，纸、木材制品及印刷业，化学及化工业，其他制造业及回收加工业参与"一带一路"价值链的程度较深，2015年参与指数分别为0.869、0.593、0.549、0.529、0.404，但整体仍呈现下降趋势。石油加工及炼焦业，化学及化工业，纸、木材制品及印刷业作为中、低技术制造业在"一带一路"价值链中的参与指数普遍高于高技术制造业。中国电子和光学仪器制造业作为高技术行业2005年参与指数高达0.821，2015年参与指数仍较高为0.593，中国电子和光学仪器制造业主要以前向参与方式嵌入"一带一路"价值链。此外，金属制品业，纺织品、皮革及制鞋业，机械设备制造业，非金属矿制品业，运输设备制造业，食品、饮料及烟草业参与"一带一路"价值链的程度较浅，参与指数普遍低于0.4，但这六个行业参与"一带一路"生产网络的程度稳定性较强，波动性小，这多是由于这几个行业出口中国外"一带一路"增加值率不高（如图6-5所示）。

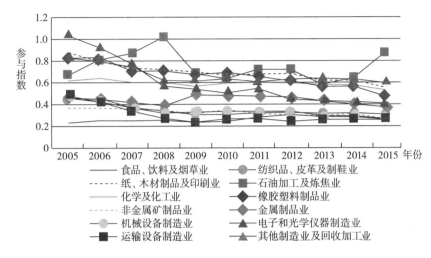

图6-5 中国制造业分行业嵌入"一带一路"价值链参与指数

（三）中国制造业嵌入"一带一路"价值链分工地位

和参与指数相反，如图6-6所示，中国制造业嵌入"一带一路"价值链分工地位指数呈现不断上升趋势，地位指数从2005年的-0.204上升至2015年的-0.069，尤其是2005年至2008年，中国制造业参与"一带一路"价值链的分工地位上升速度快、幅度大。2005年至2015年，制造业嵌入"一带一路"价值链分工地位主要分为两大阶段。

第一阶段（2005—2008年）：中国制造业RVC地位指数快速上升阶段。这一阶段是中国在改革开放初期探水后的成长阶段。2001年中国加入WTO，改革开放力度持续增强，在融入经济全球化的浪潮下不断调整对外战略，开始注重在制造业上的自主研发，减少对国外"一带一路"国家增加值的依赖，逐渐由以后向参与方式为主向以前向参与方式嵌入"一带一路"价值链转移。因此，第一阶段中国国内增加值上升明显，实现了RVC地位的快速攀升。

第二阶段（2008—2015年）：中国制造业RVC地位指数局部曲折整体稳定阶段。2008年世界金融危机爆发，世界经济疲软，全球贸易锐减，"一带一路"价值链的发展也因此受到影响。但中国制造业参与"一带一路"价值链的地位指数受金融危机的影响没有预期的大，在2008—2009年价值链指数甚至出现微弱上升。一方面，可以看出区域价值链在经济不稳定时表现出的韧性；另一方面，也表现出中国制造业在"一带一路"价值链中不断向上游转移的趋势，中国制造业总体参与"一带一路"利益分割的能力在增强。

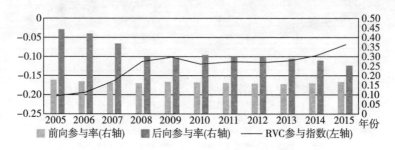

图 6-6 中国制造业总体参与"一带一路"价值链分工地位指数

如图 6-7 所示，2005—2015 年中国制造业分行业嵌入"一带一路"价值链地位指数也整体呈现上升趋势，其中其他制造业及回收加工业、电子和光学仪器制造业、运输设备制造业、纺织品、皮革及制鞋业、橡胶塑料制品业分工地位有明显上升，2015 年地位指数分别为 -0.185、-0.257、-0.085、0.0006、0.008，但仍低于石油加工及炼焦业、化学及化工业、金属制品业、非金属矿制品业的地位指数。石油加工及炼焦业、化学及化工业、金属制品业、非金属矿制品业的地位指数较为稳定，基本保持在 0 以上。因此，2005—2015 年中国制造业参与 RVC 价值链大致形成低技术、中低技术制造业占据价值链中高位环节或上游环节，主要以前向参与方式嵌入"一带一路"价值链，而中国中高技术、高技术制造业则占据 RVC 价值链低端环节或下游环节，主要以后向参与方式嵌入"一带一路"价值链。因此，中高技术制造业在"一带一路"价值链中的分工地位上升空间较大。

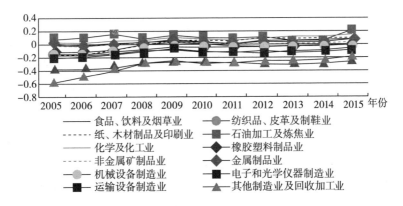

图6-7　中国制造业分行业参与"一带一路"价值链地位指数

（四）中国制造业在"一带一路"价值链中的总体评价

当前，经济全球化逆转、新冠肺炎疫情的暴发加剧了全球价值链、产业链的不稳定性，各国价值链趋向区域化、本地化和多元化。学术界关于区域价值链的研究也如雨后春笋般涌现，众多学者都肯定了区域价值链在全球经济不确定性加大环境中的韧性及其对中国经济高质量发展的助力作用。"一带一路"价值链是由中国带领形成并以中国为主的区域价值链，中国制造业在"一带一路"价值链中的地位不仅与中国自身紧密相关，还与"一带一路"沿线国家的共同发展密不可分。基于 Koopman（2010）的增加值贸易核算法分析中国制造业在"一带一路"价值链中的参与程度及分工地位，针对中国制造业嵌入"一带一路"价值链生产网络的地位演变，得出以下结论：

从制造业整体看，中国制造业总体参与"一带一路"价值链分工程度适中，但整体呈现不断下降趋势。与参与程度形成对比的是，中国制造业总体参与"一带一路"价值链分工地位不断上升，并表现出向"一带一路"价值链上游攀升的趋势。中国制造业出口中国外"一带一路"国家增加值普遍高于国内增加值，中国制造业主要以后向嵌入方式参与"一带一路"价值链生产网络，并表现出向前向嵌入方式转移的特征。此外，值得注意的是，2008年全球金融危机爆发，中国制造业在"一带一路"区域价值链中的分工地位出现小幅上升，再次验证了各位学者认为区域价值链是应对经济不稳定性冲击有效途径的观点。

从细分行业看，中国低技术、中低技术制造业参与"一带一路"生产网络的程度较高，但自2005年来呈现不断下降趋势；中国中高、高技术制造业参与"一带一路"生产网络的程度普遍较低，但稳定性高。2005—2015年，中国低、中、高制造业在"一带一路"价值链中的分工地位均表现出上升趋势，中高技术制造业上升幅度尤其明显，但中高技术制造业分工地位普遍低于低技术制造业，地位指数均在0以下，大多处于负责加工组装、代工贴牌等低增加值的下游位置。因此，提升高技术制造业在价值链中的分工地位是中国制造业实现"一带一路"价值链攀升的关键因素。

三、中国嵌入"一带一路"价值链的路径演进

当前，经济全球化逆转趋势加强，中国提出的"一带一路"倡议为发展中国家间的价值链合作指明了方向。截至2021年1月30日，中国已经同140个国家和31个国际组织签署205份共建"一带一路"合作文件（数据来源于2021年中国"一带一路"网）。随着加入"一带一路"国家的增多，生产链不断向国内外延伸，生产分工得到不断深化，相关产品生产将在"一带一路"国家间往返，生产网络将变得更加复杂。在价值链的深入发展下，产品的不同生产阶段将在多个国家和地区完成，中间品贸易逐渐占据主流。根据联合国商品贸易数据库可知，2005—2014年中国中间品贸易进口占总进口的比重长期在60%左右徘徊，中国中间品贸易出口占总出口的比重长期在40%左右徘徊。在"一带一路"倡议下，"一带一路"分工体系不断深化，参与国基于自身比较优势负责产品生产过程中特定环节的专业化生产。中国在"一带一路"价值链中的产业空间布局不断扩大，产业链不断向国内外延伸，区域性特征在中国产业空间布局上愈加凸显。那么，中国选择了怎样的路径嵌入"一带一路"区域价值链？在"一带一路"价值链中的嵌入路径呈现出怎样的演变趋势？在"一带一路"价值链中的嵌入路径是否具有行业异质性？探讨中国制造业在"一带一路"价值链中的嵌入路径，有利于准确把握中国制造业嵌入"一带一路"价值链的复杂程度及产业布局情况，有助于实行更加有针对性的产业升级政策。

目前，鲜有关于研究区域价值链嵌入的文献，但有一些关于全球价值链嵌入的研究值得借鉴。解析全球价值链嵌入主要从增加值贸易和全球价值链生产链长度两大方面入手。

产品自生产到消费所经历的生产阶段数量，可以反映生产过程的复杂程度及国家行业部门在价值链中的上下游情况。价值链生产长度最早可源于Romero在全球"碎片化"分工生产格局下提出的平均增值步长（Average Propagation Length，APL）。Fally（2011）把价值链中生产阶段的数量定义为生产分割长度。Antras（2012）则提出了"上游度（upstreamness）"以衡量国家行业在全球价值链中的位置情况。Fally（2011）和Antras（2012）都以美国为对象进行相关研究，发现美国的生产长度呈下降趋势，在上游度指标上具有行业异质性。国内倪红福、王直等人对价值链生产长度的研究颇有成果，倪红福等（2016）发现中国和欧美等发达国家的生产链长度变化趋势呈反向关系，随着中国参与全球生产网络的程度加深，中国的生产链长度整体处于上升趋势，而欧美等发达国家随着产业转移战略的实施全球生产链长度在下降。王直（2017）构建了平均生产链长度和相对上游度指标，并基于世界投入产出表发现全球价值链生产长度整体呈上升趋势。

现有文献多聚焦于研究中国嵌入全球价值链，研究区域价值链的不少，但鲜有从生产链长度视角分析中国在"一带一路"价值链中的嵌入路径。本书将基于生产链长度视角，借鉴闫云凤（2018）提出的全球价值链生产链长度指标，构建反映国内生产链长度和"一带一路"生产链长度的指标，分析中国制造业在"一带一路"价值链中的嵌入路径。可能的创新点在于：

（1）基于"一带一路"价值链测算了中国制造业及其细分行业的生产长度，并将生产链长度分解为纯国内生产链长度、传统贸易生产链长度和"一带一路"生产链长度，可以全面分析中国制造业在"一带一路"价值链中的嵌入路径；

（2）从功能分离和空间分离两大角度分析中国制造业嵌入"一带一路"价值链的理论机理，还进一步探讨了制造业细分行业在"一带一路"价值链中的不同嵌入路径，全面展示了中国制造业在"一带一路"价值链中的发展趋势。

（一）模型构建与数据来源

1. "生产链长度"的定义及测算方法

王直（2017）将某一产业"生产链长度"定义为该部门增加值被计算为总产出的次数，即该产业从最初增加值投入到最终品消费平均生产阶段的数量。古典学派经济学家亚当·斯密在其经济学理论著作《国民财富的性质和原因的研究》一书中阐明了财富与劳动分工的关系，他认为财富与劳动是密切相关的，专业化的劳动分工有助于提高经济效率。随着全球价值链的发展逐步深入，各国的生产活动将会进一步细化和专业化，国家之间、产业之间的生产关系将会更为复杂，生产链条的长度随之发生改变，进而提高了参与全球价值链分工各国的经济效率与福利化水平。因此，从生产链长度的角度出发考察中国嵌入"一带一路"价值链的路径，有助于我们更好地理解和把握生产过程的真实性与复杂性。具体测算方法如下：

首先基于全球投入产出表提取出"一带一路"所有沿线国家制造业下各细分产业数据，重新编制基于"一带一路"沿线国家的"一带一路"投入产出表。

假设有 G 个国家，N 个部门，根据"一带一路"投入产出模型，各沿线国家各产业的增加值可以表示为：

$$\hat{V}(I-A)^{-1}Y = \hat{V}BY \qquad (6-1)$$

其中，V 是 $GN \times 1$ 向量，表示隐含在最终品中的直接增加值与间接增加值，V 是 $GN \times 1$ 的直接增加值系数向量，A 是 $GN \times GN$ 的直接消耗系数矩阵，B 是 Y 的里昂惕夫逆矩阵，Y 是 $GN \times 1$ 的最终使用列向量。

以每个生产阶段的长度（即生产阶段数）为权重，将所有生产链上的所有隐含增加值加总则得到"一带一路"价值链上各个国家和各产业增加值所推动的总产出 x：

$$x = \hat{V}Y + 2\hat{V}AY + 3\hat{V}AAY + \cdots = \hat{V}(1+2A+3AAA+\cdots)Y =$$
$$\hat{V}(B+AB+AAB+\cdots)Y = \hat{V}BBY \qquad (6-2)$$

根据上述对"生产链长度"的定义，各个国家各个产业的"生产链长度"（Production Length，PL）可以表示为：

$$PL = \frac{x}{y} = \frac{\hat{V}BBY}{\hat{V}BY} \qquad (6-3)$$

公式 6-3 测算的是以单位增加值引起的总产出，即各国每个产业的增加值在"一带一路"价值链中的足迹，生产链的长度代表了一国产业增加值被计算为总产出的次数。

因此，一个国家 S 在"一带一路"价值链中的"生产链长度"即为该国各个产业的生产链长度的加权平均值，权重为各产业国内增加值占该国国内增加值的比重，用公式表示如下：

$$PL_S = \sum_i \ (W_{S,i} \times PL_{S,i}) \ = \sum_i \ (\frac{V_{S,i}}{V_S U'} \times PL_{S,i}) \qquad (6-4)$$

其中，PL_S 表示 S 国的生产链长度，$W_{S,i}$ 表示 S 国 i 产业的权重，$V_{S,i}$ 表示 S 国 i 产业的国内增加值，$V_S = \sum_i V_{S,i}$ 表示 S 国的国内增加值，U' 表示一个元素为 1 的 $1 \times N$ 单位向量。

2. "生产链长度"的分解

借鉴王直（2017）的研究，在"一带一路"价值链中，各个国家各个产业的生产活动按照增加值的去向可以分解为三部分：

$$\hat{V}BY = \hat{V}LY^D + \hat{V}LY^F + \hat{V}LA^F BY \qquad (6-5)$$

其中，L 表示国内里昂惕夫逆矩阵，它是一个 $GN \times GN$ 的对角模块矩阵，Y^D 表示 $GN \times 1$ 的国内最终消费列向量，Y^F 表示 $GN \times 1$ 的出口最终品列向量，A^F 表示 $GN \times GN$ 的进口直接消耗系数矩阵。式 6-5 中的 $V-D$ 表示国内增加值隐含在国内消耗最终品中的部分；$V-RT$ 表示国内增加值隐含在出口最终品中的部分；$V-RVC$ 表示国内增加值隐含在出口中间品中的部分，即为嵌入"一带一路"价值链的增加值。

通过上述分解公式可以将各国各产业的生产链长度进行分解，可以得到：

$$PL = W^D \times PL-D + W_{RT} \times PL-RT + W^{RVC} \times PL-RVC \qquad (6-6)$$

其中，W 表示权重，W^D、W^{RT}、W^{RVC} 分别对应式（6-5）中 $V-D$、$V-RT$、$V-RVC$ 部分占国内增加值的比重，通过上述 6-1~式 6-3 的推导，

式6-6中各部分的计算公式为：

$$PL-D = \frac{\hat{V}BBY^D}{\hat{V}BY^D}, \quad PL-RT = \frac{\hat{V}BBY^F}{\hat{V}BY^F} \qquad (6-7)$$

$$PL-RVC = \frac{\hat{V}LLA^FBY}{\hat{V}LA^FBY} \qquad (6-8)$$

其中，$PL-D$ 表示纯国内生产链长度，$PL-RT$ 表示传统贸易生产链长度，且前两部分由于只参与国内生产而不参与"一带一路"价值链生产，因此都属于国内价值链长度。$PL-RVC$ 则表示"一带一路"生产链长度。

以图片的形式更加直观地展现出生产链长度的分解：

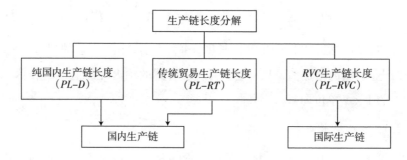

图6-8　生产链长度的分解

3. 生产链长度变化的影响因素

借鉴 Romero（2009）和倪红福等（2016）的研究成果可知，生产链长度的变化是基于两种外部力量的推动效应而发生的，即空间分离与功能分离。空间分离是指根据产品不同的生产阶段和功能分布在国内或者国外的不同地区。功能分离是指产品在生产过程中所涉及的研发、设计、组装、加工、销售等不同功能环节分离出去外包给不同企业，从而获得利益最大化。随着技术进步的不断加快，生产功能的发展呈现出碎片化、模块化和标准化等特点，生产过程的不同阶段任务和功能可以被分离出来独立进行，这样有利于生产效率的提升并进一步推动空间与功能相互分离。

生产过程的空间与功能分离可以使企业更好地从事专业化的生产，提高企业生产效率并优化企业生产结构，可以更加高质量地嵌入全球或区域价值链的分工体系。在"一带一路"价值链的分工体系中，一国企业可以选择的路径主要分为：同时嵌入"一带一路"价值链和国内价值链、从国内价值链转移到"一带一路"价值链、从"一带一路"价值链转移到国内价值链、逆全球化等。一国企业所选择的不同发展战略和发展模式决定了一国各产业在生产链长度上的差异性，并在"一带一路"价值链中呈现出不同的生产分割模式与演进路径，如表6-7所示。

表6-7　生产链长度的演进机理与路径选择

路径	嵌入机制	国内生产链	"一带一路"生产链	整体生产链
路径1：同时延长国内和"一带一路"产业链	跨国公司在全球范围内进行生产功能布局和空间布局，企业专业化从事某一个生产环节或功能，积极嵌入国内和"一带一路"生产网络，国内与"一带一路"国家生产分割呈现互补效应。	变长	变长	变长
路径2：同时缩短国内和"一带一路"产业链	企业的垂直一体化程度提高，企业兼并收购其上下游企业，多个功能在一个企业内完成，国内和"一带一路"国家的产业分工程度降低，生产复杂程度降低，产业的国内联系和"一带一路"国家联系均下降。	变短	变短	变短
路径3：产业链向"一带一路"国家转移	产业链向"一带一路"国家转移，"一带一路"国家生产代替国内生产，国内产业出现空心化，"一带一路"生产链变长，国内生产链缩短，整体生产链变化取决于国内和"一带一路"生产链变化的幅度。	变短	变长	不确定
路径4：产业链向国内回流	生产链向国内转移，产业回流，国内生产结构复杂度提高，国内生产链变长，"一带一路"生产链变短，国内和"一带一路"国家分工出现替代效应，整体生产链变化取决于国内和"一带一路"生产链变化的幅度。	变长	变短	不确定

4. 数据来源

WIOD 2016 数据库包含了 2000—2014 年全球 43 个国家或地区, 56 个部门间投入产出表。数据选自 WIOD 2016 数据库中 22 个"一带一路"参与国, 17 个制造业细分行业数据。22 个"一带一路"参与国是将 WIOD 数据库中的 43 个国家与中国"一带一路"官网发布的 140 个参与国进行匹配得到, 具体包括奥地利、保加利亚、塞浦路斯、捷克、爱沙尼亚、希腊、匈牙利、印度尼西亚、意大利、韩国、拉脱维亚、立陶宛、卢森堡、马耳他、波兰、葡萄牙、罗马尼亚、俄罗斯、斯洛伐克、斯洛文尼亚、土耳其、克罗地亚共 22 个国家; 制造业包括食品、饮料及烟草业, 纺织品、皮革及制鞋业, 木材制品、纸制品及印刷业, 石油加工及炼焦业, 化学及化工业, 基础药品和制剂业, 橡胶塑料制品业, 非金属矿制品业, 基本金属制品业及金属制品业, 计算机、电子和光学仪器制造业, 电气设备制造业, 机械设备制造业, 汽车、挂车和半挂车制造业, 其他运输设备制造业, 其他制造业共 17 个细分行业。

(二) 中国制造业生产链长度演进路径

1. 中国制造业整体生产链长度演进路径

2000—2014 年中国制造业生产链长度增加, 生产链长度从 2000 年的 2.8579 上升到 2014 年的 3.5451, 上升了 19.38%, 中国制造业嵌入"一带一路"价值链生产结构复杂度提升。其中, 制造业纯国内生产链长度 (PL-D) 从 2000 年的 2.5999 上升至 2014 年的 3.4857, 上升了 34.07%; 制造业传统贸易生产链长度则出现偏左的倒"V"型发展, 整体呈现下降趋势, 从 5.2847 下降至 4.2217, 下降了 20.11%; 制造业"一带一路"生产链长度从 2.5928 上升至 3.0781, 上升了 18.71%。总的来讲, 中国制造业国内生产链长度下降, 制造业"一带一路"生产链长度增加。因此, 2000 年至 2014 年中国主要以路径 2 嵌入"一带一路"价值链, 即中国制造业生产过程没有发生功能分离, 只有空间分离, 产业链向"一带一路"转移。中国以路径 2 嵌入"一带一路"价值链的主要原因是"一带一路"国家间具有较强的互补性。中国通过"一带一路"价值链进行低端产业转移, 实现产业结构高端化。

如图 6 - 9 所示，中国制造业纯国内生产链长度上升幅度最大，说明 2000 年以来中国在凭借独特优势获得"世界工厂"地位的过程中，国内产业分工得到不断细化，产业关联度不断加强，制造业纯国内生产链长度不断延伸，中国现已成为世界上产业规模大、体系全和基础好的代表性国家。制造业传统贸易生产链长度下降和制造业"一带一路"生产链长度上升在预料之内，因为随着全球生产分工的不断深化，中间品跨境次数增加，中国作为加工贸易大国，出口产品的生产结构也变得更加复杂，所以中国制造业传统贸易生产链长度出现下降。"一带一路"倡议提出以来，本着共商共建共享原则，全面推进政策沟通、设施联通、贸易畅通、资金融通、民心相通，积极开发自由贸易试验区，加快探索建设自由贸易港，促进"一带一路"沿线国家的共同发展。中国通过"一带一路"价值链进行产业转移、产业合作等多种方式积极嵌入"一带一路"区域价值链，在"一带一路"生产链长度上升的同时也带动了国内生产链长度的增加。

从中国制造业生产链条的分解链条长度趋势来看，中国制造业整体生产链长度同制造业纯国内生产链长度趋势类似，说明中国制造业纯国内生产活动仍占全部生产活动的主要部分，所以受制造业纯国内生产链长度变化影响较大。但随着中国改革开放的深入，制造业纯国内生产活动的重要性在逐步降低。此外，制造业生产链长度、制造业纯国内生产链长度、制造业传统贸易生产链长度和制造业"一带一路"生产链长度都在 2002 年或 2003 年出现明显下降，很可能受到当时国内国有企业改革导致大多市场交易内部化、国际"911"事件导致跨国公司在全球范围内的投资意愿减少等因素的影响，这造成中国制造业生产过程的功能分离空间分离速度下降。从 2009 年开始，中国制造业生产链长度波动频率增加，主要由于 2008 年金融危机后，全球不确定概率增加，世界经济发展缓慢，欧美等发达国家掀起"再工业化"等原因。

通过对比中国制造业生产链条长度的分解链条可以看出，中国制造业传统贸易生产链长度明显高于制造业纯国内生产链长度，制造业"一带一路"生产链长度居后，但与制造业纯国内生产链长度差距较小。2000 年，制造业传统贸易生产链长度、制造业纯国内生产链长度和制造业"一带一路"生产

链长度分别为 5.2847、2.5999 和 2.5927，到 2014 年分别为 4.2217、3.4857
和 3.0781。尽管制造业纯国内生产链长度和制造业"一带一路"生产链长度
呈现明显上升趋势，制造业传统贸易生产链长度下降，但制造业传统贸易生
产链长度仍然占据首位。这说明 2000 年至 2014 年，虽然中国嵌入"一带一
路"价值链生产结构趋于复杂，产业关联度也不断增加，制造业生产过程的
空间分离速度有所上升，但中国仍以加工组装等低附加值方式参与生产体系，
实现价值链地位的攀升还需要再接再厉。

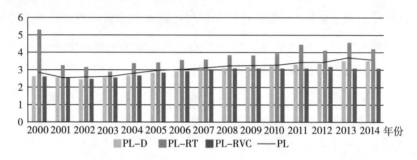

图 6-9　中国制造业整体生产链长度变化趋势

2. 中国细分产业生产链长度的演进路径

通过图 6-10 中对 2014 年中国各细分产业生产链长度及其分解结果可以
发现，制造业大部分细分产业的传统贸易生产链长度都是最高的，而 RVC 生
产链长度较低，说明中国各细分产业嵌入"一带一路"价值链生产的功能分
离和空间分离还不够彻底，生产结构的复杂程度较低。制造业大部分细分产
业的传统贸易生产链长度都明显高于纯国内生产链长度，在一定程度上体现
了中国生产的"二元结构"，由于和贸易部门相比纯国内消费生产部门而言，
分工程度更加标准化、细致化，技术水平也比非贸易部门要高，故而更易产
生空间与功能的分离，所以传统贸易生产链长度要显著高于纯国内生产链长
度。具体到细分产业部门，"r10"焦炭和精炼石油产品制造业的生产链长度
为 5.53，是所有细分产业生产链长度中最长的。这是因为焦炭和精炼石油产
品制造业可以为自身和"一带一路"沿线国家的生产提供原材料，很多产业
生产可持续功能的发挥离不开焦炭和精炼石油产品制造业的原材料供应，因

此该产业的国内和 RVC 生产链长度都比较长。生产链长度超过4.0的还有"r13"橡胶及塑料制品业（4.35）、"r15"基本金属及金属制品业（4.63）、"r14"其他非金属矿物制品业（4.74）、"r8"造纸及纸制品业、印刷业（4.72）、"r7"木材及软木制品业（5.08）、"r11"化学及医药产品制造业（5.34），这些产业的技术类别通常为中高级别且处于"一带一路"价值链的上游阶段，参与"一带一路"价值链产业分工程度较高，主要为国内企业和沿线国家企业提供中间产品和原材料，生产链长度较长。生产链长度低于2.5的制造业细分产业为"r12"基本药品和药物制剂的制造（2.30）、"r19"机械设备制造业（2.44）、"r20"汽车、挂车、半挂车制造业（2.24）、"r20"其他运输设备制造业（1.58）。生产链长度较低的产业主要集中于机械、交通等设备制造业，这些产业也大多处于"一带一路"价值链的上游阶段，生产链长度较短是因为这些产业的国内增加值所占比重较高，使得这些产业整体生产链长度相对较短。

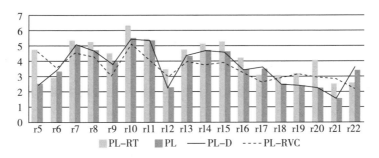

图6-10　中国各细分产业生产链长度（2014年）

由图6-11可知，从2000年到2014年，所有制造业细分产业无论是整体生产链长度还是 RVC 生产链长度都呈上升趋势。说明中国与"一带一路"沿线国家的贸易分工合作越来越密切。因为大部分"一带一路"沿线国家与中国地理位置相近，具备了形成区域价值链的初步条件。"一带一路"沿线国家大多为经济发展水平较低的发展中国家和处于经济转型发展时期的新兴经济体，缺乏资金、技术与管理经验。而中国自改革开放以来快速嵌入以欧美为主导的全球价值链中，经过近几十年来的发展积累了大量的资金与技术，具有相对成熟的研发与管理能力，可以从事除加工与组装外的高附加值环节。

因此，中国与"一带一路"沿线国家之间产业结构互补，具有良好的合作条件与基础。

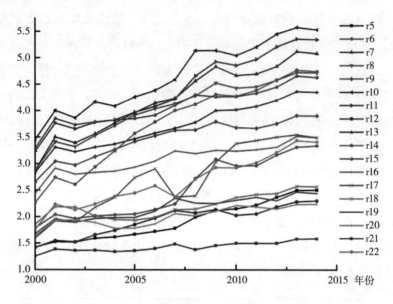

图 6 −11　中国各细分产业生产链长度变化趋势

为更好地比较中国制造业各细分产业在嵌入"一带一路"价值链和嵌入全球价值链升级过程中演进路径的不同，本书将对比分析中国制造业各细分产业的国内生产链长度、RVC 生产链长度和 GVC 生产链长度，从而更好地针对"一带一路"嵌入模式的优化升级提出更加合理的演进路径指导。

通过对中国制造业各细分产业的生产链长度、纯国内生产链长度、传统贸易生产链长度及 GVC 生产链长度进行分类汇总，首先归纳出中国制造业各细分产业的全球价值链演进路径（如表 6 −8 所示），总共分为四条演进路径。

首先，大部分细分产业（r5 ~ r11、r13、r16 ~ r18）在"一带一路"价值链分工体系中都是沿路径 1 演进的。"引进来"和"走出去"的对外开放发展战略提出以来，中国参与全球生产分工的进程不断加快，嵌入全球价值链的程度不断加深。尤其是 2001 年中国加入世界贸易组织之后，开始积极地嵌入全球价值链分工体系中，这在一定程度上提高了中国嵌入"一带一路"价值链分工体系的程度。中国制造业各细分产业吸引了大量外商直接投资，承接了大量来自欧美等发达国家的产业转移和外包,与此同时中国"走出去"的步伐也不断加快,积极从事跨国经营和对海外企业的兼收并购。中国对外发展战略在不断取得显著成就的同时,也大大拉长了中国制造业各细分产业的国际生产链长度,国内产业之间的联系程度也不断加深,生产过程的空间与功能分离不断加速,中国制造业的生产结构复杂程度显著提升,这在一定程度上推动了中国制造业大部分细分产业生产链长度和纯国内、传统贸易和GVC 生产链长度逐渐拉长。

其次,部分制造业各细分产业生产过程的演进路径呈现出国内生产与国际生产的相互替代性。其中,制造业细分产业(r15、r21)是沿路径 2 演进的,这在一定程度上说明了这些产业的国际生产正在逐步替代国内生产,究其原因,可能是受欧美等发达国家所倡导的"制造业回流"和"再工业化战略"的影响,导致出现高端制造业向发达国家回流,而中低端制造业出于其他新兴经济体更优惠的政策优惠和生产成本,开始逐步向其他发展中国家转移的趋势。细分产业(r12、r14、r19、r22)是沿路径 3 演进的,与上述分析相反,是国内生产替代了国际生产,由此导致国内生产链长度增加,GVC 生产链长度缩短,由于 GVC 生产链缩短幅度较大,因此生产链长度变长,国内生产结构复杂程度提高。其中,"r12"基本医药产品和医药制剂制造产业的国内生产链长度变长,离不开中国近年来对生物制药、医药研发等中高端制造业的政策支持与研发资金投入。医药产业作为制造业高增加值细分产业,前期投入成本高,回报周期长,因此该类企业会将大部分资金和精力投入研发部门,而将加工和生产环节外包给其他企业,由此带动整个国内生产链的延长。

最后,"r20"汽车、挂车、半挂车制造业在全球价值链中的生产链长度缩短了,并且其国内和 GVC 生产链长度也同时呈现变短趋势,这说明该产业的国际和国内生产复杂程度降低,产业分工程度也有所下降,因此,该产业是沿着路径 4 演进的。

表 6-8　中国制造业各细分产业在全球价值链中的演进路径

演进路径	国内生产链长度	GVC 生产链长度	生产链长度	制造业细分产业
路径 1：同时嵌入国内和全球价值链	变长	变长	变长	r5 ~ r11、r13、r16 ~ r18
路径 2：国内价值链转移到全球价值链	变短	变长	变化不确定	变短：r21 变化不大：r15
路径 3：从全球价值链转移到国内价值链	变长	变短	变化不确定	变长：r12、r14、r19 变化不大：r22
路径 4：功能组合与逆全球化并行	变短	变短	变短	r20

　　相比中国制造业各细分产业在全球价值链中的演进路径，其在"一带一路"价值链中的演进路径稍微简单一些，主要分为三条演进路径（如表 6-9 所示）。大部分制造业细分产业在"一带一路"价值链中也是沿路径 1（r5 ~ r19、r21）演进的。2000—2014 年，中国大部分制造业各细分产业在生产过程中实现了空间与功能的分离，国内生产分工联系和国内产业结构复杂程度都有了提升，嵌入"一带一路"价值链程度较深，与沿线各国的生产联系有所加强，国内生产链和 RVC 生产链长度整体都呈现波动上升趋势，整个产业的价值链长度也相应增加，说明大部分中国制造业各细分产业的嵌入路径是按照路径 1 逐步演进的。部分细分产业也出现了国内生产与国际生产的替代效应。需要注意的是，与中国制造业各细分产业在全球价值链中生产链长度变化的特征不同，中国制造业各细分产业在"一带一路"价值链中的生产链长度变化并不明显。其中，制造业细分产业（"r20"汽车、挂车与半挂车制造业）是沿着路径 2 演进的，说明该产业在"一带一路"价值链中是由国际生产替代了国内生产。汽车、挂车与半挂车制造业作为中高技术类别产业，贸易附加值较高。由于中国在"一带一路"价值链中处在研发、设计等高附加值环节，而大多数"一带一路"沿线国家处于生产、制造、组装与加工等低附加值环节，因此该产业的大部分组装、装配等低端环节主要外包给海外企业，而中国企业主要从事产品研发与设计环节。制造业细分产业（"r22"

家具制造及其他制造业）是沿路径 3 演进的，即国内生产替代了国际生产，这一变化趋势细分为家具制造业 RVC 生产链长度呈现出先增长后缩短两个阶段趋势。这是因为家具制造业作为低端技术产业，其生产依赖于价格低廉的原材料与劳动力成本，"一带一路"沿线国家在资源密集型与劳动力密集型产业方面具有比较优势，中国家具制造业的生产厂商将其加工组装等低附加值环节外包或跨国投资于"一带一路"沿线国家，从而获得更高的产业收益，因此前期会出现 RVC 生产链的显著增长。由于家具制造业为高污染、低附加值产业，近年来"一带一路"沿线国家在环境管控和资源保护等方面环保意识加强，对该类高污染、低附加值的资源密集型产业进行了严格的市场管控约束，由此后期出现了 RVC 生产链长度缩短的趋势。

表 6 – 9 中国制造业各细分产业在"一带一路"价值链中的演进路径

演进路径	国内生产链长度	RVC 生产链长度	生产链长度	制造业细分产业
路径 1：同时嵌入国内和"一带一路"价值链	变长	变长	变长	r5 ~ r19、r21
路径 2：国内价值链转移到"一带一路"价值链	变短	变长	变长	r20
路径 3：从"一带一路"价值链转移到国内价值链	变长	变短	变长	r22

（三）结论与启示

通过构建"一带一路"投入产出模型，将中国参与"一带一路"价值链的生产链长度分解为国内生产链（纯国内生产链、传统贸易生产链）长度和 RVC 生产链长度，为进一步对比分析中国制造业各细分产业嵌入"一带一路"价值链升级路径与嵌入全球价值链升级路径方式的不同，测算 GVC 生产链长度。基于 WIOD 数据库 2000—2014 年全球投入产出表编制"一带一路"投入产出表，对中国整体以及制造业各细分产业的生产链长度变化趋势和变化特征进行分析研究，由此探索中国制造业嵌入"一带一路"价值链的作用机理与演进路径。研究结论如下：

（1）中国制造业整体在"一带一路"价值链中的演进路径是按照路径 2 演进的，即制造业国内价值链转移到"一带一路"价值链，主要表现为国内生产链长度减少、"一带一路"生产链长度增加和整体生产链长度增加，这在一定程度上说明中国制造业与"一带一路"其他国家的强互补性，有助于推动中国制造业的高端化。中国制造业整体生产链长度受制造业纯国内生产链长度变化影响较大，说明中国制造业纯国内生产活动仍占全部生产活动的主要部分，但其重要性在逐步降低。中国制造业传统贸易生产链长度明显高于制造业纯国内生产链长度和制造业"一带一路"生产链长度。2000—2014 年，中国虽然以空间分离嵌入"一带一路"价值链的速度加快，但仍以加工组装等低附加值方式参与国际生产体系，因此中国在实现价值链攀升的道路上任重道远。

（2）中国制造业各产业参与"一带一路"价值链的生产链长度演进路径相较于参与全球价值链的生产链长度演进路径而言尽管也存在分化现象，但相对较为简单。大多数制造业细分产业是按照路径 1 演进的，仅有少数产业出现了国际生产与国内生产的替代效应，产业 r20 的国际生产替代了国内生产，沿路径 2 演进；产业 r22 是国内生产链替代了国际生产链，沿着路径 3 演进。中国制造业各细分产业参与全球价值链的生产链长度演进路径分化较为复杂，并且比嵌入"一带一路"价值链多了一条演进路径，产业 r15、r21 的国际生产替代了国内生产，沿路径 2 演进；产业 r12、r14、r19、r22 是国内生产链替代了国际生产链，沿着路径 3 演进。细分产业 r20 的国内生产链长度与 GVC 生产链长度同时缩短，因此沿路径 4 演进。

基于上述结论，我们得到以下启示：

（1）应积极嵌入"一带一路"价值链体系，促进国内制造业产业结构的优化升级。根据王直（2017）的研究结论可知，一般而言，生产和交易的中间环节越多，生产链条越长，由此生产结构的复杂程度也会越高，产业结构也就会越发合理与优化。全球化的时代背景下，生产过程的空间与功能分离的不断加快，有利于提高资源的配置效率，促进产业结构的优化升级。RVC 生产链长度的国际拓展与延伸有助于拉长国内生产链长度，带动国内制造业各细分产业生产结构复杂程度的提高。此外，中国还应继续依托构建区域生产链从而提高制造业在以欧美为主导的全球价值链中的地位，突破"低端、俘获"状态，由制造大国向制造强国升级转换。因此，一方面，中国在以发达国家为主导的 GVC 环流中，要通过 BIT 来进一步吸收与学习先进生产技术与管理经验，吸纳资金与技术支持，并加以转换形成自身的创新优势；另一方面，中国要争取在以其自身为主导的 RVC 环流里，推动技术创新产业化与功能化，推动制造业升级和经济发展的中高端化。

（2）规避和防范大规模产业外迁风险，合理应对国内生产与国际生产的替代效应。中国无论是嵌入"一带一路"价值链还是全球价值链，都存在某些制造业细分产业的 RVC/GVC 生产链长度增加但是国内生产链长度缩短，国内生产的技术复杂程度降低，即国际生产链替代国内生产链，高端制造业向发达国家回流、中低端制造业向发展中国家转移的现象。这种替代效应尽管可以在一定程度上推动资源合理优化配置，提高国内企业竞争优势，但长此以往将会使国内制造业发展出现"产业空心化"现象，不利于提高国内制造业发展质量和产业结构优化升级。要及时了解和注意防范外迁企业的动向和预计会带来的不利后果，努力引导高端制造业向发达城市聚集，中低端制造业向经济发展较为落后的内陆地区转移。

（3）推动中国由嵌入 GVC 向主导"一带一路"RVC 转变。"一带一路"的深入发展，不仅可以破解当前中国经济转型升级的难题，缓解当前中国制造业发展存在的产能过剩问题，还有助于推动中国制造业向产业链高端环节转变，加快高端制造业"走出去"的步伐，实现由"制造大国"向"制造强国"的转变。因此，应该在"一带一路"发展的机遇下，着力发挥中国在技术层面的相对优势，践行"大众创业、万众创新"，走中高端化发展道路。要给予中小企业在技术研发层面足够的政策支持与资金帮助，有效利用中小企业发展基金培育创新环境，使企业抓住制造业升级转型的机会而不因眼前利益重回低端锁定的老路。

四、以"一带一路"价值链推动全球价值链攀升

改革开放以来，中国凭借低廉的要素成本优势快速融入经济全球化中，

制造业获得飞速发展。然而，大量的加工贸易使中国在国际上被贴上"世界工厂"的标签。与世界先进水平相比，中国制造业大而不强，在技术创新、人力资本和产业结构等方面差距较大。中国等发展中国家在由发达国家主导的全球价值链中举步维艰，"反攀升压制"屡屡出现。此外，发展中国家内部为获取优质资源竞争激烈，缺乏合作。以中国为例，近年来中国不仅要面临发达国家引起的贸易摩擦，还要应对来自其他发展中国家对中国制造业分流的压力。中国深陷全球价值链"低端锁定"困境。发展中国家经济发展困难重重的时候，中国提出"一带一路"倡议以互惠互利原则吸引众多国家的参与，努力以新的重要国际力量打破由发达国家主导的全球价值链现状，获得"机会均等"，实现全球价值链的攀升。

黄先海、余骁（2017）认为中国突破"低端锁定"困境的关键是以"一带一路"价值链为依托形成以中国为枢纽的双向嵌套式价值环流。刘睿倪（2021）也同样指出要构建以中国为枢纽的新型全球价值链分工体系。王晓萍等（2018）则从"一带一路"国家间的互补性出发分析以"一带一路"价值链推动全球价值链攀升，认为"一带一路"区域价值链有助于中国产业的高端化，从而促进中国向全球价值链中高端迈进。吴博（2020）利用改进的KPWW方法研究发现"一带一路"价值链基于国家间的互补性提高资源配置效率，促进中国制造业转型升级，从而带动全球价值链地位攀升。李优树、唐家愉（2020）从终端市场视角出发从价值增值能力和控制能力两个方面探讨了"一带一路"价值链推动全球价值链地位攀升的可行性。还有一部分研究强调区域价值链在全球价值链和国内价值链之间的中介效应。曾楚宏、王钊（2020）明确指出"一带一路"区域价值链的发展推动全球价值链和国内价值链的有效互动，有助于推动中国产业结构转型升级；马丹、何雅兴、郁霞（2021）研究发现"一带一路"建设通过带动全球价值链和区域价值链发展重塑全球价值链分工格局。在"一带一路"倡议下，中国从被动融入全球价值链向主动嵌入全球价值链转换，由此构建新型全球价值链体系，实现中国在全球价值链中地位的攀升。中国制造业在经历40多年的惊涛骇浪后取得了举世瞩目的成就，但"世界工厂"标签难以扯掉，"低端锁定"困境难以摆脱，全球经济动荡难以脱身。前人的众多研究及本书所做研究都显示出区域价值链的坚韧性和支撑性。黄郑亮（2021）在其报道中指出在"后疫情时代"区域价值链的发展有助于推动全球价值链的重构。区域价值链是联动国内价值链和全球价值链的关键环节，"一带一路"倡议是把以中国为主的区域价值链嵌入全球价值链中推动中国制造业的分工地位的突破口。以中国为主的"一带一路"价值链规模越大、合作越深、影响越强，以"一带一路"价值链推动全球价值链地位攀升的幅度就越大。

定量分析以中国制造业嵌入"一带一路"价值链助推全球价值链攀升的可行性，在此基础上进一步分析中国制造业以"一带一路"价值链实现全球价值链攀升的理论机理，深入认识"一带一路"区域价值链在重塑全球分工体系中的重要作用，为中国制造业突破全球价值链"低端锁定"，实现全球价值链攀升提供理论基础。具体研究如下：

（一）"一带一路"贸易投资合作发展前景广阔

2013 年 9 月和 10 月，习近平主席分别提出建设"丝绸之路经济带"和"21 世纪海上丝绸之路"的合作倡议。"一带一路"的核心是以基础设施建设为主线，加强全方位互联互通，为世界经济增长培育新动力，为国际经济合作打造新平台。这一倡议得到了国际社会的高度关注和积极响应，并逐渐由广泛认同向有效落实进行转变。"一带一路"建设的核心目标是促进各国经济共同发展，维护区域间的和平、稳定与繁荣。加强区域间贸易投资合作是实现这一目标的重要途径，其发展前景广阔。

"一带一路"倡议突出强调内与外、东与西、沿海与内地、工业与农业的多重互动，从多时空、多维度、多领域实现区域战略合作。通过构建以中国为核心的全球经济治理平台，基于对外投资和引进外资并重的战略思想，将中国区域经济的重大转型放到重塑世界经济地理格局以及全球治理模式变迁这一全新的国际关系之中。通过重构对外经济开放新格局，依托地区要素禀赋，优化资源配置，实现区域规模经济效应，重塑双向开放的 GVC 和国内价值链（National Value Chain，NVC），实现 GVC 和 NVC 的全方位衔接和互动，统筹协调国际和国内两个市场、两种资源，进而构筑陆海统筹、东西互济、面向全球的对外开放经济新格局。全面提升中国制造业在全球价值链中的地位是中国经济提质增效的一项长期任务,"一带一路"区域合作将为实现这一目标提供重大机遇。

1. "一带一路"沿线国家跨境贸易投资活动对推动世界经济增长的作用日益凸显。

"一带一路"沿线区域的贸易投资活动具有以下突出特点:一是跨境贸易和投资增长速度明显快于全球平均水平。利用世界银行数据库计算可得,1990—2019 年,全球贸易、跨境直接投资年均增长速度为 4.4% 和 6.8%,而"一带一路"相关 63 个主要国家同期的年均增长速度分别达到了 8.1% 和 10.6%,比全球平均水平分别高出 3.7 个和 3.8 个百分点(如表 6 - 10 所示)。二是"一带一路"沿线区域经济增长对跨境贸易投资的依赖程度高于全球平均水平。测算结果显示,"一带一路"沿线区域平均的外贸依存度 2000 年为 66.8%,2010 年达到 69.2%,远高于同期 57.0% 的全球平均水平(如表 6 - 11 所示)。这表明"一带一路"沿线国家的跨境贸易在推动本区域经济增长方面发挥了重要作用。三是"一带一路"沿线区域整体保持了较高的贸易竞争力。贸易竞争力指数(TC)测算结果显示,2000 年这一区域对外贸易整体实现盈余,贸易竞争力指数达到 3.5%;2010 年这一指数提高到 3.9%,优势有所扩大,但受国际金融危机带来的外部经济因素的影响,增长幅度不大;随后几年均保持在 4% 以上的水平,整体外贸盈余较为稳定。四是"一带一路"沿线区域具有吸引外国跨境投资的较强优势。1990 年,"一带一路"沿线区域的外国直接投资净流入相对于国内生产总值的比例是 0.8%,低于全球 1.1% 的平均水平;2000 年差距仍然存在;2010 年,这一地区的引进跨境直接投资能力指数开始超过全球平均水平,直接投资净流入占国内生产总值比重达到 3.3%,高于全球平均 0.4 个百分点,比 2000 年有了较大幅度的提升。跨境直接投资净流入增长对这一地区的经济增长的带动作用明显加强。

表6-10　世界与"一带一路"沿线区域增长形势比较

时间	国内生产总值年均增长（%）		贸易年均增长（%）		外资流入年均增长（%）	
	世界	"一带一路"沿线区域	世界	"一带一路"沿线区域	世界	"一带一路"沿线区域
1990—2000 年	2.8	3.2	21.0	7.1	2.1	15.4
2000—2010 年	2.6	5.3	1.5	13.4	2.1	16.8
2010—2019 年	2.7	4.5	3.4	3.7	-0.2	-0.7
1990—2019 年	2.8	4.3	4.4	8.1	6.8	10.6

注：国内生产总值为2010年美元不变价统计；贸易和投资额以现价美元统计。其中贸易额截至2020年的数据。因资料所限，汇总了包括中国、俄罗斯、土耳其、蒙古和东盟10国、南亚5国、中亚5国及西亚中东欧等共63个主要国家的数据。

资料来源：世界银行数据库。

表6-11　贸易和外资依存度比较

时间	贸易依存度（%）		贸易竞争力指数（%）		外资流入/国内生产总值（%）	
	世界	"一带一路"沿线区域	世界	"一带一路"沿线区域	世界	"一带一路"沿线区域
1990 年	38.8	45.0	-0.8	-1.6	1.1	0.8
2000 年	51.0	66.8	-1.1	3.5	4.7	2.4
2010 年	57.0	69.2	-0.3	3.9	2.9	3.3
2013 年	60.0	68.4	0.1	5.5	2.9	2.8
2014 年	59.7	67.5	0.0	5.9	2.5	2.6
2015 年	57.8	62.6	-0.3	5.8	3.6	2.2
2016 年	56.0	60.2	-0.3	4.8	3.6	2.4
2017 年	57.9	62.1	-0.4	4.1	2.7	2.0
2018 年	59.5	63.5	-0.5	4.6	1.3	1.6
2019 年	60.3	60.6	-0.4	4.8	1.9	2.0

注：贸易依存度=贸易额/国内生产总值；贸易竞争力指数=（出口-进口）/贸易额。均以现价美元计算。

资料来源：世界银行数据库。

"一带一路"沿线区域贸易和投资增长带动了沿线国家和区域整体经济增长，同时也对推动世界经济增长做出了贡献。根据世界银行国内生产总值（2010年美元不变价）测算结果显示，1990—2019年，"一带一路"沿线区域整体国内生产总值年均增长速度达到4.3%，约为同期全球平均增幅的1.5

倍。即使在 2010—2019 年因国际金融危机发生而导致的全球经济增长疲软、复苏缓慢期间，丝绸之路经济带的年均增速也达到 4.5%，高出全球平均水平1.8 个百分点。

2. 加强中国与"一带一路"沿线国家贸易投资合作还存在诸多困难与挑战。

"一带一路"已逐步由中国倡议转变为全球行动，并在经济合作机制对接、基础设施联通、产业分工合作等方面取得显著进展。但"一带一路"国际经济合作也存在一些问题，如投资计划前瞻性不足、跨境企业管理水平较低、产品质量效益欠缺等。从外界因素来看，全球经济增长动能不足，贸易保护主义和逆全球化趋势增强，地缘政治冲突加剧、全球新冠肺炎疫情蔓延等都对高质量推进"一带一路"建设提出了更高要求和严峻挑战。具体表现如下：

第一，"一带一路"沿线区域大多数国家经济发展水平较低，市场需求规模有限。根据 63 个主要国家的统计计算结果显示，2019 年人均国内生产总值水平低于 1 万美元（世界平均水平是 1143 美元）的国家有 34 个。这些国家的人口总数达到约 27.56 亿人，占全球的 35.92%，但国内生产总值仅占全球的 18.39%，人均国内生产总值为 4070.05 美元，仅相当于这一区域平均水平的 26.32% 和全球平均水平的 35.60%（如表 6－12 所示）。

表 6－12　"一带一路"沿线国家人均国内生产总值分组比较

按照人均 国内生产 总值分组	国家数	人均国内 生产总值 （美元）	人口总数 （万人）	比重（%）	国内生产 总值 （亿美元）	比重（%）
5 万美元以上	4	70922.90	1803.56	0.24	10323.70	1.22
1 万 ~ 5 万美元	25	22073	51202.04	6.67	93875.60	11.07
1 万美元以下	34	4070.05	275630.76	35.92	155947	18.39
"一带一路"沿线 主要国家总计	63	15458.71	328636.36	42.83	260147	30.68
世界		11433	767365.69	100	848000	100

注：国内生产总值为 2010 年美元不变价统计；因资料所限，汇总了包括中国、俄罗斯、土耳其、蒙古和东盟 10 国、南亚 5 国、中亚 5 国及西亚中东欧等共 63 个主要国家的数据。

资料来源：世界银行数据库。

第二，"一带一路"沿线区域高水平经济一体化建设发展滞后。尽管丝绸之路经济带具有人口基数大、各国距离相近且经济彼此依赖和相关性强等有利的经济条件，但受制于本地区复杂的地缘政治局势、文化差异和较大的经济发展差距等因素，缺乏有力的且以"一带一路"沿线各国为成员主体和具有广泛代表性、能综合考虑各国经济发展差异性的有效自贸安排和合作机制，限制了本地区区域经济合作的广度与深度。

第三，"一带一路"沿线区域内贸易比重较低，过多地依赖于外部市场。相比起欧盟、东盟、APEC 等在区域经济一体化发展取得显著成就的地区，"一带一路"沿线各国在对区域内各国的进出口贸易中所占比重较低。过度地依赖外部市场会导致其抵御国际金融危机等外部风险的能力较弱，受到外部经济冲击风险的可能性更大，与此同时将会带来本地区域内各国之间由于面临激烈的外部市场竞争而出现的抬高关税或增加其他贸易壁垒限制，压低本区域整体贸易投资收益水平。

第四，"一带一路"沿线各国基础设施建设与实际需求不相匹配。中西亚地区由于受到地广人稀、经济发展水平较低等因素的影响，交通、通信等基础设施建设领域与欧美等西方发达国家相比还存在较大差距。

第五，"一带一路"沿线各国之间贸易往来还存在较多壁垒，贸易便利化程度偏低。由于"一带一路"沿线国家主要以发展中国家和处在转型中的新兴经济体为主，国家间的市场开放化程度存在广泛差异性。受到国内经济发展水平、产业发展结构以及对外开放战略的影响，其对国内市场开放度、合作深度和执行力度等方面通常都有所保留。一方面它们希望引进基础设施建设投资来助力本国经济发展；另一方面又担心较高的市场开放度会对本国产品造成冲击，因此会通过设置层层贸易壁垒来保护本国市场和产业链。

第六，大国博弈、恐怖主义等地缘政治压力制约了"一带一路"沿线区域贸易投资合作的深度。"一带一路"倡议提出以来，"中国威胁论""经济掠夺论"等负面评价充斥西方国家媒体。以美国为首的西方发达国家担心亚洲各国对"一带一路"倡议的广泛认同会削弱其在亚太地区的影响力，因此相继提出相应战略，欲对冲和替代"一带一路"倡议。此外，由于一些沿线国家加入了由不同大国主导下的双边合作组织，在大国博弈的影响下，立场并不坚定，地区各国之间的战略互信有待于进一步加强。

3. 中国将在"一带一路"沿线区域贸易投资合作中发挥更加积极有效的作用。

改革开放四十多年来，中国已经成为世界排名第二的经济大国。中国经济的突飞猛进离不开经济全球化发展的大潮和全球经济增长良好的外部环境，同时也为推动世界经济增长作出了重要贡献。目前，中国经济已由高速增长阶段转到高质量增长阶段，并且在未来相当长的一段发展时期内，中国需要继续推动国内经济发展来解决自身存在的问题与不足，避免陷入"中等收入陷阱"的泥淖而影响中国综合竞争实力的提升，因此良好的外部环境尤其重要。中国整体国力提升的同时也意味着中国需要承担更多与世界经济发展和全球治理相关的国际责任和国际义务，以体现中国的国际担当与国际能力，实现中国与世界经济的共同发展。中国应充分发挥自身优势，在推动其与"一带一路"沿线国家的互联互通建设和贸易投资合作方面发挥更加突出的作用。一是加快全方位、多层次的机制化建设，推动合作规划有效落实。提高经济合作机制运行效率，坚持问题导向和实践导向，充分考虑到沿线各国发展规划与战略收益，实现中长期规划与短期规划的有效衔接。二是建立贸易政策动态跟踪分析机制，推动多双边贸易投资协定签署。加快中国与南亚、西亚、中亚和中东欧等区域自贸协定的谈判与签署进程，促进双边和区域经济一体化进一步深入发展。三是构建多元融资体系，创新融资渠道，将以亚投行、丝路基金、多边开发融资合作基金等为代表的开发性金融机构作为"一带一路"资金融通的主要平台。四是鼓励中国企业同沿线国家的产业合作，对外投资建设产业园区，加大沿边地区跨境经济合作区建设，为跨国贸易投资活动提供更有力的合作平台。五是加强中国国内东中西部联动和城市之间的深入合作，提高要素整合效率和运营能力以及资源利用率，从而为打造贯穿亚欧大陆的"一带一路"国际大通道创造有利条件。

（二）中国制造业嵌入双重价值链地位指数比较

以"一带一路"价值链助推全球价值链攀升主要是指实现中国制造业在

全球价值链中的分工地位攀升。分析中国制造业参与"一带一路"价值链的地位指数与在全球价值链中的地位指数的关系，可以进一步分析以中国制造业嵌入"一带一路"价值链助推全球价值链攀升的可行性。基于 Koopman（2001）增加值贸易框架，利用 WIOD 2016 数据库和 TiVA 数据库测算中国制造业嵌入"一带一路"区域价值链和全球价值链的地位指数如图 6 - 12 所示。

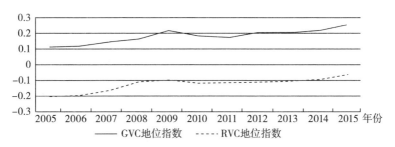

图6 - 12　中国制造业嵌入全球价值链和"一带一路"价值链地位指数

从图 6 - 12 可以看出，GVC 地位指数和 RVC 地位指数演变趋势有着惊人的一致性，整体表现出上升趋势。中国制造业 GVC 地位指数显著高于 RVC 地位指数，中国制造业 GVC 地位指数均在 0.1 以上，而中国制造业嵌入"一带一路"价值链地位指数均在 0 以下。其中，2008—2009 年，中国制造业 GVC 地位指数和 RVC 地位指数均有上升，但 GVC 地位指数上升幅度大于 RVC 地位指数上升幅度。中国制造业 GVC 地位指数和 RVC 地位指数在 2015 年达到最高值，分别为 0.252 和 - 0.0691。中国制造业在"一带一路"区域价值链分工体系中的地位演变与在全球价值链中分工地位呈现显著正相关，说明中国制造业参与全球价值链的分工地位受中国制造业嵌入"一带一路"区域价值链地位的影响较大，这使得中国制造业以"一带一路"价值链为依托主动融入全球价值链实现地位攀升具有更加牢固的理论基础。

（三）中国制造业嵌入"一带一路"价值链实现全球价值链攀升的理论机理

以中国嵌入"一带一路"价值链实现全球价值链的攀升主要是指通过构建双环流嵌套式全球价值链体系来推动中国制造业从全球价值链中低端向中

高端地位攀升。双环流价值链中的第一个环流就是构建以"中国为主"的"一带一路"区域价值链；第二个环流是把第一个环流嵌套到全球价值链中，形成双环流嵌套式全球价值链体系。双环流嵌套式全球价值链体系与现有全球价值链体系最显著的区别就是中国从被动式嵌入转化成主动式融入全球价值链，中国作为"一带一路"区域价值链和全球价值链的重要枢纽国，起着"承上启下"的重要作用。

从以下几个方面探讨中国制造业嵌入"一带一路"价值链实现全球价值链攀升的理论机理：

1. "一带一路"区域价值链减少中国对现行全球价值链的依赖度

在"一带一路"倡议下，"一带一路"参与国基于互利共赢理念加强各国间沟通与交流，积极谋求合作与发展。中国作为"一带一路"区域价值链的"链主"在"一带一路"价值链的发展上是引领者，在合作上是倡导者，与"一带一路"区域价值链中的各国亲密度不断加深。此外，当前全球经济形势使全球产业链、价值链不稳定性增加，中国对"一带一路"区域价值链重视度愈加提高，参与度愈加深入。对此，中国对于"被动式"嵌入的全球价值链的依赖度会逐渐降低，将制造业参与全球分工的重心逐渐偏向"一带一路"区域价值链上，然后以中国引领"一带一路"参与国作为国际重要新力量"主动式"核心嵌入全球价值链，实现全球价值链的地位攀升。

2. "一带一路"区域价值链优化中国产业国内外布局结构

"一带一路"价值链是以中国为主导的区域价值链，"一带一路"价值链上的大多数国家经济发展相较于中国还比较落后，而且"一带一路"价值链涉及范围广，各国间互补性强，为"一带一路"国家间深度合作提供天然条件。中国可以凭借"一带一路"价值链优势展开产业国际合作、产业国际转移或建立区域自贸区，优化中国产业国内外布局，实现产业的转型升级，推动制造业全球价值链地位攀升。

3. "一带一路"区域价值链联动中国国内价值链与全球价值链

改革开放40多年来，中国经济快速发展，成为世界第一贸易大国。中国在快速嵌入全球价值链的过程中，国内价值链也逐步萌芽和发展。但在早期外向型经济的导向下，中国在重点参与全球价值链的过程中，国内价值链受到"冷待遇"，与全球价值链严重脱节，引起国内外标准不一致，导致国内企业难以"走出去"，制约了中国制造业在全球价值链中的发展。在"一带一路"价值链下，中国与"一带一路"参与国展开深度合作，坚持共商共建共享，形成命运共同体，实现国内价值链与"一带一路"区域价值链的协调发展，并以"一带一路"区域价值链为依托，将国内标准与国际接轨，为中国"走出去"和"引进来"保驾护航，实现国内价值链和全球价值链的联动发展，推动中国全球价值链地位攀升。

4. 以"一带一路"区域合作引领中国制造业全球价值链地位攀升

通过上述对中国制造业发展现状以及"一带一路"框架下中国制造业转型升级作用机制分析，可以发现随着中国"一带一路"倡议的深入推进，制造业的发展具备了新的发展环境和发展空间。加入"一带一路"的国家日益增多，"一带一路"倡议在国际上的影响也日益增强，中国制造业应充分发挥在"一带一路"价值链中的"链主"作用，以科技创新为动力，以国内大循环为内在条件，以"一带一路"沿线国家共同发展为依托，形成"一带一路"区域价值链联动国内价值链和全球价值链发展，这有助于中国超越现有的价值链构建新的全球价值链，从而为制造业发展开辟新的发展空间，促使中国嵌入全球价值链转型升级，实现中国制造业在全球价值链中的地位攀升。以提升中国制造业在"一带一路"价值链中的地位，助力中国制造业实现全球价值链地位的攀升为目的提出以下建议：

一是加快产业结构转型升级，培育新型国际竞争优势。当前中国面临"人口红利"消失、劳动力成本增加等传统竞争优势逐渐丧失的困境，加快形成以技术密集型和高附加值的商品研发、生产、出口为重要特征的新型竞争优势，对于提升以中国为主导的区域间生产网络中的国际分工地位至关重要。中国制造业在"一带一路"价值链中的分工地位长期处于零以下，且中低技术制造业在"一带一路"价值链中的分工地位普遍高于中高技术制造业。由于提高中低技术制造业的优势正在中国逐渐丧失，而且以高消耗低产出为特征的中低技术制造业在价值链中地位上升的空间有限，因此提高中高技术制造业在"一带一路"价值链中的分工地位是提高中国制造业在"一带一路"价值链中地位的关键点。中国制造业因长期缺乏科技支撑而受到发展限制，瞄准中高技术制造业，以科技创新助力制造业突破发展瓶颈，实现制造业在"一带一路"价值链中的地位提升。全面深化改革和扩大对外开放作为中国当前经济发展的重大战略，有助于形成在创新驱动发展战略下的创新驱动能力，所以需要积极推进和落实相关战略，全面推进新技术、新产品的研发与创新。

二是要重视服务业在推动中国制造业高质量嵌入全球价值链中的优势地位，工业发展与服务业发展之间是融合并进的关系，而不是相互独立的。从工业化的进程看，工业化的初期是生产型制造业，到了工业化的中后期则为服务型制造业，这是服务型制造业的简单概念。制造通常包括生产和服务两个部分，但制造企业往往更注重生产环节而忽视了服务环节的重要性。从价值链来分析，生产所创造的价值约占三分之一，服务所创造的价值约占三分之二。目前，服务业已成为中国经济的第一大产业。截至 2019 年上半年，中国第三产业占 GDP 的比重为 54.9%，对经济增长的贡献率高出第二产业 23.2 个百分点。基于上述分析，可以发现服务作为制造业发展中的一个重要环节，需要引起制造企业和政府的重视。首先，从企业层面出发，应该加强主业生产，强化产品的研发与营销环节，构造全程供应链。其次，企业应加大研发投入，提高技术创新能力，学会引进并吸收先进生产技术从而提高企业生产效率，创新商业模式。服务型制造业的发展有助于推进制造企业在研发设计、生产、加工制造等阶段积累的技术和资源向服务领域扩展，有助于提升产品差异性和用户需求黏性，加速中国制造业转型升级。最后，制造企业应注重提升自身附加值率和产品收益率，例如加大对制造业发展现有研发环节的设计服务，改进产品设计、技术和质量，提高产品竞争力；进一步加强对制造业生产下游环节的监测、管理以及信息增值等个性化服务的发展，构建制造企业自身生产的差异化优势，进而提高高附加值服务活动在营业收入中的比重。通过放宽服务业投资准入领域的限制，引进发达国家先进管理经验和优秀管理人才，推动中国高端制造业与现代化服务业的双重发展，提高中国全球价值链的参与水平，充分发挥中国在"一带一路"区域沿线的产业和科技优势，完善"一带一路"区域治理结构，提升治理水平，发挥引导作用。

三是推动国际产能合作，引导传统产业沿线布局。中国传统产业在国内发展优势地位逐渐丧失的情况下，加快推动其沿线布局和分工成为当前阶段推动中国借助"一带一路"价值链提升在全球价值链中分工地位的重要手段。但传统产业跨境资源整合和生产分工面临众多不确定性因素和风险，尤其是"一带一路"沿线区域作为大国博弈的焦点区域，面临恐怖主义、政权更迭等地缘政治因素的影响。一方面，中国要推动实现全面的投资登记备案制度，对面向"一带一路"沿线区域国家进行投资的企业提供必要的投融资支持，针对企业在境外投资、生产过程中所需要的零部件、生产设备和技术出口要在通关、退税等环节采取鼓励性措施。另一方面，应加快和沿线国家签署投资贸易保护协定，与具备条件的国家协议签署包含准入前国民待遇和负面清单管理方式的高水平投资自由化协定。此外，对于民族矛盾、恐怖势力等政治风险问题，要推动中国政府与沿线国家和地区联合建立反恐中心与恐怖主义风险防范机制，设立专门的"一带一路"境外资产和境外员工人身安全保障机制。针对基础设施建设、境外产业园区建设面临的恐怖势力威胁，要构建一套完善的安全保障、信息收集与风险通报机制，从而更好地保障中资企业的境外劳工安全与财产安全。

四是打通中国行政区域间堵点，畅通国内大循环，减少对国外增加值的依赖，实现高水平的自立自强。中国区域间在地理、经济、文化和政策等方面优势各不相同，优势互补的国内发展格局有助于推动中国制造业转型升级，但中国行政区域间由于追求"政绩"等因素致使区域间生产要素流动受限。王雷（2003）通过测算中国各省份制造业的区际分工度和贸易外向度来考察区际间贸易壁垒现状发现，中国区际间贸易壁垒一直保持较高的水平，而对外贸易壁垒却不断走低。各省份对国内区域间贸易的重视度极低，倾向于用国际贸易替代国内贸易。中国制造业出口中国外增加值高与这一因素紧密相关。因此，应打通国内行政区域间循环堵点，实现国内要素的自由流动，增加国内增加值，形成国内区域间优势互补、资源共享、贸易互通的发展格局，实现中国高水平的自立自强。构建区域自由贸易网络，提升贸易投资便利化水平。要充分利用现有的双多边经济合作机制，加强成员国之间的政策沟通与协调，逐步拓展政策对话范围，形成具有广泛代表性的政策沟通与协调机制。一方面要建立对沿线国家和地区贸易政策的动态跟踪与分析机制，及时了解最新的贸易政策和贸易措施等信息，强化对沿线贸易趋势的跟踪与把握，强化政府、企业与产业协会、商会在海外贸易政策、信息咨询以及海外市场调研等信息沟通方面的合作，强化中国企业对海外贸易政策的理解能力，从而帮助中国出口企业在产品质量、技术、安全和性能等方面构建一套合理的评价指标，避免因贸易壁垒问题影响企业发展。另一方面要从顶层制度设计方面推进多双边贸易投资协定的谈判与签署工作，加快建设高质量、高标准自贸区国际网络，提高"一带一路"沿线的贸易投资便利化水平，降低区域跨国价值链的治理成本。

五是优化中国与沿线国家供应链和产业链合作关系，构建双重附加值生产网络。"一带一路"沿线国家中既包含发展中国家也包含发达国家，经济发展水平差异较大。中国制造企业应积极"走出去"，对外投资建设产业园区，加强同沿线发展中国家的产业合作。"一带一路"沿线发达国家主要集中于欧洲区域，如意大利、捷克、斯洛伐克、卢森堡等国的一些制造业门类在世界都处于发达水平，奥地利、卢森堡的钢铁工业，捷克、斯洛伐克等国的机械产业，意大利的纺织服装以及奢侈品产业等。"一带一路"框架下，实现中国制造业转型升级，一方面要加强同沿线发达国家合作，积极引进发达国家外资增量，实现制造共赢；另一方面要加强同沿线发展中国家的区域产能合作。中国企业要积极构建生产高增加值产品和生产低增加值产品的两个跨境生产网络。在构建生产高增加值产品的生产网络时，要努力实现中上游中间品在中国与沿线发达国家重复跨境加工，中国承担总的劳动分工。在构建生产中低增加值产品的生产网络时，应形成中上游中间产品由中国提供，沿线发展中国家承担总装的劳动分工。

六是推动以中国为主导的"一带一路"区域价值链构建，实现合作共赢发展。当前在"一带一路"发展框架下，中国制造业的产业转移和产业升级都面临着更多的考验和机遇，因此，中国应该继续推动构建新的经济发展结构下的区域价值链。产业转移作为构建区域价值链较为直接而有效的方式，正好适应了"一带一路"沿线国家工业化发展水平差距较大的特点，这样的地理区域条件和经济发展结构条件对于构建区域价值链效果显著。沿线工业基础薄弱的地区和国家中，发展制造业所需的生产零部件与高端技术需求在中国的供给范围内。基于此，中国制造业可以在"一带一路"倡议的指导下为沿线经济发展水平较低的国家提供所需求的产品，并且形成完善的售后服务和维护体系，这有利于在较短时间内构建起以中国为主导的产品价值链体系。面对新价值链的新兴产品需求，有助于倒逼国内生产技术改革和完善，提高企业科技创新水平和能力，从而形成相互促进作用。当前"一带一路"区域经济合作发展进程虽然不断加快，但是发展质量水平偏低，实现俘获型价值链的超越还存在诸多问题和考验。这是因为"一带一路"沿线各国的区域合作呈现出复合合作结构，没有形成强有力的辐射核心，"一带一路"区域价值链作为一个整体只有"一带一路"沿线国家共同发展才能促进"一带一路"整体发展，才能推动全球价值链地位的攀升。要推动以中国为主导的"一带一路"区域价值链的构建，对沿线区域经济发展产生动力和引力。中国在"一带一路"价值链中作为"链主"，要加强与"一带一路"价值链中落后国家的合作，发挥中国的辐射带动作用；要深入推进与发达国家在重大战略中的对接和交流合作；还要共建同联合国、东盟、非盟、欧盟、欧亚经济联盟等国际和地区组织的发展与合作规划对接。从亚欧大陆到非洲、美洲、大洋洲，共建"一带一路"为世界经济增长开辟了新空间，为国际贸易和投资搭建了新平台，实现"一带一路"沿线国家的共同发展。实现"一带一路"参与国的共同发展是实现以"一带一路"区域价值链助力全球价值链攀升的必要条件。

参考文献

[1]贾根良. 演化经济学[M]. 太原:山西人民出版社,2004.

[2]武云亮. 中国制造业集群升级的路径选择及政策建议[J]. 宏观经济管理,2008(1):51－54.

[3]刘志彪. 发展现代生产者服务业与调整优化制造业结构[J]. 南京大学学报(哲学人文科学社会科学版),2006(5):36－44.

[4]张宗斌,郝静. 基于 FDI 视角的中国制造业结构升级研究[J]. 山东社会科学,2011(5):151－155.

[5]毛蕴诗,汪建成. 基于产品升级的自主创新路径研究[J]. 管理世界,2006(5):114－120.

[6]张志元,李兆友. 创新驱动制造业转型升级对策研究[J]. 中国特色社会主义研究,2015(4):41－44.

[7]戴翔,金碚. 服务贸易进口技术含量与中国工业经济发展方式转变[J]. 管理世界,2013(9):21－31.

[8]张国强,温军,汤向俊. 中国人力资本、人力资本结构与产业结构升级[J]. 中国人口·资源与环境,2011,21(10):138－146.

[9]贾妮莎,申晨. 中国对外直接投资的制造业产业升级效应研究[J]. 国际贸易问题,2016(8):143－153.

[10]董景荣,张文卿. 技术进步要素偏向、路径选择与中国制造业升级[J]. 管理现代化,2019,39(4):26－30.

[11]刘冬冬,董景荣,王亚飞. 行业特征、要素禀赋结构与技术进步路径选择——基于中国装备制造业的实证检验[J]. 科研管理,2017,38(9):132－141.

[12]林春艳,孔凡超. 技术创新、模仿创新及技术引进与产业结构转型升级——基于动态空间 Durbin 模型的研究[J]. 宏观经济研究,2016(5):106－118.

[13]杜传文,吕洁,芮明杰.产业升级中企业技术引进与自主研发关系研究[J].科学管理研究,2018,36(4):51-55.

[14]陈文翔,周明生.自主创新、技术引进与产业结构升级——基于外部性视角的省级面板数据的实证分析[J].云南财经大学学报,2017,33(04):34-44.

[15]黄永明,陈宏.外商直接投资对中国产业升级影响的研究[J].管理现代化,2018,38(4):22-25.

[16]黄凯南,乔元波.产业技术与制度的共同演化分析——基于多主体的学习过程[J].经济研究,2018,53(12):161-176.

[17]薛继亮.技术选择与产业结构转型升级[J].产业经济研究,2013(6):29-37.

[18]刘哲,孙林岩,孙雯.创新对制造业产业变迁的演化解释[J].软科学,2006(5):103-105.

[19]王珏,黄光灿.全球价值链下制造业嵌入式升级研究[J].区域经济评论,2017,(5),86-93.

[20]陈银飞.2000—2009年世界贸易格局的社会网络分析[J].国际贸易问题,2011(11):31-42.

[21]刘伟.经济新常态与供给侧结构性改革[J].管理世界,2016(7):1-9.

[22]熊彼特.经济发展理论[M].何畏,译.北京:商务印书馆,1979.

[23]丁志国,赵宣凯,苏治.中国经济增长的核心动力——基于资源配置效率的产业升级方向与路径选择[J].中国工业经济,2012(9):18-30.

[24]唐卫兵,傅元海,王展翔.技术创新、技术引进与经济增长方式转变[J].中国工业经济,2014(7):31-42.

[25]张其仔.比较优势的演化与中国产业升级路径的选择[J].中国工业经济,2008(9):58-68.

[26]洪银兴.以创新支持开放模式转换——再论由比较优势转向竞争优势[J].经济学动态,2010(11):27-32.

[27]邓向荣,曹红.产业升级路径选择:遵循抑或偏离比较优势——基于产品空间结构的实证分析[J].中国工业经济,2016(2):52-67.

[28]刘新争.基于产业关联的区域产业转移及其效率优化:投入产出的视角

[J].经济学家,2016,6(6):43-50.

[29]冯伟,徐康宁,邵军.基于本土市场规模的产业创新机制及实证研究[J].中国软科学,2014(1):55-67.

[30]李娜,王飞.中国主导产业演变及原因研究:基于DPG方法[J].数量经济技术经济研究,2012(1):19-21.

[31]周长富,杜宇玮.代工企业转型升级的影响因素研究:基于昆山制造业企业的问卷调查[J].世界经济研究,2012(7):23-28.

[32]马珩,李东.长三角制造业高级化测度及其影响因素分析[J].科学学研究,2012,30(10):1509-1517.

[33]刘军.人力资本配置与产业结构演进关系[J].理论探讨,2003(1):6-8.

[34]李秀敏.人力资本、人力资本结构与区域协调发展:来自中国省级区域的证据[J].华中师范大学学报(人文社会科学版),2007(5):47-56.

[35]崔远淼,谢识予.资源禀赋与中国制造业出口竞争力——基于省际空间面板数据模型的检验[J].商业经济与管理,2013(12):74-82.

[36]张峰.资源禀赋会转化为制造业竞争力吗?——来自空间面板杜宾模型的经验证据[J.北京社会科学,2016(7):55-64.

[37]韩江波,李超.产业演化路径的要素配置效应:国际案例与中国选择[J].经济学家,2013(05):39-49.

[38]张其仔.比较优势的演化与中国产业升级的路径选择[J].中国工业经济,2008(9):58-64.

[39]宋冬林,王林辉,董直庆.技能偏向性技术进步存在吗?——来自中国的经验证据[J].经济研究,2010(5).

[40]黄凯南.演化博弈与演化经济学[J],经济研究,2009(2).

[41]高秀艳.国际产业转移与中国产业升级问题探析[J].理论界.2004(5):243-244.

[42]张辉.全球价值链下地方产业集群升级模式研究[J].中国工业经济,2005(9):11-18.

[43]张辉.全球价值链下北京产业升级研究[M].北京:北京大学出版社,2007.

[44]张其仔,等.模块化、产业内分工与经济增长方式转变[M].北京:社会科学文献出版社,2008.

[45]孙林岩.中国制造业发展战略管理研究[M].北京:清华大学出版社,2009:39 – 41.

[46]赵勇,白永秀.知识溢出:一个文献综述[J].经济研究,2009(1):144 – 156.

[47]刘志彪.生产者服务业及其集聚:攀升全球价值链的关键要素与实现机制[J].中国经济问题,2008(1):3 – 12.

[48]周鹏.生产性服务业与制造业价值链升级间相关性的研究[J].上海经济研究,2010(9):55 – 62.

[49]刘明宇,芮明杰,姚凯.生产性服务价值链嵌入与制造业升级的协同演进关系研究[J].中国工业经济,2010(8):66 – 75.

[50]张辉.全球价值链动力机制与产业发展策略[J].中国工业经济,2006(1):40 – 48.

[51]池仁勇,邵小芬,吴宝.全球价值链治理、驱动力和创新理论探析[J].外国经济与管理,2006(3):24 – 30.

[52]查日升.中国参与全球经济治理模式研究——基于全球价值链治理视角[J].宏观经济研究,2015(5):9 – 17.

[53]曾繁华,何启祥,冯儒,吴阳芬.创新驱动制造业转型升级机理及演化路径研究——基于全球价值链治理视角[J].科技进步与对策,2015,32(24):45 – 50.

[54]李放,林汉川,刘扬.面向全球价值网络的中国先进制造模式构建与动态演进——基于华为公司的案例研究[J].经济管理,2010,32(12):16 – 23.

[55]魏明亮,冯涛.从全球价值链到全球价值网络——谈产业经济的全球化发展趋势[J].华南理工大学学报(社会科学版),2010,12(5):5 – 9.

[56]朱有为,张向阳.价值链模块化、国际分工与制造业升级[J].国际贸易问题,2005(9):98 – 103.

[57]李想,芮明杰.模块化分工条件下的网络状产业链研究综述[J].外国经济与管理,2008(8):1 – 7 + 17.

[58]余东华,芮明杰.基于模块化的企业价值网络及其竞争优势研究[J].中央

财经大学学报,2007(7):52－57.

[59]盛革.一个价值网关联的协同电子商务解构模型[J].南开管理评论,2007(6):105－109.

[60]涂颖清,杨林.从竞争到协作产业链演化的驱动因素分析[J].经济纵横,2010(4):15－18.

[61]苏庆义.中国国际分工地位的再评估——基于出口技术复杂度与国内增加值双重视角的分析[J].财经研究,2016,42(6):40－51.

[62]辛娜,袁红林.全球价值链嵌入与全球高端制造业网络地位:基于增加值贸易视角[J].改革,2019(3):61－71.

[63]黄光灿,王珏,马莉莉.全球价值链视角下中国制造业升级研究——基于全产业链构建[J].广东社会科学,2019(1):54－64.

[64]白洁,梁丹旎,周睿.中国与G20国家贸易关系的调整与优化[J].数量经济技术经济研究,2018,35(10):96－110.

[65]张志明,熊豪,祝慧敏.中美价值链合作模式演进及其影响因素研究[J].国际经贸探索,2019,35(8):16－33.

[66]黄光灿,王珏,马莉莉.中国制造业全球价值链分工地位核算研究[J].统计与信息论坛,2018,33(12):20－29.

[67]刘仕国,吴海英,马涛,张磊,彭莉,于建勋.利用全球价值链促进产业升级[J].国际经济评论,2015(1):64－84＋5－6.

[68]陈浩.人力资本对经济增长影响的结构分析[J].数量经济技术经济研究,2007(8):59－68.

[69]代谦,别朝霞.人力资本、动态比较优势与发展中国家产业结构升级[J].世界经济,2006(11):70－84＋96.

[70]郭继强.人力资本投资的结构分析[J].经济学(季刊),2005(2):689－706.

[71]干春晖,郑若谷,余典范.中国产业结构变迁对经济增长和波动的影响[J].经济研究,2011,46(5):4－16＋31.

[72]胡永远,刘智勇.不同类型人力资本对经济增长的影响分析[J].人口与经济,2004(2):55－58.

[73]黄燕萍,刘榆,吴一群,李文溥.中国地区经济增长差异:基于分级教育的效应[J].经济研究,2013,48(4):94－105.

[74]焦勇.生产要素地理集聚会影响产业结构变迁吗[J].统计研究,2015,32(8):54－61.

[75]林毅夫.解读中国经济[M].北京:北京大学出版社,2013.

[76]钱纳里,卢宾逊,赛尔奎因.工业和经济增长的比较研究[M].吴奇,王松宝,译.上海:上海三联书店,1989.

[77]孙海波,焦翠红,林秀梅.人力资本集聚对产业结构升级影响的非线性特征——基于 PSTR 模型的实证研究[J].经济科学,2017(2):5－17.

[78]陶长琪,周璇.要素集聚下技术创新与产业结构优化升级的非线性和溢出效应研究[J].当代财经,2016(1):83－94.

[79]王力南.产业结构调整的驱动因素:人力资本投资[J].统计与决策,2012(6):167－169.

[80]魏下海,李树培.人力资本、人力资本结构与区域经济增长——基于分位数回归方法的经验研究[J].财贸研究,2009,20(5):15－24.

[81]许庆明,胡晨光,刘道学.城市群人口集聚梯度与产业结构优化升级——中国长三角地区与日本、韩国的比较[J].中国人口科学,2015(1):29－37＋126.

[82]徐幼民,徐达实.论技术创新驱动经济发展的加速效应——兼论发展中国家中等收入陷阱产生的原因[J].财经理论与实践,2017,38(6):99－104.

[83]西奥多,舒尔茨.人力资本投资:教育和研究的作用[M].蒋斌,张蘅,译.北京:商务印书馆,1990:86－102.

[84]阳立高,龚世豪,王铂,晁自胜.人力资本、技术进步与制造业升级[J].中国软科学,2018(1):138－148.

[85]亚当·斯密.国民财富的性质和原因研究[M].郭大力,王亚南,译.上海:商务印书馆,1972.

[86]袁富华,张平,陆明涛.长期经济增长过程中的人力资本结构——兼论中国人力资本梯度升级问题[J].经济学动态,2015(5):11－21.

[87]张国强,温军,汤向俊.中国人力资本、人力资本结构与产业结构升级[J].中国人口·资源与环境,2011,21(10):138－146.

[88]柯颖,王述英. 模块化生产网络:一种新产业组织形态研究[J]. 中国工业经济,2007(8):75-82.

[89]唐海燕,张会清. 产品内国际分工与发展中国家的价值链提升[J]. 经济研究,2009(9):81-93.

[90]刘维林. 产品架构与功能架构的双重嵌入——本土制造业突破 GVC 低端锁定的攀升途径[J]. 中国工业经济,2012(1):152-160.

[91]林桂军,何武. 中国装备制造业在全球价值链的地位及升级趋势[J]. 国际贸易问题,2015(4):3-15.

[92]周密. 后发转型大国价值链的空间重组与提升路径研究[J]. 中国工业经济,2013(8):70-82.

[93]徐宁,皮建才,刘志彪. 全球价值链还是国内价值链——中国代工企业的链条选择机制研究[J]. 经济理论与经济管理,2014(1):62-74.

[94]王文涛,付剑峰,朱义. 企业创新、价值链扩张与制造业盈利能力——以中国医药制造企业为例[J]. 中国工业经济,2012(4):50-62.

[95]张少军,刘志彪. 产业升级与区域协调发展:从全球价值链走向国内价值链[J]. 经济管理,2013(8):30-40.

[96]李强,郑江淮. 基于产品内分工的中国制造业价值链攀升:理论假设与实证分析[J]. 财贸经济,2013(9):95-102.

[97]江静,刘志彪. 生产性服务发展与制造业在全球价值链中的升级——以长三角地区为例[J]. 南方经济,2009(11):36-44.

[98]张其仔,等. 模块化、产业内分工与经济增长方式转变[M]. 北京:社会科学文献出版社,2008:116-149.

[99]赵放,曾国屏. 全球价值链与国内价值链并行条件下产业升级的联动效应——以深圳产业升级为案例[J]. 中国软科学,2014(11):50-58.

[100]武建龙,王宏起,陶微微. 高校专利技术产业化路径选择研究[J]. 管理学报,2012(6):884-889.

[101]洪银兴. 产学研协同创新的经济学分析[J]. 经济科学,2014(1):56-64.

[102]张益丰. 基于 GVC 与 NVC 嵌套式地方产业集群升级研究——兼论高端

制造业与生产者服务业双重集聚[J].上海经济研究,2010(1):65-72.

[103]官华平,谌新民.珠三角产业升级与人力资本相互影响机制分析——基于东莞的微观证据[J].华南师范大学学报(社会科学版),2011(5):95-102+160.

[104]唐荣,黄抒田.产业政策、资源配置与制造业升级:基于价值链的视角[J].经济学家,2021(1):63-72.

[105]谢呈阳,刘梦.市场化进程能否促进中国制造业升级——来自106家上市公司的证据[J].东南大学学报(哲学社会科学版),2020,22(6):75-84+153.

[106]张峰,殷秀清.劳动力供给要素变迁对制造业转型升级影响的统计检验[J].统计与决策,2020,36(4):91-95.

[107]代谦,别朝霞.人力资本、动态比较优势与发展中国家产业结构升级[J].世界经济,2006(11):70-84+96.

[108]张军,陈诗一,Gary H. Jefferson.结构改革与中国工业增长[J].经济研究,2009,44(7):4-20.

[109]耿晔强,白力芳.人力资本结构高级化、研发强度与制造业全球价值链升级[J].世界经济研究,2019(8):88-102+136.

[110]苏杭,郑磊,牟逸飞.要素禀赋与中国制造业产业升级——基于WIOD和中国工业企业数据库的分析[J].管理世界,2017(4):70-79.

[111]龚关,胡关亮.中国制造业资源配置效率与全要素生产率[J].经济研究,2013,(4):4-15.

[112]沈鸿,向训勇,顾乃华.全球价值链嵌入位置与制造企业成本加成——贸易上游度视角的实证研究[J].财贸经济,2019,40(8):83-99.

[113]施炳展,邵文波.中国企业出口产品质量测算及其决定因素:培育出口竞争新优势的微观视角[J].管理世界,2014(9):90-106.

[114]吴延兵.R&D与生产率——基于中国制造业的实证研究[J].经济研究,2006(11):60-71.

[115]郑新业,李芳华,李夕璐,郭琎.水价提升是有效的政策工具吗?[J].管理世界,2012(4):47-59+69+187.

[116]马明,唐乐.生产诱发作用下吉林省工业产业链生态效率评价——基于投入产出法与DEA法的结合[J].税务与经济,2018(1):103-108.

[117]龚晓莺,甘梅霞.FDI对中国工业劳动力需要量的诱发效应研究——基于投入产出法的分析视角[J].上海财经大学学报,2007(6):69-75.

[118]王珏,黄光灿.全球价值链下制造业嵌入式升级研究[J].区域经济评论,2017(5):86-93.

[119]张小蒂,孙景蔚.基于垂直专业化分工的中国产业国际竞争力分析[J].世界经济,2006(5):12-21.

[120]张明志,李敏.国际垂直专业化分工下的中国制造业产业升级及实证分析[J].国际贸易问题,2011(1):118-128.

[121]冯长利,兰鹰,周剑.中粮"全产业链"战略的价值创造路径研究[J].管理案例研究与评论,2012,5(2):135-145.

[122]杨鹏,干胜道.供应链与全产业链管理模式的比较研究[J].财会月刊,2011(18):95-97.

[123]宋晶,陈劲.全球价值链升级下中国创新驱动发展战略的实施策略[J].技术经济,2016(5):6-9.

[124]曲泽静,张慧君.新常态下价值链升级的创新驱动系统研究[J].技术经济与管理研究,2016(1):45-49.

[125]刘志彪,张杰.全球代工体系下发展中国家俘获型网络的形成、突破与对策——基于GVC与NVC的比较视角[J].中国工业经济,2007(5):39-47.

[126]张少军,刘志彪.产业升级与区域协调发展:从全球价值链走向国内价值链[J].经济管理,2013(8):30-40.

[127]张少军,刘志彪.全球价值链模式的产业转移——动力、影响与对中国产业升级和区域协调发展的启示[J].中国工业经济,2009(11):5-15.

[128]胡昭玲,宋佳.基于出口价格的中国国际分工地位研究[J].国际贸易问题,2013(3):15-25.

[129]于津平,邓娟.垂直专业化、出口技术含量与全球价值链分工地位[J].世界经济与政治论坛,2014(2):44-62.

[130]刘海云,毛海欧.国家国际分工地位及其影响因素——基于"GVC地位指数"的实证分析[J].国际经贸探索,2015,31(8):44-53.

[131]黎峰.贸易增长、贸易收益与要素贡献——兼议中国外贸发展方式转变

[J].当代经济管理,2016,38(7):56-61.

[132]屠年松,曹建辉.空间视角下中国在东盟OFDI的影响因素分析[J].投资研究,2019,38(4):125-136.

[133]唐海燕,张会清.中国在新型国际分工体系中的地位——基于价值链视角的分析[J].国际贸易问题,2009(2):18-26.

[134]李国学,张宇燕.资产专用性投资、全球生产网络与中国产业结构升级[J].世界经济研究,2010(5):3-6+87.

[135]杨高举,黄先海.内部动力与后发国分工地位升级——来自中国高技术产业的证据[J].中国社会科学,2013(2):25-45+204.

[136]马风涛.中国制造业全球价值链长度和上游度的测算及其影响因素分析——基于世界投入产出表的研究[J].世界经济研究,2015(8):3-10+127.

[137]黄灿,林桂军.全球价值链分工地位的影响因素研究:基于发展中国家的视角[J].国际商务(对外经济贸易大学学报),2017(2):5-15.

[138]戴翔,李洲,何启志.中国制造业出口如何突破"天花板约束"[J].统计研究,2018,35(6):56-67.

[139]施炳展.中国出口产品的国际分工地位研究——基于产品内分工的视角[J].世界经济研究,2010(1):56-62+88-89.

[140]陈立敏,周材荣.全球价值链的高嵌入能否带来国际分工的高地位——基于贸易增加值视角的跨国面板数据分析[J].国际经贸探索,2016,32(10):26-43.

[141]赖伟娟,钟姿华.中国与欧、美、日制造业全球价值链分工地位的比较研究[J].世界经济研究,2017(1):125-134+137.

[142]徐建伟,李金峰.中国制造业优势类别与对外直接投资路径研究——基于中间国家情景的比较分析[J].经济纵横,2018(1):63-73.

[143]张捷,周雷.国际分工对产业结构演进的影响及其对中国的启示——基于新兴工业化国家跨国面板数据的经验分析[J].国际贸易问题,2012(1):38-49.

[144]聂聆,李三妹.制造业全球价值链利益分配与中国的竞争力研究[J].国际贸易问题,2014(12):102-113.

[145]彭水军,袁凯华,韦韬.贸易增加值视角下中国制造业服务化转型的事实

与解释[J].数量经济技术经济研究,2017,34(9):3-20.

[146]张咏华.中国制造业增加值出口与中美贸易失衡[J].财经研究,2013,39(2):15-25.

[147]容金霞,顾浩.全球价值链分工地位影响因素分析——基于各国贸易附加值比较的视角[J].国际经济合作,2016(5):39-46.

[148]李方一,刘思佳,程莹,宋周莺.出口增加值对中国区域产业结构高度化的影响[J].地理科学,2017,37(1):37-45.

[149]戴翔,张雨.开放条件下中国本土企业升级能力的影响因素研究——基于昆山制造业企业问卷的分析[J].经济学(季刊),2013,12(4):1387-1412.

[150]孔伟杰.制造业企业转型升级影响因素研究——基于浙江省制造业企业大样本问卷调查的实证研究[J].管理世界,2012(9):120-131.

[151]周长富,杜宇玮.代工企业转型升级的影响因素研究——基于昆山制造业企业的问卷调查[J].世界经济研究,2012(7):23-28+86-88.

[152]戴勇.传统制造业转型升级路径、策略及影响因素研究——以制鞋企业为例[J].暨南学报(哲学社会科学版),2013,35(11):57-62.

[153]李晓露.中国制造业在全球价值链分工中的地位及影响因素研究[D].北京:首都经济贸易大学,2017.

[154]倪红福,夏杰长.中国区域在全球价值链中的作用及其变化[J].财贸经济,2016(10):87-101.

[155]欧定余,田野,张磊.疫情冲击背景下的东北亚区域价值链构建研究[J].东北亚论坛,2020,29(6):65-76+125.

[156]崔日明,李丹.后疫情时代中国—东盟区域价值链的构建研究[J].广西大学学报(哲学社会科学版),2020,42(5):118-124.

[157]熊彬,范亚亚,李容.区域价值链视角下东亚各国制造业分工地位及其影响因素[J].地域研究与开发,2020,39(5):41-46.

[158]张志明,李健敏.中国嵌入亚太价值链的模式升级及影响因素研究:基于双重嵌入视角[J].世界经济研究,2020(6):57-72+136.

[159]戢仕铭.新冠疫情下亚洲区域价值链结构变化及前景分析[J].国际关系研究,2021(1):54-66+156.

[160]欧定余,侯思瑶.双循环新格局下东亚区域价值链重构在中国经济外循环中的支撑作用研究[J].湘潭大学学报(哲学社会科学版),2021,45(3):87-92.

[161]吴博."一带一路"区域价值链构建与中国产业转型升级研究[J].经济问题探索,2020(7):102-109.

[162]彭冬冬,林珏."一带一路"沿线自由贸易协定深度提升是否促进了区域价值链合作?[J].财经研究,2021,47(2):109-123.

[163]张卫华,温雪,梁运文."一带一路"区域价值网结构演进与国家角色地位变迁——基于43国的社会网络动态分析[J].财经理论与实践,2021,42(1):133-140.

[164]李焱,高雅雪,黄庆波.中国与"一带一路"国家区域价值链协同构建——来自装备制造业的证据[J].国际贸易,2020(1):4-14.

[165]闫云凤.全球价值链位置决定价值获取程度吗?——基于长度和强度的产业"微笑曲线"检验[J].南京财经大学学报,2018(5):12-20.

[166]张晓攀,黄卫平.中国汽车制造业出口的影响因素分析——基于二元边际的视角[J].中国物价,2017(2):84-87.

[167]王小波.生产性服务业和制造业融合发展水平解构——基于行业差异比较视角[J].求索,2016(12):127-132.

[168]黄先海,余骁."一带一路"建设如何提升中国全球价值链分工地位?——基于GTAP模型的实证检验[J].社会科学战线,2018(7):58-69+281-282.

[169]刘睿伣."一带一路"倡议下构建以中国为枢纽的新型全球价值链体系分析[J].特区经济,2021(3):39-41.

[170]王晓萍,胡峰,张月月.全球价值多环流架构下中国先进制造业升级发展[J].上海经济研究,2018(8):56-62.

[171]吴博."一带一路"区域价值链构建与中国产业转型升级研究[J].经济问题探索,2020(7):102-109.

[172]李优树,唐家愉.终端市场转移趋势下"一带一路"区域价值链与中国全球价值链升级研究[J].经济问题,2020(6):1-7+40.

[173]马丹,何雅兴,郁霞.双重价值链、经济不确定性与区域贸易竞争力——

"一带一路"建设的视角[J].中国工业经济,2021(4):81-99.

[174]黄郑亮.新冠疫情下欧盟对全球价值链参与路径的调整与结构重塑[J].国际关系研究,2021(1):40-53+155-156.

[175]王雷.东西部城市化差距的原因及对策[J].经济问题探索,2003(7):11-15.

[176]Hayek F A. The Life of John Maynard Keynes. R. F. Harrod[J]. Journal of Modern History, 1952, 24(2):195-198.

[177]A Marshall. Principle of Economics[M]. Macmillan,1961.

[178]Witt U. Heuristic Twists and Ontological Creeds——A Road Map for Evolutionary Economics[J]. Papers on Economics and Evolution,2007.

[179]J S Metcalfe. Evolutionary Economics and Creative Destruction[M]. London: Rout ledge,1998.

[180]Darona,Ufuk A,Harun A,et al. Innovation,Reallocation and Growth. American [J]. Economic Review,2018,108(11):3450-3491.

[181]Romer P M. Endogenous technological change[J]. Journal of Political Economy,1990(5):71-102.

[182]Hausmann R,Klinger B. The structure of the product space and the evolution of comparative advantage[D]. Cambridge,MA:Center for International Development at Harvard University,2007.

[183]Edinaldo T,Bruce E. Does institutional quality impact innovation? Evidence from cross-country patent grant data[J]. Applied Economics,2013,45(7):887-900.

[184]Wei D X,Liu Y,Zhang N. Does Industry Upgrade Transfer Pollution:Evidence from a Natural Experiment of Guangdong Province in China [J]. Journal of Cleaner Production,2019,299(8):902-910.

[185]Gereffi G. International Trade and Industrial Upgrading in the Apparel Eomrnodity Chain [J]. Journal of International Economies,1994,48(1):37-70.

[186]Humphrey J,Schmize H. Governace and Upgrading:Linking Industrial Cluster and Global Value Chains Research[R]. IDS Working Paper,No.12,Institute of Development Studies,University of Sussex,2000.

[187]Ernst D. Global Production Network and Industrial Upgrading knowledge centered Approach [R]. East – Wester Center Working Paper: Economic Series,2001.

[188]Sturgeon T J,Biesebroeck J V . Crisis and protection in the automotive industry:a global value chain perspective[J]. Policy Research Working Paper, 2010:1 – 26.

[189]Arndt S W,Kierzkowski H . Fragmentation: New Production Patterns in the World Economy. 2001.

[190]Hausmann R,Hidalgo C A . The Network Structure of Economic Output[J]. Papers, 2012.

[191]Nurkse R. International investment to – day in the light of nineteenth – century experience[J]. Economic Journal,1954,64:744 – 758.

[192]Sachs J D,Warner A M. Fundamental sources of long – run growth[J]. American Economic Review,1997,87(2):184 – 188.

[193]Humphrey J, Schmitz H. How Does Insertion in Global Value Chains Affect Upgrading in Industrial Clusters? [J]. Regional Studies,2002, 36(09): 1017 – 1027.

[194]Gereffi G. International Trade and Industrial Upgrading in the Apparel Commodity Chain[J]. Journal of International Economics,1999, 48(1): 30 – 70.

[195]Kaplinsky, Morris. A Handbook for Value Chain Research[R]. Prepared for the IDRC, 2002.

[196]Gereffi G, Humphrey J, Sturgeon T. The Governance of Global Value Chains [J]. Review of International Political Economics,2005, 12: 78 – 104.

[197]Kaplinsky R, Readman J. Globalization and Upgrading: What Can (and cannot)be Learnt from International Trade Statistics in the Wood Furniture Sector[J]. Industrial and Corporate Change,2005, 14(4): 679 – 703.

[198]Hummels D, Ishii J, Yi K. The Nature and Growth of Vertical Specialization in World Trade[J]. Journal of International Economics,2001, 54: 75 – 96.

[199]Humphrey J, Schmitz H. Chain Governance and Upgrading: Taking Stock Local Enterprises in the GLobal Economy – Issues of Governance and Upgrading[M]. Cheltenham: Edward Elgar, 2004.

[200]Porter M. The Competitive Advantage of Nations,The Free Press[M].1990.

［201］Gereffi G. International Trade and Industrial Upgrading in the Apparel Eom-rnodity Chain［J］. Journal of International Economies,1994,48（1）：37 – 70.

［202］Krugman P R. Increasing Returns, Monopolistic Competition, and International Trade［J］. Journal of International Economics, 1979, 9(4):469 – 479.

［203］Zysman J,Doherty E,Schwartz A . Tales from the Global Economy：Cross – national Production Networks and the Reorganization of the European Economy［J］. Structural Change and Economic Dynamics, 1997, 8.

［204］Barlett C A ,Ghoshal S. Matrix management：not a structure, a frame of mind ［J］. Harvard Business Review, 1990, 68(4):138 – 145.

［205］Noori M, et al. The presentation of a network model for the development of innovation in R&D centers［J］. Journal of Chinese Entrepreneurship, 2009, 1(2):121 – 135.

［206］Sturgeon T J . Modular Production Networks：a New American Model of Industrial Organization［J］. Industrial and Corporate Change, 2002, 11.

［207］Wang Zhi,Wei Shang Jin. What Accounts for the Rising Sophistication of China's Exports［R］. NBER Working Paper, 2008.

［208］Antras P,Chor D,Fally THillberry R. "Measuring the Upstream Ness of Production and Trade Flows." American Economic Review Papers & Proceedings,2012,102 (3):412 – 416.

［209］David, Hummels,et al. The Nature and Growth of Vertical Specialization in World Trade［J］. Journal of International Economics, 2001.

［210］Koopman Robert,Zhi Wang,Shang Jin Wei. Estimating Domestic Content in Exports When Processing Trade Is Pervasive［J］. Journal of Development Economics, 2012,99(1）：178 – 189.

［211］Zhi Wang,Shang Jin Wei,and Kunfu Zhu. Quantifying International Production Sharing at the Bilateral and Sector Levels［J］. National Bureau of Economic Research Working Paper（ w19677）2013.

［212］Acemoglu ,Daron,Fabrizio Zilibotti. Productivity Differences . Quarterly Journal of Economics,2001,116(2):563 – 606.

［213］Acemoglu，D. Technical Change，Inequality，and the Labour Market . Journal of Economic Literature ，2002，40（1）：7 – 72.

［214］Banister，J. ，Cook .，G. China's Employment and Compensation Costs in Manufacturing. Monthly Labor Review，2011（3）：39 – 52.

［215］Birdsall ，N. ，and J. L . Londonno. Asset Inequality Matters ：An Assessment of the World Bank's Approach to Poverty Reduction . American Economic Review ，1997，87（2）：32 – 37.

［216］Bloom，C. Economic Growth and the Demographic Transition. NBER Working Paper，2001.

［217］Castello ，A. ，R. Domenech. Human Capital Inequality and Economic Growth ：Some New Evidence. Economic Journal，2002，112（478）：187 – 200.

［218］Fleisher ，Belton，Haizheng Li，Minqiang Zhao. Human Capital ，Economic Growth ，and Regional Inequality in China. Journal of Development Economics ，2010（92）：215 – 231.

［219］Joshua ，D. ，Edward ，F. Regional Industrial Structure and Agglomeration Economies：An Analysis of Productivity in Three Manufacturing Industries . Regional Science and Urban Economics ，2012，42：1 – 14.

［220］Lin，Yifu. New Structural Economics ：A Framework for Rethinking Development and Policy，World Bank Publications ，2012.

［221］Lucas R E. Life Earnings and Rural – Urban Migration . Journal of Political Economy，2004.

［222］Lopez，R. ，V. Thomas ，and Y. Wang . Addressing the Education Puzzle：The Distribution of Education and Economic Reforms . World Bank Policy Research Working Paper ，1998，NO. 2031.

［223］Matsuyama K. Agricultural Productivity ，Comparative Advantage and Economic Growth . Journal of Economic Theory，1992，58（2）.

［224］Park，Jungsoo. Dispersing of Human Capital and Economic Growth . Journal of Macroeconomics ，2006，28（3）：520 – 539.

［225］Robert E. Lucas，JR. On The Mechanics of Economic Development. Journal of

Monetary Economics ,1988(22):3 – 42.

[226]Humphrey J, Schmitz H. How Does Insertion in Global Value Chains Affect Upgrading in Industrial Clusters[J]. Regional Studies,2002,36(9):1017 – 1027.

[227]Gereffi G. International Trade and Industrial Upgrading in the Apparel Commodity Chain[J]. Journal of International Economics,1999,48(1):37 – 70.

[228]Humphrey J. Upgrading in Global Value Chains[R]. Geneva: Policy Integration Department World Commission on the Social Dimension of Globalization International Labor Office,2004.

[229]Schmitz H, Knorringa P. Learning From Global Buyers[J]. Journal of Development Studies,2000,37(2):177 – 205.

[230]Schilling M A. Toward a General Modular Systems Theory and Its Application to Inter – firm Product Modularity[J]. The Academy of Management Review,2000,25(2):312 – 334.

[231]Humphrey J, Schmitz H. Chain Governance and Upgrading: Taking Stock Local Enterprises in the Global Economy – Issues of Governance and Upgrading[M]. Cheltenham: Edward Elgar,2004.

[232]Tewari M. Successful Adjustment in Indian Industry: The Case of Ludhiana's Woolen Knitwear Cluster [J]. World Development,1999,27(9):1651 – 1671.

[233]Kogut B, Zander U. Knowledge of the Firm and the Evolutionary Theory of the Multinational Corporation [J]. Journal of International Business Studies,2003,34(6):516 – 529.

[234]Coffey J. The Geographies of Producer Services[J]. Urban Geography,2000,21(2):170 – 183.

[235]Ciccone A, Hall R E. Productivity and the Density of Economic Activity [J]. The American Economic Review,1996,86(1):54 – 70.

[236]United Nations Industrial Development Organization. Inserting Local Industries into Global Value Chains and Global Production Networks [R]. Vienna: UNIDO,2004.

[237]Sabel F, Zeitlin J. Neither Modularity nor Relational Contracting: Inter – Firm

Collaboration in the New Economy [J]. Enterprise and Society: The International Journal of Business History, 2004, 05(3):388 – 403.

[238] Tassey G. Methods for Assessing the Economic Impacts of Government R&D [R]. US: National Institute of Standards & Technology, 2003.

[239] Thomas V. J., S. Seema, J. Sudhi. Using Patents and Publications to Assess R&D Efficiency in the States of the USA[J]. World Patent Information, 2011, (33):4 – 10.

[240] Brandt L., V. B. Johannes, Y. F. Zhang. Creative Accounting or Creative Destruction? Firm – Level Productivity Growth in Chinese Manufacturing[J]. Journal of Development Economics, 2012, 97(2):339 – 351.

[241] Daudin G, Rifflart C, Schweisguth D. Who produces for whom in the world e-conomy? [J]. Documents de Travail de lOFCE, 2009, 44(4):1403 – 1437.

[242] Yohanes Kadarusman, Khalid Nadvi. Competitiveness and Technological Up-grading in Global Value Chains: Evidence from the Indonesian Electronics and Garment Sectors[J]. European Planning Studies, 2013, 21, (7): 1007 – 1028.

[243] Agostino M., Giunta A., Nugent J B., et al. The importance of being a ca-pable supplier: Italian industrial firms in global value chains[J]. International Small Business Journal, 2015, 33(7): 708 – 730.

[244] Fally T. Production staging: measurement and facts[J]. University of Colorado – Boulder Working Paper, 2012.